中国工业化70年空间格局演变

The Spatial Pattern of
China's Industrialization over the Past 70 Years

胡 伟 著

经济管理出版社
ECONOMY & MANAGEMENT PUBLISHING HOUSE

图书在版编目（CIP）数据

中国工业化 70 年空间格局演变/胡伟著. —北京：经济管理出版社，2021.6
ISBN 978-7-5096-8072-8

Ⅰ.①中…　Ⅱ.①胡…　Ⅲ.①工业化—研究—中国　Ⅳ.①F424

中国版本图书馆 CIP 数据核字（2021）第 115813 号

组稿编辑：宋　娜
责任编辑：张　昕　杜羽茜
责任印制：黄章平
责任校对：董杉珊

出版发行：经济管理出版社
　　　　　（北京市海淀区北蜂窝 8 号中雅大厦 A 座 11 层　100038）
网　　址：www. E-mp. com. cn
电　　话：(010) 51915602
印　　刷：唐山昊达印刷有限公司
经　　销：新华书店
开　　本：720mm×1000mm/16
印　　张：22.25
字　　数：319 千字
版　　次：2021 年 9 月第 1 版　　2021 年 9 月第 1 次印刷
书　　号：ISBN 978-7-5096-8072-8
定　　价：98.00 元

序　言

博士后制度在我国落地生根已逾30年，已经成为国家人才体系建设中的重要一环。30多年来，博士后制度对推动我国人事人才体制机制改革、促进科技创新和经济社会发展发挥了重要的作用，也培养了一批国家急需的高层次创新型人才。

自1986年1月开始招收第一名博士后研究人员起，截至目前，国家已累计招收14万余名博士后研究人员，已经出站的博士后大多成为各领域的科研骨干和学术带头人。其中，已有50余位博士后当选两院院士；众多博士后入选各类人才计划，其中，国家百千万人才工程年入选率达34.36%，国家杰出青年科学基金入选率平均达21.04%，教育部"长江学者"入选率平均达10%左右。

2015年底，国务院办公厅出台《关于改革完善博士后制度的意见》，要求各地各部门各设站单位按照党中央、国务院决策部署，牢固树立并切实贯彻创新、协调、绿色、开放、共享的发展理念，深入实施创新驱动发展战略和人才优先发展战略，完善体制机制，健全服务体系，推动博士后事业科学发展。这为我国博士后事业的进一步发展指明了方向，也为哲学社会科学领域博士后工作提出了新的研究方向。

习近平总书记在2016年5月17日全国哲学社会科学工作座谈会上发表重要讲话指出：一个国家的发展水平，既取决于自然科学发展水平，也取决于哲学社会科学发展水平。一个没有发达的自然科学的国家不可能走在世界前列，一个没有繁荣的哲学社会科学的国家也不可能走在世界前列。坚持和发展中国特色社会主义，需要不断在实践中和理论上进行探索、用发展着的理论指导发展着的实践。在这个过程中，哲学社会科学具有不可替代的重要地位，哲学社会科学工作者具有不可替代的重要作用。这是党和国家领导人对包括哲学社会科学博士后在内的所有哲学社会科学领域的研究者、工作者提出的殷切希望！

中国社会科学院是中央直属的国家哲学社会科学研究机构，在哲学社会科学博士后工作领域处于领军地位。为充分调动哲学社会科学博士后研究人员科研创新的积极性，展示哲学社会科学领域博士后的优秀成果，提高我国哲学社会科学发展的整体水平，中国社会科学院和全国博士后管理委员会于 2012 年联合推出了《中国社会科学博士后文库》（以下简称《文库》），每年在全国范围内择优出版博士后成果。经过多年的发展，《文库》已经成为集中、系统、全面反映我国哲学社会科学博士后优秀成果的高端学术平台，学术影响力和社会影响力逐年提高。

下一步，做好哲学社会科学博士后工作，做好《文库》工作，要认真学习领会习近平总书记系列重要讲话精神，自觉肩负起新的时代使命，锐意创新、发奋进取。为此，需做到：

第一，始终坚持马克思主义的指导地位。哲学社会科学研究离不开正确的世界观、方法论的指导。习近平总书记深刻指出：坚持以马克思主义为指导，是当代中国哲学社会科学区别于其他哲学社会科学的根本标志，必须旗帜鲜明加以坚持。马克思主义揭示了事物的本质、内在联系及发展规律，是"伟大的认识工具"，是人们观察世界、分析问题的有力思想武器。马克思主义尽管诞生在一个半多世纪之前，但在当今时代，马克思主义与新的时代实践结合起来，越来越显示出更加强大的生命力。哲学社会科学博士后研究人员应该更加自觉地坚持马克思主义在科研工作中的指导地位，继续推进马克思主义中国化、时代化、大众化，继续发展 21 世纪马克思主义、当代中国马克思主义。要继续把《文库》建设成为马克思主义中国化最新理论成果宣传、展示、交流的平台，为中国特色社会主义建设提供强有力的理论支撑。

第二，逐步树立智库意识和品牌意识。哲学社会科学肩负着回答时代命题、规划未来道路的使命。当前中央对哲学社会科学愈加重视，尤其是提出要发挥哲学社会科学在治国理政、提高改革决策水平、推进国家治理体系和治理能力现代化中的作用。从 2015 年开始，中央已启动了国家高端智库的建设，这对哲学社会科学博士后工作提出了更高的针对性要求，也为哲学社会科学博士后研究提供了更为广阔的应用空间。《文库》依托中国社会科学院，面向全国哲学社会科学领域博士后科研流动站、工作站的博士后征集优秀成果，入选出版的著作也代表了哲学社会科学博士后最高的学术研究水平。因此，要善于把中国社会科学院服务党和国家决策的大智库功能与《文库》的小智库功能结合起来，进而以智库意识推动品牌意识建设，最终树立《文库》的智库意识和品牌意识。

第三，积极推动中国特色哲学社会科学学术体系和话语体系建设。改革开放 30 多年来，我国在经济建设、政治建设、文化建设、社会建设、生态文明建设和党的建设各个领域都取得了举世瞩目的成就，比历史上任何时期都更接近中华民族伟大复兴的目标。但正如习近平总书记所指出的那样：在解读中国实践、构建中国理论上，我们应该最有发言权，但实际上我国哲学社会科学在国际上的声音还比较小，还处于"有理说不出、说了传不开"的境地。这里问题的实质，就是中国特色、中国特质的哲学社会科学学术体系和话语体系的缺失和建设问题。具有中国特色、中国特质的学术体系和话语体系必然是由具有中国特色、中国特质的概念、范畴和学科等组成。这一切不是凭空想象得来的，而是在中国化的马克思主义指导下，在参考我们民族特质、历史智慧的基础上再创造出来的。在这一过程中，积极吸纳儒、释、道、墨、名、法、农、杂、兵等各家学说的精髓，无疑是保持中国特色、中国特质的重要保证。换言之，不能站在历史、文化虚无主义立场搞研究。要通过《文库》积极引导哲学社会科学博士后研究人员：一方面，要积极吸收古今中外各种学术资源，坚持古为今用、洋为中用。另一方面，要以中国自己的实践为研究定位，围绕中国自己的问题，坚持问题导向，努力探索具备中国特色、中国特质的概念、范畴与理论体系，在体现继承性和民族性、体现原创性和时代性、体现系统性和专业性方面，不断加强和深化中国特色学术体系和话语体系建设。

新形势下，我国哲学社会科学地位更加重要、任务更加繁重。衷心希望广大哲学社会科学博士后工作者和博士后们，以《文库》系列著作的出版为契机，以习近平总书记在全国哲学社会科学座谈会上的讲话为根本遵循，将自身的研究工作与时代的需求结合起来，将自身的研究工作与国家和人民的召唤结合起来，以深厚的学识修养赢得尊重，以高尚的人格魅力引领风气，在为祖国、为人民立德立功立言中，在实现中华民族伟大复兴中国梦的征程中，成就自我、实现价值。

是为序。

王京清

中国社会科学院副院长

中国社会科学院博士后管理委员会主任

2016 年 12 月 1 日

摘　要

　　70 年的工业化进程就是中国经济发展历程的真实写照，工业经济空间格局的发展演变真实地刻画了中国 70 年的发展历程。中华人民共和国成立之初，我国工业生产能力严重不足，基础工业残缺不齐，必须实行积极的社会主义工业化的政策，来提高我国生产力的水平。自此，中国开始了以工业化为核心（以重工业为重点）的现代化征程。

　　在中国工业化进程中，由于不同地区之间经济发展基础和地理位置的差异显著，我国工业化在全国推进的过程就是以非均衡的空间格局演进的。156 项重点工程大多布置在内陆，且三线建设期间大量工业企业由沿海迁往内陆，并在内陆新建、扩建了一批工业企业，同时也不断加大对内陆的投资力度，从而极大促进了内陆工业的快速发展，也显著改善了工业过于集中在沿海地区的局面。

　　然而，内陆工业发展的比较优势并未奠定，相比于沿海地区还存在诸多不足，而沿海地区工业发展的比较优势依然显著。改革开放以来，中国经济逐步融入世界经济体系，并迅速参与国际分工，沿海地区凭借得天独厚的地理优势与良好的工业发展基础，成为欧美等发达经济体进行国际产业转移的理想之地。继"亚洲四小龙"之后，中国沿海地区开启了轰轰烈烈的工业化进程，一路高歌猛进，推动着中国经济高速增长。沿海地区工业经济发展取得了举世瞩目的成就，不仅带动中国经济走出了低水平的"均衡"发展，逐步接轨世界经济体系，并成为世界第二大经济体，还通过逐步向中西部地区进行产业转移，推动中西部地区在 21 世纪以来进入高速增长时期。

进入 21 世纪，中西部地区工业经济增长率明显高于东部沿海地区，"东快西慢"的工业化推进格局逐步向"西快东慢"转变，与此相伴的是"北弱南强"的空间格局逐步得到强化，区域间工业经济发展不平衡的问题也日益突出。

进入新时代，我国社会主要矛盾已经转化为人民日益增长的美好生活需要和不平衡不充分的发展之间的矛盾，发展不平衡不充分的问题更加突出，已成为满足人民日益增长的美好生活需要的主要制约因素。在深入贯彻推进供给侧结构性改革的时代背景下，产业结构的调整与转型升级为中国经济持续向好发展提供了无限可能，同时也对我国工业经济空间格局优化提出了新的要求。

由此，研究中国工业经济空间格局演化，不仅有助于进一步掌握区域间工业经济发展态势，深化经济政策或区域发展战略对区域经济发展的指导；也有助于厘清中国工业化进程中工业发展的空间差异，以及在工业布局方面存在的问题，从而有针对性地推动产业结构有序调整，以合理的工业发展布局推动解决发展不平衡不充分的问题，推进供给侧结构性改革，加快构建现代产业新体系。

本书内容由五篇组成，共包含十四章。

第一篇为绪论与研究综述，包含第一、第二章。第一章"绪论"，阐述本书的研究背景与研究意义；第二章"理论与研究综述"，对相关研究进行概述与评述。

第二篇为研究背景综述，包含第三、第四章。第三章"世界工业经济发展历程与格局"，对世界经济发展历程和世界工业经济空间格局进行分析；第四章"中国工业经济发展进程"，对中国工业化进程进行论述和分析。

第三篇为改革开放之前中国工业经济发展空间格局演变，包含第五章至第九章。第五章"步履维艰的工业化奠基"，对中华人民共和国成立至改革开放前的工业化进程及其特征进行概述；第六章"一波三折的内陆工业"，对改革开放前的工业经济空间格局演变态势进行具体分析；第七章"东北：'工业摇篮'的沉浮"，对东北的工业经济发展特征进行具体描述；

第八章"工业基地在内陆崛起"，对 156 项工程建设进行具体分析；第九章"腹地工业再次崛起"，对三线建设进行具体分析。

第四篇为改革开放以来中国工业经济发展空间格局演变，包含第十章至第十三章。第十章"省际差距非均衡演进"，依据阶段特征对省际工业发展差距进行论述；第十一章"'塌陷'现象与地区崛起"，根据工业经济发展的区域版图变化特征，对中国工业经济发展的典型特征进行论述；第十二章"大国工业的经济版图演变"，运用空间分析模型——重心模型对改革开放以来的工业经济重心演变进行分析；第十三章"腹地工业化新机遇"，从国家区域发展战略演变对腹地工业经济的新机遇进行论述。

第五篇为结语。包含第十四章"结论与展望"，概括本书主要观点、主要贡献、研究启示，以及不足之处和今后研究展望。

关键词：工业化；再工业化；工业经济；空间格局；演变

Abstract

Over the past 70 years, the industrialization process has reflected the development of China's economy since the foundation of the People's Republic of China. The evolution of the spatial pattern of the industrial economy has truly portrayed the development of the China for 70 years. At the beginning of the People's Republic of China, China's industrial production capacity was seriously insufficient, and the basic industries were incomplete. It was necessary to adopt some active policies to improve China's productive level. Therefore, China has embarked on a modernization journey centered on industrialization (focusing on heavy industry).

During the process of industrialization of China, the process of industrialization has evolved into an unbalanced spatial pattern on account of the distinct differences in the economic development base and geographical location between different regions even though great changes have taken place: most of the 156 industrial projects were arranged in the Inner land; a large number of industrial enterprises moved from the coastal areas to the inner land during the Third-Line Construction Period; a number of industrial enterprises were newly built and expanded in the inner land, and the investment in the Inner land was continuously increased. These changes have promoted the rapid development of the industry in the Inner land and have significantly changed the situation in which the industry is too concentrated in the coastal areas.

However, the comparative advantages of industrial development in the Inner land have not been established. Compared with the coastal areas, there are still many shortcomings, and the comparative advantages of industrial development in coastal areas are still significant. Since the Reform and Opening-up Policy, China's economy has gradually integrated into the world economic system and has rapidly participated in the international division of labor. With its unique geographical advantages and good industrial development foundation, the coastal areas have become ideal places for developed countries like European countries and the United States to transfer industries. Named after the "Four Asia Tigers", China's coastal areas have once again opened up a vigorous industrialization process, and triumphantly promoted China's rapid economic growth. Since the Reform and Opening-up Policy, the industrial economy in the coastal areas has achieved remarkable achievements. It not only drives China's economic development out of a low-level "balanced" development, but also gradually integrates into the world economic system and becomes the world's second largest economy. The industrial transfer in the central and western regions has pushed the central and western regions into a period of rapid growth since the 21st century.

In the 21st century, the industrial economic growth rate in the central and western regions is significantly higher than that in the eastern coastal areas. The industrialization promotion pattern of "East Fast and West Slow" has gradually shifted to "West Fast and East Slow". Along with this, the spatial pattern of "Northern Weak and South Strong" has been gradually strengthened, and the problem of unbalanced development of industrial economy between regions has become increasingly prominent.

In the new era, the main contradictions in our society have been transformed into contradictions between the people's growing needs for a better life and the development of inadequate and uneven. The problem of uneven development and inadequate development has become more prominent and has become a major constraint to meeting the people's growing needs for a better life. Under the background of deepening the implementation of supply–side structural reform, the adjustment and transformation of industrial structure has provided unlimited possibilities for the sustained and sound development of China's economy. At the same time, it has also put forward new requirements for the optimization of China's industrial economic spatial pattern.

Therefore, studying the evolution of the spatial pattern of the industrial economy in China will not only help to further grasp the development trend of inter–regional industrial economy and deepen the guidance of economic policies or regional development strategies on regional economic development, but also help to figure out the spatial differences of industrial development in the process of China's industrialization and the problems in the industrial layout, so as to promote the orderly adjustment of the industrial structure, solve the problem of unbalanced and inadequate development with the help of rational layout of industrial development, promote the structural reform of the supply side, and accelerate the construction of modern New Industrial System.

The book consists of five parts and fourteen chapters. The first part is the introduction and research review, including Chapter 1 and Chapter 2. Chapter 1 is the introduction, describes the research background and research significance of this book; the second chapter is the theoretical and research review, which is manily to summmarize and cemment on the related research.

The second part is the literature review of the research background, including Chapter 3 to 4. Chapter 3 analyzes the world economy development process and the spatial pattern of the world industrial economy; Chapter 4 analyzes the process of China's industrialization.

The third part is the evolution of the spatial pattern of China's industrial economic development before the China Reform and Opening–up Era, including some contents of other chapters: the general industrialization process and its characteristics in Chapter 5; the specific analysis of the evolution of industrial economic spatial pattern in Chapter 6; the specific traits of industrial economy of Northeast China in Chapter 7; the specific analysis of the 156 projects' construction in Chapter 8; the specific analysis of the Third Line Construction in Chapter 9.

The fourth part is the evolution of the spatial pattern of China's industrial economic development since the Reform and Opening-up Era, including some contents of other chapters: Chapter 10 discusses the industrial development gap between provinces based on the characteristics of different stages; Chapter 11 discusses the typical characteristics of China's industrial economic development based on the changing characteristics of regional layout of industrial economic development; Chapter 12 analyzes the evolution of industrial economic center since the Reform and Opening up by using the spatial analysis model—Gravity Model; Chapter 13 analyzes the new turning point of industrial economy during the regional industrial economic development.

The fifth part is the conclusion and prospect of this study, including Chapter 14, which summarizes the main viewpoints, main contributions and inspirations of this book as well as its research deficiencies and future research prospects.

Key Words: Industrialization; Re-industrialization; Industrial Economy; Spatial Pattern; Evolution

目　录

第一篇　绪论与研究综述

第二篇　研究背景综述

第三篇 改革开放之前中国工业经济发展
空间格局演变

第四篇　改革开放以来中国工业经济发展空间格局演变

第五篇 结 语

Contents

Part One: Introduction and Research Summary

Part Two: Overview of the Research Background

Part Three：Evolution of China's Industrial Economic Spatial Pattern before the Reform and Opening Up

Part Four: Evolution of China's Industrial economic Spatial Pattern since the Reform and Opening Up

Part Five: Conclusion

第一篇

绪论与研究综述

第一章 绪 论

第一节 研究背景与研究意义

一、研究背景

1. "再工业化"浪潮持续高涨，工业 4.0 全球持续发酵

"再工业化"是一种刺激经济增长的政策，尤其是指在政府的帮助下，实现旧工业部门的复兴和现代化，并支持新兴工业部门的增长（姚海琳，2012）。"再工业化"是针对工业化进程完成以来出现的过度"去工业化"[①]趋势以及由此引发的实体经济与虚拟经济脱节等问题，逐步形成的一种回归实体经济的纠正机制，通过以制造业为代表的实体经济增长实现可持续发展，实际上是对制造业产业链的重构，重点打造高附加值环节。

过度依赖以金融业、房地产业为代表的虚拟经济，使欧美等发达国家

[①] "去工业化"是 19 世纪 70 年代以后发达国家普遍存在的现象，但这种以转移低端产业为主的结构调整，引发了发达国家的"产业空心化"和"竞争力下降"，"去工业化"也可理解为是一国制造业就业规模的萎缩和制造业产出占 GDP 比重不断下降的经济现象（Singh A.，"UK Industry and the World Economy: A Case of Deindustrialization?"，*Cambridge Journal of Economics*，Vol. 1，No. 2，1977.）。

在 2008 年的世界金融危机中受到了沉重打击，市场大幅萎缩（芮明杰，2012）。金融危机后，发达国家普遍陷入经济增长的停滞期，在失业率居高不下、经济增长停滞的情况下，美国、日本及欧洲主要国家对"去工业化"进行了深刻反思，纷纷高举"再工业化"旗帜，希望以新的革命性的生产方式重塑制造业，并试图以此为主要途径引领经济走出金融危机带来的影响。

面对新一轮工业革命的冲击，发达国家纷纷实施"再工业化"战略，力求将转到国外的制造业企业重新引回国内（杜传忠、杜新建，2017）。"再工业化"战略，本质上是力图重振本国制造业，寻找能够支撑未来经济增长的实体经济。美国、日本、德国、英国、法国等相继出台了一系列引导海外企业回归本地的政策措施，并从立法、投资、鼓励创新等方面做了很多努力。发达国家的"再工业化"战略对全球产业尤其是制造业活动的空间分布正产生日益显著的影响，制造业回流趋势已初步显现。此外，欧美各国掌握着超过 50% 的全球工业技术标准和产品规则，这些都是其推行"再工业化"战略的有利条件，势必会引发中国与各"再工业化"国家之间在出口制造业领域的摩擦，加剧产业竞争，对我国工业，尤其是制造业的全球价值链形成新的挤压，为我国工业化纵深发展带来了新的压力。

在 2013 年 4 月的汉诺威工业博览会上，德国工程院、弗劳恩霍夫协会、西门子公司等联合推出了《保障德国制造业的未来：关于实施"工业 4.0"战略的建议》的报告（机械工业信息研究院战略与规划研究所，2014）。工业 4.0 旨在支持工业领域内新一代革命性技术的研发与创新，是德国强化制造强国地位、引领世界制造发展方向的国家战略（李金华，2016）。该报告一经发布即引起全球关注，在全球掀起了一股智能制造新浪潮，其对全球工业发展的影响仍在持续发酵，全球新的产业分工体系和分工格局正加速演进。

如今，在全球，关于工业 4.0 的探讨方兴未艾；在中国，对于工业和信息产业的发展构想已突破"五年规划"体系的窠臼，更加注重中长期规划。

2. 高速增长转向高质量发展，工业大国迈向工业强国

进入新时代，我国经济已由高速增长阶段转向高质量发展阶段，正处在转变发展方式、优化经济结构、转换增长动力的攻关期。党的十九大报告明确提出，建设现代化经济体系，必须把提高供给体系质量作为主攻方向，显著增强我国经济质量优势。尽管我国部分步入后工业化时代，即将整体步入后工业化时代，工业化仍然是中国未来发展的关键，工业领域也将是提高供给体系质量的主战场。

经过近 70 年的工业化历程，我国工业化取得了举世瞩目的成就，不仅形成了完备的工业经济体系，工业规模不断发展壮大，工业品种类显著增多，国际竞争力明显增强，也造就了改革开放以来 40 年的高速增长，依赖于"有水快流"和"靠山吃山，靠水吃水"式的资源要素投入，以资源要素空间拓展的方式获得了强劲的发展动力（金碚，2017）。然而，随着我国经济进入新常态，工业化惯性的问题开始凸显，最明显的便是，环境与资源的制约加剧，劳动力与原材料等成本日益上涨，传统的要素投入型工业化推进方式难以为继，使我国工业化继续向纵深推进面临着巨大的压力与挑战。与美国、德国、日本等世界制造强国相比，我国工业发展结构层次偏低，发展方式粗放，信息化与工业化融合深度不够，以至于大部分制造业企业的信息化程度较低，"大而不强"的问题也十分显著。因此，迫切需要加快结构升级与发展方式的转型（王喜文，2016）。

工业发展将中国推向世界第一制造业大国、第二大经济体和外汇储备最多国家的地位。工业是中国成为世界有影响的大国最重要的经济基础，直接支撑着中国的国际地位（金碚，2012）。受美国"再工业化"战略与德国"工业4.0"战略的刺激，更加坚定了我国由工业大国迈向工业强国的步伐，随着工业经济，尤其是现代制造业与新一代信息技术深度融合趋势更加明显，创新驱动发展的工业强国战略由此进入加速推进阶段。

3. 经济发展空间格局谋新篇，不平衡不充分亟待破解

改革开放以来，我国经济建设成就举世瞩目，但由于在发展过程中过多关注量的增长，同时也积累了深刻的供给侧、结构性、体制性矛盾。经

济新常态下，累积性矛盾进一步凸显，经济发展面临资源环境与增长方式转型的双重约束，推进产业结构调整，弥合区域发展差距，优化经济发展空间格局，已成为推进我国整体经济实力提升和维持健康、稳定发展的主要因素。供给侧结构性改革开启了中国经济发展方式的结构之变，提出了经济新常态下解决中国经济发展问题的一剂标本兼治的药方；"三去一降一补"（去产能、去库存、去杠杆、降成本、补短板）成为中国经济结构调整的有力举措；与此同时，区域发展战略体系也逐步形成。然而，快速调整的产业结构与"三大战略＋四大板块"的区域发展战略体系如何良性互动，才能使中国经济发展进入新空间与新动力互促共进的良性循环；政府部门在制定区域经济发展政策时如何因地制宜地考虑产业结构的变迁，顺应不同区域发展的阶段特征等重要命题，是新时代破解新矛盾的重要抓手，也是高质量发展阶段亟须解决的理论与实践问题。

长期以来，产业结构变迁深刻影响着经济发展空间格局的演变，经济发展空间格局的优化也影响着要素流动与配置、产业转移和区位优势，进而在一定程度上影响着产业结构变迁的进程和国家整体经济实力的提升。如果区域发展战略不适当考虑产业结构变迁的规律与当前我国产业结构变化的时空特征，不仅会使经济发展空间格局优化面临困难，影响区域协调发展战略的有效实施，也极有可能给中国经济带来一系列的问题。因此，因地制宜地设定经济发展空间格局优化的方向和路径，必须充分考虑当前产业结构变迁的区域特征和阶段性变化特征，尤其是工业经济发展空间结构的变化现状与趋势。这是经济发展空间格局优化、区域协调发展的基础推动力。

中共十八大以来，中国经济发展空间格局进入新棋局谋划和推进时期。贯穿东中西、连接南北方的经济带成为建设、发展的重点，也成为中国经济发展的新支撑（吴传清，2015）。然而，发展不平衡不充分的问题始终没能得到有效解决，且在新时代新矛盾的背景下，其问题更加突出，关系到决胜全面建成小康社会的进度与质量。

实施区域协调发展战略，以经济发展空间格局优化实现高质量的区域发展是新时代下我国经济协调发展的新思路，重点在于优化产业空间布局、推进产业结构优化升级。"十三五"以来，产业布局优化与产业结构升级"螺旋式"演进，对经济发展的空间格局优化和增长动力转向产生深刻影响；进入新时代，我国经济由高速增长阶段转向高质量发展阶段，以经济结构优化推动区域经济空间格局优化，成为破解发展不平衡不充分的着力点，对于挖掘经济发展新动能、优化经济发展空间格局、解决新时代新矛盾、深入实施区域协调发展战略具有重要的现实意义。

二、研究意义

当前我国经济发展进入新时代，高速增长转向高质量发展，不平衡不充分的问题更加突出。工业依然是我国现代经济和社会发展的动力和支撑，也是一个地区经济综合实力的体现。在深入贯彻推进供给侧结构性改革的时代背景下，产业结构的调整与转型升级为中国经济持续向好发展提供了无限可能，同时也对我国工业经济空间格局优化提出了新的要求。因此，研究中国工业经济空间格局演化，不仅有助于进一步掌握区域间工业经济发展态势、深化经济政策或区域发展战略对区域经济发展的指导，也有助于厘清中国工业化进程中工业发展的空间差异，以及在工业布局方面存在的问题，从而有针对性地推动产业结构有序调整，以工业发展的合理布局推动解决不平衡不充分问题，推进供给侧结构性改革，加快构建现代产业新体系。

正确判断区域工业化发展阶段及其演进特征，对加快工业化进程、推动产业结构优化升级具有重要意义。

第二节 研究方法与数据说明

一、研究方法

重心是指在区域经济空间里各个方向上的经济力量保持相对均衡的合力作用点。重心模型（Ebdon，1978；Shaw，1985）表示各个方向的力量在合力作用点的对比保持相对稳定。

设各省（自治区、直辖市）的人口、地区生产总值、工业增加值为作用力，即可得到改革开放以来中国逐年演变的人口重心、GDP 重心与工业重心。重心计算公式为：

$$x_j = \sum_{i=1}^{n} M_{ij} \times X_{ij} / \sum_{i=1}^{n} M_{ij} \tag{1-1}$$

$$y_j = \sum_{i=1}^{n} M_{ij} \times Y_{ij} / \sum_{i=1}^{n} M_{ij} \tag{1-2}$$

其中，G（x_j，y_j）表示重心点，j 表示年度（j = 1952，1979，…，2016），i 表示各省（自治区、直辖市）（i = 1，2，3，…，31），M_i 表示各省（自治区、直辖市）的属性值（分别用总人口、地区生产总值、工业增加值表示），（X_i，Y_i）表示 i 省（自治区、直辖市）的地理位置。

1952~2016 年，由于中国各省（自治区、直辖市）的地理坐标位置基本不变，且各省（自治区、直辖市）的工业化发展水平与速度不一，同一省（自治区、直辖市）每年也存在不同程度的差异，任何一个省（自治区、直辖市）工业发展的变化都可能影响到重心的迁移，因此工业重心是随着各省（自治区、直辖市）工业化进程的差异而动态变化的。

结合地理加权叠置分析与重心模型，基于地理信息系统的空间分析与空间统计分析方法，依据各省（自治区、直辖市）历年总人口、地区生产总值、工业增加值得到各年的人口重心、GDP 重心和工业重心，经过图层叠置与合并，可得到逐年演变的人口重心迁移轨迹线、GDP 重心迁移轨迹线以及工业重心迁移轨迹线，从而展示出清晰的演变路径。

二、数据说明

本书选取 1952~2012 年全国 GDP、工业产值、三次产业产值、全国总人口、城镇人口、三次产业就业人数、城镇就业人数作为分析全国城镇化与工业化的经济要素指标，数据来自《新中国 60 年统计资料汇编》，以及 2010~2017 年的《中国统计年鉴》。

由于 1999 年、2000 年统计口径调整，各省（自治区、直辖市）的城镇化率出现较大的波动，因而本书在对我国城镇化与工业化进行区域分析时选取 2000~2012 年的统计数据作为经济要素指标，数据来自《新中国 60 年统计资料汇编》，以及 2001~2017 年的《中国统计年鉴》中 31 个省（自治区、直辖市）①的统计数据。

第三节 研究结构

本书内容由五篇组成，共包含十四章。

第一篇为绪论与研究综述，包含第一章绪论和第二章理论与研究综述。

第一章"绪论"。阐述本书的研究背景与研究意义，并对本书的结构安排做出交代。

第二章"理论与研究综述"。从经济空间格局、相关经济学理论和中

---

① 港澳台地区不在本书的研究范围之内。

国工业经济发展三个方面对相关研究进行概述与评述。

第二篇为研究背景综述，包含第三章世界工业经济发展历程与格局、第四章中国工业经济发展进程。

第三章"世界工业经济发展历程与格局"。首先从工业 1.0 到工业 4.0 对世界经济发展历程进行梳理，其次对世界工业经济空间格局进行分析。

第四章"中国工业经济发展进程"。首先对中国工业化进程进行概述，然后分三个阶段（工业化奠基时期、工业化加速发展期、工业化蓄势奋进时期）对中国工业化进程展开论述。

第三篇为改革开放之前中国工业经济发展空间格局演变，包含第五章步履维艰的工业化奠基、第六章一波三折的内陆工业、第七章东北："工业摇篮"的沉浮、第八章工业基地在内陆崛起、第九章腹地工业再次崛起。

第五章"步履维艰的工业化奠基"。首先对中华人民共和国成立至改革开放前的工业化进程及其特征进行概述，然后依次从国民经济恢复、苏联援助与工业化奠基、工业"大生产"、"文化大革命"以及"洋跃进"等对中国工业化进程产生深刻影响的历史事件出发，对这些特别时期的工业化特征进行分析。

第六章"一波三折的内陆工业"。对改革开放前的工业经济空间格局演变态势进行具体分析，同时根据其演变特征分阶段论述不同阶段的工业经济空间格局演变特征。

第七章"东北：'工业摇篮'的沉浮"。首先对东北的工业经济发展特征进行具体描述，指出东北工业从 1961 年的经济调整开始已经步入下行轨道，其次分别对辽宁、吉林、黑龙江三省的工业经济发展特征进行具体分析。

第八章"工业基地在内陆崛起"。从立项背景、立项过程、区域布局、区域变局等方面对 156 项工程建设进行具体分析，论证 156 项工程建设如何促进工业基地在内陆崛起。

第九章"腹地工业再次崛起"。从确定过程、实施过程、工业布局等方面对三线建设进行具体分析，论证三线建设如何促进腹地工业崛起，并进一步对改革开放后进行的三线建设调整做出简要交代。

第四篇为改革开放以来中国工业经济发展空间格局演变，包含第十章省际差距非均衡演进、第十一章"塌陷"现象与地区崛起、第十二章大国工业的经济版图演变、第十三章腹地工业化新机遇。

第十章"省际差距非均衡演进"。从四个阶段对省际工业发展差距进行论述，即"缩小（1978~1986年）—扩大（1987~2003年）—缩小（2004~2013年）—扩大（2014~2016年）"，并对其阶段演进特征进行具体分析。

第十一章"'塌陷'现象与地区崛起"。依据中国工业经济发展的区域版图变化特征，分四种类型（衰退型塌陷、发展型塌陷、开放型崛起、承接型崛起）对中国工业经济发展的典型特征进行论述。

第十二章"大国工业的经济版图演变"。运用空间分析模型——重心模型对改革开放以来的工业经济重心演变进行分析，指出中国工业重心演化路径一次经历：向南向西又向南。

第十三章"腹地工业化新机遇"。从西部大开发、东北振兴、中部崛起、三大经济带战略（环渤海、长三角和珠三角）对腹地工业经济的新转机进行论述。

第五篇为结语。包含第十四章结论与展望。

第十四章"结论与展望"。总结本书主要观点、主要贡献、研究启示，以及不足之处和今后研究展望。

第二章　理论与研究综述

第一节　经济空间格局研究述评

一、国外研究进展

区域经济发展不均衡是各国经济发展的普遍规律，即在地理空间上经济增长不是均匀地发生的（Perroux，1950），发展往往是一个由非均衡发展的增长极，通过"梯度转移"及"扩散效应"（Myrdal，1957），逐步走向均衡协调发展、经济空间格局逐步优化的动态过程。

收益递增、随机过程与地理因素对一个国家或地区的经济空间格局及其演化过程产生着显著影响（Krugman，1994；Davis and Weinstein，2002），聚集（Anderson and Neven，1991；Fujita and Thisse，2002）与扩散的相互作用引致了经济活动空间分布的多样性（Fujita et al.，1999）。虽然经济发展具有阶段性规律（Hoover and Fisher，1949；Rostow，1990），但由于经济活动空间的影响因素较多，如地理要素（Nordhaus，2006）、资源禀赋（Kim，1995）、运输成本（Samuelson，1954；Krugman，1991）等，经济空间格局演化往往具有一定的随机性（Durantun，2007）。

经济空间格局演化是经济活动空间不断调整、重组的过程，学者们关于经济活动空间因素的研究主要集中在以下五个方面：一是经济空间集聚性，包括城市体系增长（Glaeser，1992；Rozenfeld et al.，2011）和产业集聚（Marcon and Puech，2010，2017；Espa et al.，2013；Behrens and Bougna，2015）等；二是经济空间差异性，包括区域不平等与经济增长（Tirado et al.，2016）、空间异质性与经济发展（Capello and Lenzi，2014；Basile et al.，2014）、区域增长差异（Zhao et al.，2003；Lessmann and Seidel，2017）等；三是经济空间邻近性，包括市场邻近性效应（Redding，2009）、经济活动空间溢出效应（Bai et al.，2012；Yu et al.，2013）与空间依赖（Anselin and Rey，1991；Oud and Folmer，2012）与空间外部性（Anselin，2002）等；四是经济空间协调性，包括均衡与增长（Vazquez and Timofeev，2014）、区域趋同（Serra et al.，2006；Ganong and Shoag，2017）与区域一体化（Vamvakidis，1998；Fujita，2007）等；五是经济空间增长性，包括收益均等化与区域经济增长（Borts，1960）、收入差距与经济增长（Chen and Fleisher，1996；Yang and Greaney，2017）、人力资本与经济增长（Escosura and Rosés，2010）等。

可见，各国（地区）的经济活动空间分布与配置呈现不同形态的演化态势，区域差异与区域经济发展不均衡、不协调的问题普遍存在，且尚无统一可行的解决思路。

二、国内研究进展

改革开放以来，我国区域经济空间格局加速演变，区域发展不平衡问题日益突出，已成为制约中国总体经济实力提升和发展的主要因素（陈栋生，2005）。经济新常态下，区域经济发展表现出一系列"新常态"现象（金碚，2015b），孙久文（2014）、陈耀（2014）、张可云（2015）、北京市社会科学院区域经济研究课题组（2016）、宣晓伟（2016）、金碚（2017）、魏后凯（2017）等对区域经济发展空间格局的新特征与新棋局进行分析，指出我国区域经济必须进行战略空间拓展，要以空间优化增强发展动力

（金碚，2015b；魏后凯，2017）。

近年来，学者们围绕经济发展战略与地区收入差距（林毅夫、刘培林，2003；洪俊杰等，2014）、区域发展差异（蔡昉、都阳，2000；陈秀山、徐瑛，2004；洪兴建，2010）、区域经济增长（魏后凯，2002；李敬等，2014；李兰冰、刘秉镰，2015）、区域关联与空间溢出（胡鹏、覃成林，2011；潘文卿，2012；覃成林等，2012）等展开深入研究，指出我国"平推式工业化"拓展空间趋窄（金碚，2015a），多点多极支撑发展的新格局正逐渐形成（李国平、王志宝，2013；赵弘，2017）。

在区域经济空间格局演化方面，主要体现出以下特征：①研究尺度从全国（陈培阳、朱喜钢，2013；孙铁山等，2015）逐渐转移到省域之间、省域内部以及市域内部，重要经济发展区，如长三角地区（覃成林等，2012）、中原经济区（薛宝琪，2013；潘少奇等，2014；胥亚男等，2015）、京津冀地区（陈红霞等，2011；李国平、张杰斐，2015；丁新，2017）和县域地区（靳诚、陆玉麒，2009；柯文前、陆玉麒，2011；蒋天颖等，2014；王芳、高晓路，2014；张学波等，2015；陈利等，2016）是当前研究的热点。②研究方法趋于多元，主要以 GIS 空间分析和空间计量为主，其中 Moran 指数（文嫱、韩旭，2017；廉晓梅、吴金华，2018）应用最为广泛，重心模型（许家伟等，2011；沈惊宏等，2016）、Theil 系数（徐建华等，2005）、锡尔指数（鲁凤、徐建华，2005；杜茂华、杨刚，2010）、变异系数（覃成林等，2011）等也经常用到。③实证数据较为单一，基本以 GDP 和人均 GDP 为主，对产业结构层面的数据涉及较少。④空间关联及区域间作用受到空前重视（潘文卿，2012，2015；刘建国、张文忠，2014；王少剑等，2015）。

事实上，区域经济空间格局研究对方法、数据以及空间尺度敏感，在"行政区经济"形态下，区域经济空间格局演化研究更应该注重空间尺度（杨上广、吴柏均，2007），并结合区域产业结构演进以及区域产业优势变迁（孙铁山等，2015），以探索经济空间格局演化规律和其深层次的演化逻辑。

第二节　相关经济学理论研究综述

一、经济增长阶段相关理论

在发展过程中，由于各个时期变化、演进的原因和形式不同，因而显示出不同的阶段性特征。工业化发展阶段的划分一直是工业化研究的热点，目前国内对工业化进程的衡量与划分标准大多是参照国外的经典理论，主要有：钱纳里工业化阶段理论、库兹涅茨工业化五阶段理论、霍夫曼工业化四阶段理论，以及罗斯托经济成长阶段论等。

1. 钱纳里工业化阶段理论

钱纳里等通过考察第二次世界大战后发展中国家的工业化进程，特别是其中 9 个准工业化国家（地区）1960~1980 年的历史资料，建立多国模型，分析其结构转变同经济增长的一般关系，认为经济增长是产业结构转变的结果，而结构转变与人均收入之间具有规律性的联系。根据人均GDP，经济结构转变过程可分为三个阶段六个时期，从不发达经济到成熟工业经济依次贯穿这三个阶段，且每一阶段向更高阶段的跃进都是通过产业结构转变来推动的（见表 2-1）。①

第一个时期是工业化准备期，处于初级产品生产阶段。产业结构以农业为主。

第二个时期是工业化初期。产业结构由以农业为主的传统结构逐步向以现代化工业为主的工业化结构转变，以劳动密集型产业为主。

---

① 霍利斯·钱纳里、谢尔曼·鲁宾逊：《工业化和经济增长的比较研究》，吴奇等译，上海三联书店1989 年版，第 71 页。

表 2-1 钱纳里的工业化划分阶段标准与产业类型转变

时期	人均 GDP 变动范围（美元）				发展阶段		产业类型
	1964 年	1970 年	1982 年	1996 年			
1	100~200	140~280	364~728	620~1240	工业化准备期	初级产品生产阶段	劳动密集型
2	200~400	280~560	728~1456	1240~2480	工业化初期	工业化阶段	资本密集型
3	400~800	560~1120	1456~2912	2480~4960	工业化中期		
4	800~1500	1120~2100	2912~5460	4960~9300	工业化成熟期	经济稳定增长阶段	技术密集型
5	1500~2400	2100~3360	5460~8736	9300~14880	发达经济初级期		
6	2400~3600	3360~5040	8736~13104	14880~22320	发达经济高级期		知识密集型

资料来源：汪飚：《工业经济空间拓展论》，中国建筑工业出版社 2014 年版。张美云：《工业化阶段划分理论综述——兼谈对我国目前工业化所处阶段的判定》，《三门峡职业技术学院学报》2012 年第 1 期。

第三个时期是工业化中期。制造业内部由轻型工业的迅速增长转向重型工业的迅速增长，非农业劳动力开始占主体，第三产业开始迅速发展，这一阶段大部分产业属于资本密集型产业。

第四个时期是工业化成熟期，也称工业化后期。在第一、第二产业协调发展的同时，第三产业开始由平稳增长转入持续高速增长，并成为区域经济增长的主要力量。

第五个时期是发达经济初级期，此时进入后工业化社会。制造业内部结构由以资本密集型产业为主向以技术密集型产业为主转换，同时生活方式现代化，高档耐用消费品推广普及。技术密集型产业的迅速发展是这一时期的主要特征。

第六个时期是发达经济高级期，此时进入现代化社会。第三产业开始分化，知识密集型产业开始从服务业中分离出来，并占主导地位（李恒全等，2003）。

2. 库兹涅茨工业化五阶段理论

库兹涅茨通过对 57 个国家的数据资料进行分析，提出工业化五阶段理论，即工业化在产业结构变动中表现得最为充分，从三次产业产值结构的变动看，在工业化起点，第一产业比重较高，第二产业比重较低；随着工业化的推进，第一产业比重持续下降，第二产业比重迅速上升，与此同时，第三产业比重也稳步提高（见表2-2）。工业化的推进引起产业结构的迅速转变，产业结构的变动不仅提升了各产业的效率，还带动了就业结构的巨大变动，从而在工业化的不同阶段，就业结构也呈现不同形态的演化形式，整体来说就是第一产业就业人数占比加速下降，第二产业与第三产业的就业人数占比则显著提升（崔向阳，2003）。

表2-2　库兹涅茨工业化五阶段划分标准

结构	工业化阶段（人均GDP）	第一阶段（70美元）	第二阶段（150美元）	第三阶段（300美元）	第四阶段（500美元）	第五阶段（1000美元）
产业结构（%）	第一产业	48.4	36.8	26.4	18.7	11.7
	第二产业	20.6	26.3	33.0	40.9	18.4
	第三产业	31.0	36.9	40.6	40.4	39.9
就业结构（%）	第一产业	80.5	63.3	46.1	31.4	17.0
	第二产业	9.6	17.0	26.8	36.0	45.6
	第三产业	9.6	19.7	27.1	32.6	37.4

资料来源：汪鼹：《工业经济空间拓展论》，中国建筑工业出版社2014年版。崔向阳：《中国工业化指数的计算与分析》，《经济评论》2003年第6期。

3. 霍夫曼工业化四阶段理论

霍夫曼系数（又称霍夫曼比例）用工业内部结构变化来判断工业化阶段，是学术界广泛运用的一种方法（杨海军等，2008）。霍夫曼分析了20多个国家1880~1929年的消费资料工业与生产资料工业数据，研究其消费资料工业和资本资料工业（以轻重工业划分）之间的净产值比例关系（消费资料工业净产值/资本资料工业净产值）的变化，提出了消费资料工业与资本资料工业之比，即霍夫曼系数。

霍夫曼将工业发展分为四个阶段（见表2-3），建立了工业结构特征与工业化过程阶段之间的联系。霍夫曼定理指出，各国工业化无论开始于何时，一般都具有相同的趋势——随着一国工业化的进展，霍夫曼系数呈现出不断下降的趋势，随着工业品的升级，霍夫曼比例逐步下降。

表2-3 霍夫曼工业化四阶段

阶段	主要特征	霍夫曼系数
第一阶段	消费资料工业发展迅速，在制造业中占有统治地位；资本资料工业则不发达，在制造业中所占比重较小	5%（±1%）
第二阶段	资本资料工业发展较快，消费资料工业虽也有发展，但速度减缓，而资本资料工业的规模仍远不及消费资料工业的规模	2.5%（±1%）
第三阶段	消费资料工业与资本资料工业在规模上大致相当	1%（±0.5%）
第四阶段	资本资料工业在制造业中的比重超过消费资料工业并继续上升。整个工业化过程，就是资本资料工业在制造业中所占比重不断上升的过程，后者的净产值将大于前者	1%以下

资料来源：汪毅：《工业经济空间拓展论》，中国建筑工业出版社2014年版。

作为确定经济发展中工业内部结构分析的理论，霍夫曼定理及工业化理论在确定地区工业化进程的研究中被广泛运用（杨海军等，2008）。霍夫曼对工业化不同阶段促进主导产业发展因素的分析认为，廉价与高效的劳动力是促进工业部门成长和工业布局调整的重要因素（Hoffmann，1958）。但我国并未像西方国家一样工业化必然伴生城市化，霍夫曼系数法对我国的判断与实际并不相符，整体呈现虚高趋势（纪玉山等，2005）。由于历史阶段和分析技术的局限，霍夫曼系数只是对欧美发达国家工业化过程在事实层面上的描述和总结，并没有形成关于工业化一般路径的科学分析（纪玉山、代栓平，2007）。随着经济社会的发展，现代经济中的产业结构渐趋复杂，尤其是技术的进步与效率的提升使霍夫曼定理越来越难以在现代经济体系中得到印证。

4. 罗斯托经济成长阶段论

1960年，罗斯托从世界经济发展历史的角度，提出经济成长阶段论，将一个国家的经济发展过程划分为五个阶段：传统社会阶段、起飞准备阶段、起飞阶段、向成熟推进或持续增长阶段、高额群众消费阶段。1971年罗斯托又补充了第六个阶段，即追求生活质量阶段（见表2-4）。

表2-4 经济成长的六个阶段

序号	阶段名称	阶段主要特征
1	传统社会阶段	技术长期停滞和缓慢变革,产业结构以农业为主
2	起飞准备阶段	工业社会前夕,是持续成长的过渡时期;农业增长显著,为工业发展提供良好基础;促进城市、投资、交通等各方面较好的发展
3	起飞阶段	近代社会的大分水岭;投资率已提高到国民收入的10%或以上;已经建立了能迅速吸收新技术,并使之扩散到经济中的主导部门;形成了一个有眼光、有能力经营现代企业的企业家阶层;出现区域性增长极
4	向成熟推进或持续增长阶段	处于正常条件下的经济力量把现代技术推广到经济活动的全部领域中去,并能生产各种工业品,主导部门已更换为以钢铁、电力、重型机器制造业为代表的重工业部门;垄断组织开始出现
5	高额群众消费阶段	供给转向需求,生产转向消费;一般居民家庭对耐用消费品的购买保证了经济的持续成长,主导部门已转移到以汽车业为代表的"消费品和服务方面";经理阶层涌现并成为"中心人物"
6	追求生活质量阶段	对美好生活环境的向往与追求;不再以生产有形产品为主,转而以生产无形产品即提供服务为主;主导部门是提供生活质量的部门

资料来源:笔者根据《罗斯托经济成长理论》(上、下)整理。参见:范家骧、高天虹:《罗斯托经济成长理论(上)》,《经济纵横》1988年第9期。范家骧、高天虹:《罗斯托经济成长理论(下)》,《经济纵横》1988年第10期。

罗斯托认为,经济起飞阶段是一个国家摆脱贫困和落后的关键和核心,也是一个国家经济发展最困难、最重要的阶段。一旦发展中国家以"最小的临界努力"超越了纳克斯的"贫困的恶性循环"和莱宾斯坦的"低水平均衡陷阱"这个"临界水平",发展中国家的经济就可以突破长期的经济停滞和徘徊状态,实现经济的"起飞"(黄景贵,2000)。经济起飞是经济发展的第一次突变,要求在较短的时间内(20~30年),突破不发达经济的停滞状态,实现工业化、生产方法的剧烈变革和产业革命。经济起飞必须具备三个条件:一是要有较高的经济积累比例,使积累占国民收入的10%以上;二是要建立经济起飞的主导产业部门,使之能够较快发展并且能带动其生产部门的增长;三是要有体制上的改革,即建立一种能够保证"起飞"的制度体系,以推动经济的扩张(魏志奇,2014)。

二、工业区位相关理论

1. 工业区位论

工业区位论（Industrial Location Theory）是关于工业企业空间位置选择的理论，由德国经济学家阿尔弗莱德·韦伯提出。阿尔弗莱德·韦伯（2013）从区位因素和区位力学入手，选择生产、流通、消费三个基本环节作为工业生产活动的研究对象，通过对工业生产活动的区位原理进行深入分析，试图解释地域之间人口迁移和城市产业集聚机制。阿尔弗莱德·韦伯认为，运输成本和劳动力成本是决定工业区位的主要因素，并对集聚与分散的因素进行了剖析。

运输指向。运输成本是如何影响工业分布的？假定只有运输成本影响区位选择，且重量和距离是仅有的两种决定运输成本的因素，那么运输成本的变动必将改变企业的区位选择，将工业引导到运输成本最低的地方去，既要顾及消费地，又要考虑原料地（阿尔弗莱德·韦伯，2013）。此时，原料地以原料重量吸引区位，消费地以产品重量吸引区位，区位选择则最后取决于原料指数和区位重。[①]

劳动力指向。阿尔弗莱德·韦伯（2013）认为，劳动力成本的地方差异，即劳动力从一个地方到另一个地方发生变化时才是区位因素，且只有当劳动成本的节约大于运费的增加时，工厂才会从"运输指向"转向"劳动力指向"。

集聚（分散）。在运输成本和劳动力成本是两个仅存区位因素的研究框架下，产业区位的空间集聚和分散也由此成为生产的"优势"，集聚是生产在很大程度上布局到某一地点所产生的市场化，分散因素则是因为分

[①] 地方原料与产品重量之比称为生产的"原料指数"；需要运移的单位产品的总重量称为工业的"区位重"。原料指数 > 1，区位设于原料产地；原料指数 < 1，区位设于消费地；原料指数 = 1，区位可设于原料产地，也可设于消费地。

散化（生产不在同一个地方）产生的"优势"，运输指向和劳动力指向均有可能在不同的条件下导致集聚或分散（阿尔弗莱德·韦伯，2013）。

由此，运输成本、劳动力成本、集聚（分散）三者构成了工业区位论的一般区位因子体系。基于最小费用原则，阿尔弗莱德·韦伯巧妙地建立了完善的工业区位理论体系，为经济区位论研究奠定了坚实的基础。工业区位论的建立，使工业布局的研究从个别企业布局开始转向研究地域的综合布局，成功地将空间联系理论引入经济理论领域。

2. 中心地理论

中心地理论由德国城市地理学家克里斯塔勒首创，随后勒施对该理论进行了继承与扩展完善，其理论基础深受农业区位论和工业区位论的影响。根据克里斯塔勒的研究，集聚是事物发展的根本趋势之一，他指出，人类经济活动的地理单元（无论地理单元小到何种程度）总是处于不均衡状态，在空间分布上始终存在中心地（Central Place）和补充区（Complementary Area）的差异（张大卫，1989）。由于集聚程度不一，中心地也有等级之分，不同等级的中心按一定的数量关系和功能关系构成一个等级数量体系，在空间分布上具有特定的构型，最基本的等级体系有三类：按市场原则构成的中心地等级体系；按交通原则构成的中心地等级体系；按惯例原则构成的中心地等级体系。

中心地理论假设研究区域为均质平原，资源均匀分布；人口和购买力均匀分布；各个方向的交通运输条件无差异。由此得出中心地的空间布局模式，指出每个经济地理单元的中心地均承担着向补充区提供商品和各种服务的职能，中心地与补充区相适应，补充区以六边形为最佳，中心地位于六边形的中央（克里斯塔勒，2020）。

勒施（2013）进一步证明了经济地理单元六边形结构（见图2-1），认为六边形的有利性最大，是经济区最有利的形状，尤其是当商品的需求曲线为直线时。此外，勒施还将区位论研究转向整体的"经济空间论"，从"静态的区位论"转向"动态的区位论"。

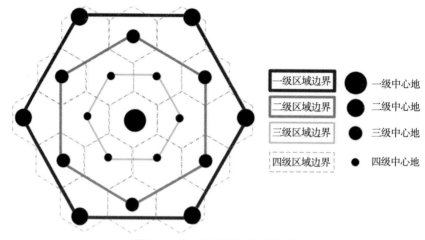

图2-1　中心地体系的市场区域

中心地理论作为区位论的延伸，侧重于经济要素的空间分配和经济活动的空间配置（王士君等，2012），揭示出一定区域内中心地等级规模及其空间结构形成与演变的规律性，概括了中心地等级与规模的关系，从而建立了精确化的理论。

3. 冰山运输成本理论

冰山运输成本（Iceberg Transport Cost）由保罗·萨缪尔森（Paul A. Samuelson）提出（藤田昌久等，2005），[①] 并被克鲁格曼引入国际贸易研究中。冰山运输成本指产品的一部分在运输过程中"融化"或"蒸发"掉了，即一单位产品在区域间运输时只有一部分能够到达目的地，其余部分都消耗在途中，类似于一部分在途中像"冰山"一样"融化"掉了，融化掉的就是运输成本（Samuelson，1954）。可用数学语言表述：1单位产品只有 τ（$\tau < 1$）部分能抵达目的地，其余的（$1-\tau$）部分在运输途中损失（融化）掉了。

---

① 克鲁格曼认为冯·杜能假设谷物运输成本是由拉车的马在路上消耗的谷物构成的，因此冯·杜能可以被称为冰山运输技术的先驱。参见：藤田昌久、克鲁格曼、维纳布尔斯：《空间经济学——城市、区域与国际贸易》，梁琦译，中国人民大学出版社2005年版，第58-70页。

采用冰山运输成本对经济空间区位和贸易区位进行建模，可以很巧妙地回避运输成本的复杂性，具有技术上建模的优越性，然而由于保罗·萨缪尔森的冰山成本忽略了运输成本与距离之间的关系，使建立在冰山运输成本之上的国际贸易理论仍然是非空间的（何雄浪、李国平，2007）。之后，克鲁格曼引进距离因素对冰山成本模型进行了修正，将其定义为：

$$V_d = e^{-\tau D} \tag{2-1}$$

其中，V_d 表示运送 1 单位产品所能抵达目的地的数量，D 表示区域间的运输距离，τ 是冰山形式的融化系数（Krugman，1980）。根据式（2-1）可知，随着距离增加，产品在运输过程中融化掉的重量也将增加。至此，冰山运输成本在技术上具备了空间属性，成为区位分析与贸易理论研究的"独门绝技"。

4. 中心—外围理论模型

克鲁格曼的中心—外围模型（Core-Periphery Model，简称 CP 模型）认为在一个经济规模较大的区域，由于产业之间存在前向和后向联系，往往会出现一种自我持续的制造业集中现象，且经济区域的经济规模越大，其集中的现象就越明显，产业集中也会使运输成本降低，产生集聚的吸引力，从而越有利于集聚（何雄浪，2007）。

中心外围模型着重解决以下问题：在两个外部条件相同的地区，在充分考虑规模报酬递增、劳动力可流动和运输成本交互作用的情况下，制造业是如何集中，又是如何集中在一些发达地区而不是欠发达地区的？这种集中又会在何种情形下发生改变？（Krugman，1991）因此，中心—外围模型考察由两个部门组成的经济体，垄断竞争的制造业部门和完全竞争的农业部门，这两个部门分别只使用一种劳动力资源（制造业工人、农业农民），且各部门的要素供给不变。此外，地区间工业制成品的运输成本采用"冰山"形式表示，农产品的运输则没有成本。从而对劳动力成本与运输成本是如何影响中心—外围的空间分布，及集聚的均衡与稳定进行了分析与解答（藤田昌久等，2005）。制造业"中心"和农业"外围"在三种条件下会出现：当运输成本足够低时；当制造业的差异种类足够多时；当制造业份额足够大时，较大的制造业份额意味着较大的前向关联和后向关联（藤田昌久等，2005）。

中心—外围模型通过引入规模报酬递增、人口（劳动力）流动和运输成本等因素对制造业区域集聚的原因与现象进行了较为贴切的解释，深化了专业分工、要素流动与产业集聚之间的研究，使空间问题开始进入主流经济学视野。

第三节　中国工业经济发展研究述评

1949 年以来，中国区域经济布局总体上经历了"沿海内陆均衡发展—沿海化非均衡发展—东、中、西部相对均衡发展"的过程，且整体上区域经济份额变动趋于减小：1979 年以前，不同区域的经济份额在不同阶段变化差异较大，主要由第一产业和第二产业驱动；1979 年以后，区域经济格局呈现明显的沿海化趋势，但驱动产业在不同阶段有所变化；2001年以来，随着中国经济加速融入世界经济体系，中国区域经济格局经历了重大调整，经济份额上升的省（自治区、直辖市）明显由东部向中、西部地区转移（孙铁山等，2015）。

中华人民共和国成立以来，经历了人类历史上从未经历过的工业化过程，拥有 21% 世界人口的中国在不到 70 年的时间里走过了西方发达国家200 多年的工业化历程。加入 WTO 后，中国工业化的"价廉物美"现象，以更快的速度向国际化的方向扩展。当然，中国工业化所面临的国土、资源、生态、环境的承载力问题，是其他工业化国家未曾遇到过的（金碚，2002）。中国工业化基本上是沿着西方国家工业化的技术路线推进的；从全球的角度看，中国工业化技术进步过程总体上是西方工业技术的转移扩散过程，即世界工业化版图演化过程中的工业发展空间和重心迁移（金碚，2012）。

21 世纪初，中国已经从农业经济大国发展成为工业经济大国（陈佳贵、黄群慧，2005）。随着中国工业化进程逐渐深入，有关中国工业化与工业经济发展方面的研究文献日益增多，学者们纷纷从不同视角对我国工业化进程和工业经济发展现状与趋势进行深度分析和研判。

　　由于工业经济对国民经济发展的特殊重要性，学者们从各个方面对中国工业经济的发展进行了深入浅出的剖析，并提出了众多极富建设性的政策建议，为进一步推动中国工业经济发展做出了不可磨灭的贡献。与此同时，也有很多学者对不同阶段工业化进程的空间格局进行了深入研究，提出了诸多以工业经济布局为主的区域经济发展战略，但部分学者对中国工业经济空间格局研究的时间轴线相对割裂，有的专注于 156 项工程建设，有的专注于三线建设，还有的专注于改革开放的区域发展战略，鲜有文献对中国 70 年工业经济空间格局演进进行长时间轴的研究。

　　研究中国工业经济空间格局演化，不仅有助于进一步掌握区域间工业经济发展态势，深化经济政策或区域发展战略对区域经济发展的指导；也有助于厘清中国工业化进程中工业发展的空间差异，以及在工业布局方面存在的问题，从而有针对性地推动产业结构有序调整，以工业发展的合理布局推动不平衡不充分问题的解决，推进供给侧结构性改革，加快构建现代产业新体系。

一、工业经济空间格局

　　改革开放 40 年来，中国形成了若干具有较大经济实力的工业化前沿地区，如长江三角洲、珠江三角洲、环渤海经济圈等。内陆地区也有一些中心城市和经济区获得较快发展，但总体上滞后于沿海地区。形成了较发达的中心城市和不发达的县域经济并存的经济发展空间格局，但中国工业化所导致的经济"高地"和"低地"间发展水平差距较大，且高地和高地之间也有许多经济不发达的"洼地"（金碚，2012）。同时，我国工业空间结构不平衡问题日益突出，形成了东部地区高度集聚、中西部地区相对分散的"中心—外围"工业空间格局（刘友金、曾小明，2019）。

袁志刚和范剑勇（2003）对改革开放以来中国工业化进程及其地区差异进行分析，指出中国的工业化进程直接表现为农业剩余劳动力向非农产业快速转移；第二产业有进一步向东部沿海地区（包括直辖市）聚集的倾向，使东部沿海地区有形成中国的制造业中心的可能。陈佳贵和黄群慧（2005）通过构造一个新的基于产业结构演进的经济国情分类框架，分析经过 20 余年（1978~2004 年）的快速工业化进程后中国经济发展状况的变化，发现中国已经从农业经济大国转变为工业经济大国，中国经济现代化进程进入了以实现由工业经济大国向工业经济强国转变、推进工业现代化进程为核心任务的新阶段。

陈耀（2008）通过对改革开放 30 年中国工业化区域特征进行分析，指出中国工业主要集中在东部地区且集中度在提高，东北地区、中部地区、西部地区的工业份额都有或多或少的下降，其中东北地区工业相对衰落尤为突出。中国各地区的工业发展水平，在很大程度上取决于地区市场化改革和对外开放的推动。吴三忙和李善同（2010）发现从区域的制造业属性来看，东南沿海地区劳动密集型制造业集聚更为明显，而资源依赖型制造业更多分布在北部和中西部地区。魏伟和叶寅（2013）利用 1978~2010 年中国各省份实际人均工业增加值进行空间分析，指出各省份工业发展存在显著的空间自相关，且呈现上升趋势，人均实际工业增加值较高的省份趋向于与工业增加值同样较高的省份在空间上相邻。

张晋晋和安树伟（2013）就 2000 年以来西部地区工业空间格局演变进行研究，指出西部地区工业集中度进一步提高，工业的空间集聚趋势更加明显。覃成林和程琳（2014）就铁路交通发展对沿线城市工业空间格局的影响进行分析，指出铁路交通发展是影响我国工业空间格局变化的一个重要因素，在总体上促进了沿线城市工业发展，但是对不同区域和不同类型城市工业发展的影响存在差异。胡伟和张玉杰（2015）运用地理信息系统的空间分析模型与方法，剖析了 1996~2012 年中国工业发展的空间格局演变，指出东中西部之间区域产业转移渐趋明显，大规模的产业转移尚未出现；中西部地区承接产业转移与工业发展的阶段性特征明显，1996~2004 年为探索准备阶段，2004~2012 年为稳步增长阶段；四大经济区域之间的工业发展差距呈缩小态势。

刘友金和曾小明（2016）通过对 2003~2013 年全国 286 个地级市进行分析，指出中国工业在长江三角洲、环渤海地区的集聚趋势进一步增强，集聚范围进一步扩大，工业向中西部跨省区转移的同时，还呈现出明显的省内转移现象。[①] 杜志威等（2016）以中国 288 个地级以上城市为研究对象，考察城市工业创新效率的空间格局及其影响因素，指出中国城市工业创新效率呈现东强西弱、阶梯状减弱的总体空间格局，工业创新效率城市的空间分布与人口密度"黑河—腾冲"线的分布基本一致。

二、工业化阶段与特征

由于人口规模巨大，使中国工业化进程在相当长一段时期内，必须生产大量中低档工业制成品，加之中国居民收入水平普遍偏低和分配结构上"中产阶级"非常弱小，决定了中国工业品只能以"价廉物美"为主要特征。因此，依靠价格优势开拓市场和在国际市场进行"价格大战"是中国工业化进程中不可避免的历史性现象和必然演进过程（金碚，2002）。

尽管国内学者尚未形成广泛认可的工业化阶段划分标准，但众多学者的辛劳研究为此做出了不少贡献，比较典型的成就是陈佳贵等（2006）根据钱纳里等（1989）、库兹涅茨（1999）、科迪等（1990）、郭克莎（2000）、魏后凯和陈耀（2003）的有关资料整理而得出工业化不同阶段标志值（见表 2-5）。

至于对我国工业化阶段的判定，虽然学者们从不同视角进行分析会有不同的结论，但我国已由农业经济大国进入工业经济大国的基本国情已得

---

① 刘友金、曾小明：《中国工业空间格局的演变与集聚差异——基于 EDSA 和城市面板数据的空间计量研究》，《区域经济评论》2016 年第 1 期。

表 2-5 工业化不同阶段的标志值

基本指标	前工业化阶段（1）	工业化实现阶段			后工业化阶段(5)
		工业化初期（2）	工业化中期（3）	工业化后期（4）	
1. 人均 GDP（经济发展水平）					
（1）1964 年（美元）	100~200	200~400	400~800	800~1500	1500 以上
（2）1996 年（美元）	620~1240	1240~2480	2480~4960	4960~9300	9300 以上
（3）1995 年（美元）	610~1220	1220~2430	2430~4870	4870~9120	9120 以上
（4）2000 年（美元）	660~1320	1320~2640	2640~5280	5280~9910	9910 以上
（5）2002 年（美元）	680~1360	1360~2730	2730~5460	5460~10200	10200 以上
（6）2004 年（美元）	720~1440	1440~2880	2880~5760	5760~10810	10810 以上
2. 三次产业产值结构（产业结构）	A>I	A>20%，A<I	A<20%，I>S	A<10%，I>S	A<10%，I<S
3. 制造业增加值占总商品增加值比重（工业结构）	20%以下	20%~40%	40%~50%	50%~60%	60%以上
4. 人口城市化率（空间结构）	30%以下	30%~50%	50%~60%	60%~75%	75%以上
5. 第一产业就业人员占比（就业结构）	60%以上	45%~60%	30%~45%	10%~30%	10%以下

资料来源：陈佳贵、黄群慧、钟宏武：《中国地区工业化进程的综合评价和特征分析》，《经济研究》2006 年第 6 期。

到广泛认可，且学者们普遍认为部分地区已进入工业化后期阶段，但在具体的分析方面，学者们还是有不同的观点和结论。

　　袁志刚和范剑勇（2003）认为三大直辖市（北京、上海、天津）已进入工业化后期阶段，东部沿海地区和东北三省处于工业化中期阶段，而中部、西北和西南地区则仍处于工业化的中前期阶段。中国社会科学院经济学部课题组等（2008）认为，中国的工业化进程可以划分为两个大的重要时期：一是 1949~1978 年，为传统的社会主义工业化道路时期；二是 1979 年至今，为中国特色社会主义工业化道路时期。郭克莎（2000）认为我国在 2000 年时只处于工业化中期阶段的上半期，且产业结构偏差和工业结构升级缓慢，影响了工业化中经济的持续增长和增长质量的提升。

　　冯飞等（2012）认为基于人均 GDP 的衡量指标，中国在 2012 年已处于工业化后期阶段。齐亚伟和张荣真（2015）根据各区域经济条件、产业结构、发展规划、先天禀赋等要素的不同，以 2012 年数据为基础进行分析，发现中部六省、大西北、东三省和大西南处于工业化中期，长三角和环渤海处于工业化后期，珠三角工业化程度最高，处于后工业化时期。

从产业结构长期的演进看，中华人民共和国成立以前到改革开放初期的工业化进程，属于中国工业化前期；从改革开放到 21 世纪的前 10 年，属于中国工业化中期；2010 年前后，中国逐渐步入了工业化后期（刘伟、蔡志洲，2015）。金碚等（2016）从经济增长模式的视角对我国工业化阶段进行分析，认为我国工业产业中劳动密集型产业的比较优势正在减弱，资本密集型产业的比较优势快速增强，技术密集型产业焕发活力，由此指出我国工业整体处于投资驱动阶段，[①] 并努力向创新驱动阶段过渡。

三、地区工业化进程与空间格局

陈佳贵等（2006）从经济发展水平、产业结构、工业结构、就业结构、空间结构等多方面对我国各省（自治区、直辖市）的工业化水平进行评价，指出 2004 年中国工业化进程的地区结构是一个典型的金字塔型结构，有向橄榄型结构演变的趋势；1995~2004 年，绝大部分地区处于加速工业化阶段，但发达地区与欠发达地区之间的工业化差距在不断拉大；2000 年以后，工业结构升级代替产业结构调整成为大部分地区工业化的主要动力。张辉和黄泽华（2009）通过度量改革开放 30 年来北京市的产业结构高度，指出到 2006 年，北京市的总体产业结构高度已达到工业化完成时的水平。

陈敏（2009）通过对江西省的工业化进程进行综合评价，指出 1995~2005 年江西省大部分地区工业化都呈现加速推进态势，已于 2007 年整体

---

① 产业参与国际竞争的过程大致可分为四个依次递进的阶段：要素驱动阶段、投资驱动阶段、创新驱动阶段和财富驱动阶段。

处于工业化中期水平，和全国工业化所处阶段基本一致，但地区发展不平衡问题较为显著。伍世代和李婷婷（2011）通过构建工业水平指标体系，对 20 世纪 90 年代以来以福建省为主体的海西城市群工业化现象的时空分异规律进行分析，指出海西城市群已初步形成核心—转承—边缘—辐射的圈层递进式空间体系结构。

敖荣军等（2016）运用真实市场潜力模型，对 2007~2012 年湖北省县区工业市场潜力及空间格局进行分析，指出就省内而言湖北省工业市场潜力呈现以武汉、宜昌和襄阳为高值中心，以省域边缘地区为低值外围的空间结构特征；就省外而言，湖北省工业市场潜力则由东向西渐次下降。甄江红等（2014）从经济发展水平、产业结构、就业结构、空间结构、工业效益与生产效率、科技投入、消费结构、外贸结构、信息化水平等方面构建工业化水平综合评价指标体系，对 1978~2010 年内蒙古工业化水平及其演进特征进行测度与分析，指出改革开放以来内蒙古工业化水平不断提高，已步入工业化加速发展时期，与全国的工业化差距逐渐缩小。

曹玉红等（2015）基于上海市工业郊区化背景对都市型工业空间分布、集聚特征以及行业间的空间邻近关系进行研究，研究发现，上海都市型工业企业区位选择具有中心城区与近郊区双重指向性，在距离城市中心 10~20 千米都市工业分布最密集，空间分布的非均质特征明显。徐冬冬等（2017）通过对江苏省工业生产效率的空间格局演化与影响因素进行分析，指出 2001~2013 年江苏省县域工业生产效率有所提升，但整体水平不高，总体差异较大，相对差异逐年缩小，效率值的空间聚类呈现"南高北低"的梯度变化特征。

四、工业化与城市化方面

安虎森和陈明（2005）认为人均 GNP 是衡量国家工业化水平的最佳标准，并指出我国城市化水平并不滞后于工业化，但存在着城市化进程中就业结构没有随工业化相应高度化以及城市化质量不高的问题。吕政等

（2005）认为中国的确在一段时期内存在城市化滞后于工业化的问题，但不能通过计算城市化率与工业化率之差来判定。由于中国工业化进程的特殊性，采用"反城市化"政策来促进工业发展，大量的非农就业人口和依托非农就业人口生存的相关人口不能够在城市中生活，就已经足以说明城市化滞后于工业化。这种独特的工业化战略和道路，严重阻碍了城乡之间、工业化和城市化之间的协调发展。

孙久文和彭薇（2009）认为从中华人民共和国成立到改革开放初期，我国城市化进程滞后于工业化，在一定程度上阻碍了工业化的发展；改革开放后，市场经济体系逐步建立与完善，工业化呈现加速发展态势，有力地促进了城市化的发展。随着经济发展，产业结构优化调整步伐加快，城市化滞后于工业化的现象得到了有效纠正，尤其是从 20 世纪 90 年代下半期开始，中国城市化滞后的现象正在逐步消失，城市化与工业化相互适应的关系正在逐步得到确立。许庆明和胡晨光（2012）指出中国沿海发达地区的城市化进程正面临着其工业化进程和经济发展新阶段所带来的城市化动力机制的变化，从而使沿海发达地区的城市化速度放慢。这就要求沿海发达地区不能脱离地区工业化进程盲目追求城市化率，而是要实现从传统城市化向新型城市化的转变。胡伟和柯新利（2015）从全国（1952~2012年）、地方（2000~2012 年）两个层次对我国城市化与工业化进程中的演化关系进行分析，指出 2000~2012 年，我国各省份城市化、工业化在发展水平上差异较大，极化现象进一步加剧；中西部地区城市化与工业化进展较快，城市化与工业化基本呈现协同发展的态势；东部沿海地区城市化与工业化的发展态势迥异。

五、工业化与环境问题

在工业化进程中，工业污染作为工业生产的附属产物，随着工业化不断深入，必将在一定时期内加重对环境的污染。纵观各国的工业化历程，大多数发达国家都出现了不同程度的环境污染，"跨越式"的中国工业化进程，以近 70 年的时间压缩完成了西方工业国家两三百年的工业化使命，以至于中国的工业污染占总污染负荷的 70%。尤其是 20 世纪 90 年代以来，工业比较发达的地区，呈现出明显的工业比重偏高和产业结构偏重的格局，重工业增长相对于轻工业呈现加速趋势，然而这种工业重型化与低收入相结合的"超常结构"加剧了环境污染（赵海霞等，2005）。因此，工业化与环境污染的问题受到了学者们越来越广泛的关注。

赵海霞等（2005）通过对江苏省工业化进程中的环境效应进行分析，指出自 1990 年以来的工业结构与布局调整不利于环境污染控制，重污染行业结构是环境效应的主要影响因素。聂钠和董明辉（2006）从湖南省经济发展中工业化进程的加快对生态环境的压力加大的现实情况出发，利用生态环境压力指数法（Eco-environmental Stress Index）对生态环境所造成的压力进行趋势分析，发现湖南省自 1999 年以来，随着工业化进程逐渐深入，资源能源压力及环境污染压力均明显加大。

李敦瑞（2016）认为产业转移是国家实现生产力合理布局和区域协调发展的重要途径，但在产业转移背景下我国工业污染空间格局的演变并不乐观，工业污染与工业生产越来越由东部地区向中西部地区转移的趋势基本一致，也具有自东向西转移的趋势；相比于沿海发达地区，中西部地区的工业发展往往在环境污染方面要付出更大的代价。由于中西部地区位于重要水系的上游、中游，其环境污染将对下游水域造成严重的损害。因此，产业转移所带来的污染转移如果处理不当，对生态环境所造成的破坏效应极有可能被放大。

六、工业经济发展战略与趋势

一直以来，走什么样的工业化道路和选择哪一种增长模式，都是一个举国关心的重大问题。中华人民共和国成立初期，借助于苏联援助的 156 项工程，中国得以以重工业优先发展的战略迅速奠定了工业经济发展的坚实基础，然而随后的一系列事件对中国工业经济的良性发展造成了难以估量的损失。改革开放以来，党和国家积极探索适合中国国情的工业化发展道路，强力推动轻工业的发展，随着中国经济日益融入世界经济体系，重工业在工业经济中的地位迅速抬升。但是，走什么样的工业化道路依然是个悬而未决的重要议题。直到2002年中共十六大提出"走新型的工业化道路"的口号，学者们才对中国工业发展战略展开了更为深入的探讨。

张培刚（1994）指出农业国家或经济欠发达国家，要想实现经济起飞和经济发展，必须全面实行工业化（包括农村和城市）。郭克莎（2000）认为我国工业化在20世纪末只达到了中期阶段的上半期，产业结构和工业结构升级缓慢，影响了工业化中经济的持续增长和增长质量的提升，推进工业化的模式应该是通过加快第三产业发展来带动农业剩余劳动力转移和农民收入较快提高。吕政等（2003）通过对我国工业化进程进行评估，对我国传统的社会主义工业化道路进行了反思，指出传统的社会主义工业化道路虽然有助于我国在比较短的时间内完成初步工业化任务，但我们也为此付出了很大的代价。吴敬琏（2005）对中国应该走什么样的工业化道路进行了分析，认为慎重选择适合于时代潮流和我国国情的工业化道路和增长模式，乃是一个关乎中国今后长时期经济社会发展成败利钝的关键决策，指出作为一个处于工业化中后期的发展中国家，中国必须彻底转变经济增长模式、提高增长质量，走一条新型的工业化道路。培育和发展领先产业是中国走新型工业化道路的必然要求，也是中国走向产业强国的必由之路（顾永红，2004）。

刘军和徐康宁（2008）指出产业聚集主要通过生产要素配置和增加产出两种功能影响工业化进程，产业聚集推动了工业在地区之间和城乡之间形式不一的演化：在产业聚集程度较高的东部地区，工业活动由城市向农村扩散的趋势显著；而在其他地区，由于工业化尚处于产业聚集程度不高的阶段，其工业活动由城市向农村扩散的迹象并不明显。耿修林（2012）通过对我国10年来的新型工业化进程进行评测与分析，指出我国新型工业化进程呈持续稳步上升的态势，但新型工业化进程中直接的技术投入存在波动，投入利用和推进举措存在削弱现象，新型工业化进程中存在资源利用和环境保护改善不足等问题。

中国未来工业化的最显著空间特征将是向三大经济腹地快速推进，这三大经济腹地是：沿海腹地、内陆腹地、县域腹地。工业化的重心只有有序快速地向经济腹地大幅度推进，使三大腹地的经济和社会发展水平得到更快提高，才可能实现中国经济发展的相对均衡化（金碚，2012）。

第二篇
研究背景综述

第三章　世界工业经济发展历程与格局

第一节　世界工业经济发展历程[①]

18 世纪中叶以来，人类历史上先后发生了三次工业革命，以及当前正在发生的第四次工业革命（见表 3-1）。工业革命是指技术革命成果普遍应用于社会生产的各部门（不包括农业），从而引起整个生产体系、组织结构的面貌、进程发生根本改观的革命，它既涉及人和自然间的物质变换，又涉及人与人之间的劳动与分工和财产关系上的变换（陈雄，1987）。

表 3-1　人类历史的四次工业革命

阶段	代表性事件	所处时期	主要特征与意义
第一次工业革命	以工作机的诞生开始，以蒸汽机作为动力机被广泛使用为标志	18 世纪 60 年代至 19 世纪 40 年代	珍妮纺纱机揭开工业革命序幕，改良型蒸汽机推动人类进入"蒸汽时代"，工厂成为工业化生产的最主要组织形式 第一次工业革命开创了以机器代替劳动的时代

[①] 关于工业革命的阶段划分，与美国流行的第三次工业革命的说法不同，德国将制造领域技术的渐进性进步描述为工业革命的四个阶段，本书采用四阶段分法。

阶段	代表性事件	所处时期	主要特征与意义
第二次工业革命	发电机、电动机相继发明	19 世纪 60 年代后期至第二次世界大战前	世界由"蒸汽时代"进入"电气时代"。部分国家的工业总产值开始超过农业总产值；工业重心由轻纺工业转为重工业，出现了电气、化学、石油等新兴工业部门；电力在生产和生活中得到广泛的应用。第二次工业革命促进了世界殖民体系的形成，使得资本主义世界体系最终确立，世界逐渐成为一个整体
第三次工业革命	原子能、电子计算机、微电子技术、航天技术、分子生物学和遗传工程等领域取得重大突破，标志着新的科学技术革命的到来	起始于 20 世纪四五十年代	最具划时代意义的是电子计算机的迅速发展和广泛运用，开辟了信息时代；带来了一种新型经济——知识经济，知识经济发达程度的高低已成为各国综合国力竞争中成败的关键所在。第三次科技革命极大地推动了人类社会经济、政治、文化领域的变革，也影响了人类生活方式和思维方式，使人类社会生活和人的现代化向更高境界发展
第四次工业革命	以互联网、大数据、云计算、物联网等新一代信息技术广泛应用为特征	起始于 21 世纪初	以 3D 打印、互联网产业化、工业智能化、工业一体化为代表，以人工智能、清洁能源、无人控制技术、量子信息技术、虚拟现实以及生物技术为主的全新技术革命。第四次工业革命推动人类社会进入智能化时代

资料来源：笔者根据相关资料整理。

第一次工业革命所开创的"蒸汽时代"（18 世纪 60 年代至 19 世纪 40 年代），标志着农耕文明向工业文明的过渡，机械化成为社会主要生产方式。第二次工业革命使人类进入了"电气时代"（19 世纪 60 年代后期至第二次世界大战前），在蒸汽动力技术的革新发展背景下，电力、钢铁、铁路、化工、汽车等重工业兴起，石油成为新能源，并促使交通迅速发展，世界各国的交流更为频繁，逐渐形成一个全球化的国际政治、经济体系。两次世界大战之后开始的第三次工业革命①，更是开创了"信息时代"（起始于 20 世纪四五十年代），生产步入自动化时代，全球信息和资源交流变得更为迅速，大多数国家和地区都被卷入全球化进程，世界政治经济格局进一步确立，人类文明的发达程度也达到空前的高度（胡鞍钢，

---

① 国内外学术界对于"第三次工业革命"并没有形成广泛接受的定义，且对其阶段与特征的认定也存在争议。

2015)。起始于21世纪初的第四次工业革命，以互联网、大数据、云计算、物联网等新一代信息技术广泛应用为特征，推动人类社会进入智能化时代。

一、工业1.0：机械化——蒸汽技术革命

第一次工业革命发生于18世纪60年代至19世纪40年代的西欧和北美，其典型特征是蒸汽技术革命，通过水力和蒸汽机实现工厂机械化，开创了机器代替劳动的工厂制生产新时代，可称为工业1.0（见图3-1）。英国是第一个进行工业革命的国家，接着，法国、美国、德国、俄国也掀起了工业革命的浪潮（庄解忧，1985），英国成为世界上第一个工业国家。

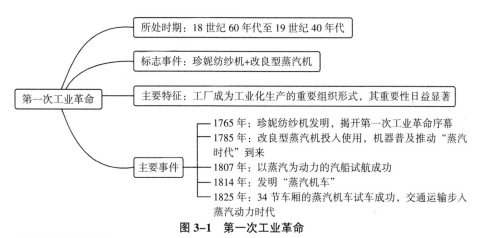

图3-1　第一次工业革命

资料来源：笔者绘制。

第一次工业革命指资本主义从以手工技术为基础的工场手工业向以机器为主体的工厂制度、从农业占优势的经济向工业占优势的经济迅速过渡。第一次工业革命是人类历史上一次极其深刻的革命，带来了社会生产力的迅速发展，彻底改变了人类的生产方式和生活方式，为资本主义制度的最终确立奠定了牢固的物质基础，使人类"从农牧民转变为驱动无生命机器的操纵者"（张霞，1999）。

第一次工业革命期间，由于机器的广泛使用，劳动效率得到了大幅提高，生产力获得了前所未有的飞跃。在英国，1770~1840 年，每个工人的日生产率平均提高了 20 倍。第一次工业革命完成时，英国建立了纺织业、冶金业、煤炭业、机器制造业和交通运输业五大工业部门，成为世界市场工业品的主要供应者，许多国家在不同程度上成为英国的原料供应地和市场（庄解忧，1985）。

法国在第一次工业革命期间，由于使用机器，有力促进了纺织工业的发展；尤其是在 19 世纪五六十年代，法国经济步入发展快车道，工业总产值以及煤、生铁的产量急剧增长，国民收入明显提高（樊亢、宋则行，1980）。

新技术的广泛应用，使美国的劳动生产率获得极大提升，工业生产迅猛增长。到 19 世纪 60 年代，美国在世界工业总产量中所占的比重仅次于英国，居第二位，其煤、棉纺织品的产量也仅次于英国。尤其是南北战争以后，美国工业发展进入飞奔时期，生产力迅猛发展。1860 年，美国工业中领先的是轻工业，主要是面粉业、棉织业、木材制造业、制鞋业等工业部门；到 1900 年，其工业中领先的却已转变为钢铁业、屠宰业、机械制造业、制材业；到 1894 年，美国工业生产总值较 1860 年增长 4 倍，且打破了英国工业长期以来的垄断地位，跃居世界首位（黄绍湘，1979）。

第一次工业革命也促进了德国生产力的迅猛发展。在 1850 年后短短的 20 年间，德国工业生产增长 1 倍多，促使德国进入先进资本主义国家行列（庄解忧，1985）。

第一次工业革命期间，机器与新技术广泛应用，工厂制度逐渐兴起并建立，资本主义大生产不断挤压手工生产，工厂制度在各国得到广泛推崇，逐步替代了手工生产，由此生产本身也由一系列的个人行动演变为一系列的社会行动，[①] 使资本主义的经济关系最终确立并不断巩固，资本主义逐渐成为一个世界体系。第一次工业革命对经济活动空间格局的影响主要

---

① 中央编译局：《马克思恩格斯全集（第三卷）》，人民出版社 1956 年版，第 426 页。

体现在城市发展和对外扩张两个方面。

第一，工业革命促进了城市的勃兴和发展，引致了人口分布的变化和生活方式的改变，人口快速涌向城市，促进了城市的快速发展和城市规模加速扩张。机器的应用提高了生产效率，工厂制的建立使原本分散的个人生产趋于集中，推动劳动大军向工厂集中，人口涌向工业区，使城市在地理分布、数量、规模、类型等方面都有了明显的变化。随着城市的发展，农村人口和社会闲散劳动力涌向城市，转为工业劳动力，工业国家的人口的分布发生了重大变化。英国在第二次工业革命期间，人口向工业中心西部、西北部转移，催生了许多新的城市，与此同时，城市类型也趋于多样化，涌现了大量大型工业城市、沿海港口城市、运河和铁路沿线的内陆交通城市等。

第二，工业革命推动了资本主义在世界范围内的扩张。随着第一次工业革命的逐渐深化，资本主义生产方式在许多国家确立，各国资本家在技术、人才、资金等方面进行着前所未有的深度交流与合作。为了进一步扩大市场，获取廉价的原料和劳动力，在本国发展到一定程度后，资本主义强烈地感受到本土资源的不足，开始了向亚、非、拉美等地区的扩张，使之沦为殖民地或半殖民地。

可以说，第一次工业革命是资本主义发展史上一个新时期的起点，也是人类发展历史的一个转折点。第一次工业革命使英国在不到一个世纪的时间内变成了"世界工厂"，它为美国和德国的资本主义发展奠定了"后来居上"的物质基础，它使人们看到一个蒸蒸日上的资本主义制度已经不可逆转地代替了过时没落的封建主义制度；它展现出无产阶级作为资本主义社会财富创造者的巨大功绩，也显示出作为资本主义制度的掘墓人的雇佣劳动者的伟大革命力量，透露出剥夺者必将被剥夺的前景（庄解忧，1985）。

二、工业 2.0：电气化——电力技术革命

19 世纪 60 年代后期，世界上掀起了第二次工业革命的浪潮，这次工业革命的中心主要在后起的资本主义国家美国和德国（徐玮，1989）。以电力技术为标志的近代第二次技术革命成果应用于社会生产领域，开启了世界近代史上的第二次工业革命。这次工业革命，在劳动分工的基础上采用电力驱动产品的大规模生产，通过零部件生产与产品装配的成功分离，开创了产品批量生产的新模式，可称为工业 2.0（罗文，2014）。

电力工业是第二次工业革命的标志（见图 3-2），也是最能代表最新的技术成就和 19 世纪末 20 世纪初资本主义特征的一个工业部门，在美国和德国这两个最先进的新兴资本主义国家最先发展。[①] 第二次工业革命期间科学技术发展突出，主要表现在四个方面：电力的广泛应用、内燃机和新交通工具的创制、新通信手段的发明和化学工业的建立（李富森，2012）。

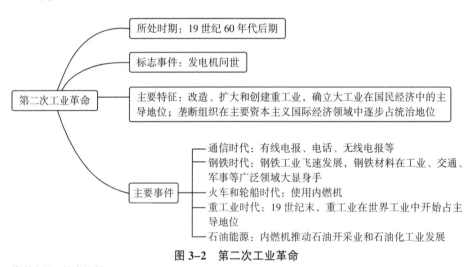

图 3-2　第二次工业革命

资料来源：笔者绘制。

---

① 中央编译局编：《列宁选集（第二卷）》，人民出版社 1960 年版，第 788 页。

第一次工业革命后，蒸汽动力在 19 世纪中叶成为工业的基本动力机械，但由于其结构笨重、传动操作不灵活、使用不完全，且蒸汽动力难以实现远距离运输服务等缺点逐渐暴露，快速发展与急剧扩张的工业化生产急需新的动力形式，发电机与电动机的问世与应用推广，推动了第二次工业革命的到来。

第二次工业革命以电力技术作为其主导技术，它与内燃机技术、冶金技术、化工技术共同组成了一个技术体系，使社会生产力实现了一次历史性飞跃，加速了从"自由"资本主义向垄断资本主义的过渡，促进了整个生产体系、经济结构的飞跃变革（陈雄，1987）。用电力代替蒸汽动力，标志着工业电气化的开端，通过第二次工业革命，人类社会从蒸汽时代跨进了电气时代、从纺织时代跨进了钢铁时代，并真正跨进了火车和轮船的时代。

电气技术的兴起，一方面引起了动力革命，另一方面也激起了通信革命。第二次工业革命另一具有重大意义的技术改造是内燃机的发明和应用，促进了汽车和航空工业的兴起。1900~1929 年美国汽车的登记总数由 8000 辆猛增到 2675 万辆，平均每 4 个人就有一辆汽车，美国已成为"汽车王国"；到第一次世界大战结束时，美国已有 24 家飞机制造厂，年生产飞机 21000 架。汽车和航空工业的兴起标志着交通运输业的第二次革命，推动了钢铁、石油、橡胶和精密仪器仪表工业的发展（徐玮，1989）。

尽管第一次工业革命通过动力机械的革新为工业发展提供了无限可能，但其主要任务在于发展以纺织业为代表的轻工业，实现资本主义生产由手工工场制到近代工厂制的过渡。19 世纪 70 年代以前，除英国以外，各主要资本主义国家仍然是农业占优势，且在整个世界工业中，轻工业还占据主导地位，重工业基础比较薄弱。第二次工业革命主要是改造、扩大和创建重工业，从而最终确立重工业在国民经济中的主导地位。19 世纪末，重工业在世界工业中开始占据主导地位，美国、英国、德国等先进国家成了以重工业为主导的工业国，由此，主要资本主义国家通过第二次工业革命由农业国转型为工业国（陈雄，1987）。

第二次工业革命使后起的资本主义国家——美国赶上并超过了老牌资本主义国家，这不仅改变了美国社会的技术体系，促进了美国经济的腾飞和工业化的基本完成，得益于第二次工业革命期间工业的跳跃式发展和企业大型化、集中化发展，第二次工业革命还助推美国一举成为世界上最发达的资本主义国家：1860 年美国工业产值在世界工业总产值的比重为17%，不足英国工业产值的 1/2，1890 年则上升到 31%，英国则下降到22%（中国科学院经济研究所世界经济研究室，1962）。1870~1913 年，美国工业生产增长了 8.1 倍，而同一时期英国增长了 1.3 倍，法国增长了1.9 倍。

德国是一个后起的资本主义国家，德国的工业革命在 19 世纪 30 年代才起步，当时英国工业革命正接近尾声。但德国的工业革命快速发展，并于 19 世纪五六十年代进入高潮，到 19 世纪 80 年代末就已基本完成，至20 世纪初，德国工业产值超过英国，位列欧洲第一，仅次于美国，成为世界第二大工业国家。

由此，资本主义国家之间发展不平衡加剧，美国垄断资产阶级为了攫取超额利润，对外侵略性不断强化，倾销相对过剩的工农业产品，迫切要求占领国外市场和投资场所（徐玮，1989）。

三、工业 3.0：自动化——计算机技术革命

第三次工业革命始于 20 世纪四五十年代并一直延续到现在，电子与信息技术的广泛应用，使得制造过程不断实现自动化，可称为工业 3.0（见图 3-3）。机器逐步接管了相当比例的"体力劳动"，还接管了一些"脑力劳动"（罗文，2014）。

第三次工业革命加剧了资本主义各国发展的不平衡，推动了国际政治经济格局的加速演化，使资本主义各国的国际地位发生了新变化，社会主义国家在与西方资本主义国家抗衡的斗争中，贫富差距逐渐拉大，促进世界范围内社会生产关系发生变化（人民教育出版社历史室，2006）。

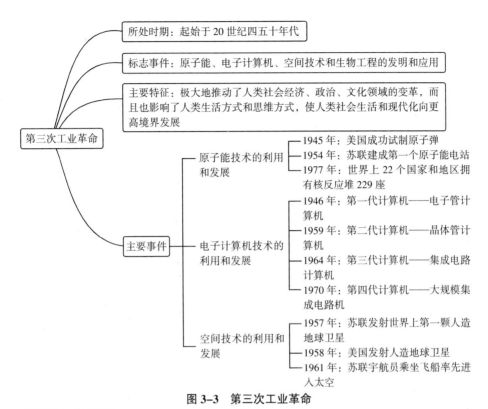

图 3-3　第三次工业革命

资料来源：笔者绘制。

　　第三次工业革命使科学技术大幅度提高，为世界文化的发展提供了雄厚的物质基础，并使得全球的文化联系越来越密切，现代化呈现出多元化的特点。

四、工业4.0：智能化——智能技术革命

　　前三次工业革命使人类发展进入了空前繁荣的时代，与此同时，也造成了巨大的能源、资源消耗，付出了巨大的环境代价、生态成本，急剧地扩大了人与自然之间的矛盾。进入21世纪，人类面临空前的全球能源与资源危机、全球生态与环境危机、全球气候变化危机的多重挑战，由此引

发了第四次工业革命——绿色工业革命，一系列生产函数发生以自然要素投入为特征，到以绿色要素投入为特征的跃迁，并普及至整个社会（胡鞍钢，2015）。

德国学术界和产业界认为，未来 10 年，基于信息物理系统（Cyber-Physical System，CPS）的智能化，将使人类步入以智能制造为主导的第四次工业革命（罗文，2014）。面对新一轮工业革命的冲击，发达国家纷纷实施"再工业化"战略，力求将转到国外的制造业企业重新引回国内；在信息技术快速发展和普及的背景下，跨国公司和大量中小企业组成的产业生态系统成为产业竞争的新特征（杜传忠、杜新建，2017）。

第四次工业革命始于 21 世纪初，基于信息物理融合系统的智能制造而诞生。与前几次工业革命不同，本次工业革命建立在数字革命的基础之上，正给经济、商业、社会和个人带来前所未有的改变（克劳斯·施瓦布，2016）。第四次工业革命的主要特征是以互联网、大数据、云计算、物联网等新一代信息技术广泛应用，其对全球价值链结构、全球产业竞争格局将产生深刻影响，促使各国参与国际分工战略的调整（杜传忠、杜新建，2017）。

在一个"智能、网络化的世界"里，物联网和互联网（服务互联网技术）将渗透到所有的关键领域，创造新价值的过程逐步发生改变，产业链分工将重组，传统的行业界限将消失，并会产生各种新的活动领域和合作形式（罗文，2014）。

第四次工业革命通过推动"智能工厂"的发展，在全球范围内实现虚拟和实体生产体系的灵活协作，有助于实现产品生产的智能化与定制化，并催生新的运营模式（克劳斯·施瓦布，2016）。第四次工业革命推动全球价值链重构，从全球产业分工的微笑曲线结构看，将使"微笑曲线"型分工格局向"标准制定—智能制造—公众平台"的水平型分工格局转变，由此引致全球产业竞争格局深刻变化（杜传忠、杜新建，2017）。

新一轮工业革命催生众多新经济和新业态，从而加速国际贸易规则改革，《多哈发展议程》（DDA）、《信息技术协定》扩围（ITA2）、《环境产品协定》（EGA）、《服务贸易协定》（TISA）等贸易协定进入谈判的攻坚阶段（马涛，2016）。

第四次工业革命带来巨大好处的同时，也会带来巨大挑战，不平等现象加剧所带来的挑战甚至难以量化。在第四次工业革命期间，低成本劳动力将不再是企业的竞争优势，全球制造业回归发达经济体的可能性稳步提升，以成本优势发展制造业的发展中国家将面临更加严酷的竞争环境；与此同时，第四次工业革命可能在国内及国家之间导致"赢者通吃"的局面，可能导致日益严重的社会分化，甚至有可能加剧社会动荡（克劳斯·施瓦布，2016）。

第二节　世界工业经济空间格局演化

一、工业革命推动世界经济增长重心转移

自第一次工业革命以来，全球经济空间格局发生了极大的改变，科学的每一次进步都不同程度地调整着世界经济空间格局，每一次工业革命都推动着新的工业区快速崛起。随着科技的不断传播、推广，越来越多的国家加入到工业化的行列，新兴工业化国家不断涌现，新的工业区加速成长。尤其是第二次世界大战后，在科技加速创新的推动下，生产技术和工艺高度发展，全球工业不仅快速增长，还催生了很多现代化的高科技工业部门，引起了工业地域结构的巨大变化，在全球范围内加速调整着工业经济的空间格局。

以蒸汽机为起点的动力革命，促使生产工厂化成为常态，机器的使用更加普遍，不仅极大地提高了生产效率，还显著地改变了工业生产的区位，推动着生产加速集中，大大促进了生产力发展，但这仅仅发生在少数

以英国为典型的早期工业化国家，因而自从封建主义时代过渡到资本主义时代以来，作为世界经济的增长重心首先是在西欧且主要是在英国形成的。第一次工业革命的成功，机器大工业的建立，大大增强了英国的经济实力和综合国力，促使英国成为"世界工厂"（林进成，1994）。1820 年，英国占世界工业生产的一半、世界贸易的 18%，在世界工业生产和世界贸易中占据垄断地位，尽管后来随着欧美其他国家纷纷以工业革命促进技术进步或吸收先进技术取得快速进展，英国的垄断地位有所动摇，其工业生产和国际贸易的全球占比有所下降，但一直到 19 世纪 70 年代，英国在世界工业生产和世界贸易中仍然稳居第一位（樊亢、宋则行，1980）。

19 世纪中叶以后，从英国扩散到西欧、北欧和北美的工业革命，日益广阔深入地向更大的世界范围扩展，最终确立了资本主义工业在全世界经济结构中的统治地位（陈雄，1987）。以电力技术应用为主要标志的第二次工业革命将德国与美国推到世界经济增长的前沿，世界经济增长重心开始从西欧向美国转移。

美国凭其独特的社会历史和经济因素，经济发展的步伐不断加快，19 世纪 80 年代，美国的工业生产超过英国，一举成为世界最大的工业强国，且头号工业强国的地位一直稳固。1913 年，美国的工业生产占世界的 38%，相当于英国、德国、法国、日本的总和；第二次世界大战后初期，美国作为世界经济中心的地位更加坚实，成为世界最大的债权国、资本输出国和国际金融中心（林进成，1994）。作为后起工业化国家，德国迅速抓住了电力技术革命带来的强劲机遇，至 20 世纪初，德国工业产值超过英国，位列欧洲第一，仅次于美国，成为世界第二大工业国家。

通过第二次工业革命，法国、德国、美国及北欧的挪威、瑞典等实现了工业化，俄国、日本、加拿大等也踏上了工业化行程，许多第三世界国家也出现了工业化的萌芽。在同一国家和地区，工业化开始突破首都、交通中心向纵深地带发展（陈雄，1987）。

20 世纪 60 年代以来，随着日本、"亚洲四小龙"的快速崛起，世界经济增长重心向东亚迁移的趋势逐渐明晰。20 世纪 70 年代中期以来，西方工业国家经济陷入长期停滞、缓慢增长的困境，它们和新兴工业化国家或地区在调整经济结构中大量向外转移产业、资本、技术，寻找新的市场。中国大陆、东南亚其他国家等积极承接国际产业转移，其经济发展加速起飞，东亚逐渐成为新的世界经济增长重心（林进成，1994）。世界经济增长重心的转移和主导产业的转换见表3-2。

表3-2　世界经济增长重心的转移和主导产业的转换

时间	1782~1845 年	1845~1892 年	1892~1948 年	1948~1978 年
经济增长重心	英国	英国；向德国、美国转移	美国、德国	美国、日本
重大技术创新	蒸汽机的发明和应用	铁路运输技术与炼钢技术	电气、化工技术与内燃机的发明和应用	以电子技术为代表的科技革命
新的主导产业	纺织、采煤、炼铁	钢铁、机器制造、造船	电力及电气机械、化工、汽车、石油	电子、宇航

资料来源：笔者根据相关资料整理。

二、第二次世界大战后工业地域集中强化，形成世界性工业地带

第二次世界大战后，世界地缘政治格局发生重大变化，殖民地纷纷独立成立民族国家，逐步开始工业化进程。与此同时，全球化加速演进，产业国际分工格局不断演变，发达工业国家通过资本输出、产业转移等形式将各国经济融入全球化体系，加速了各国的工业化进程（金碚，2017）。

第二次世界大战后世界工业布局的重要特点之一就是专业化协作的趋势加强，世界工业生产地域也发生很大变化，为了取得规模经济效益，许多传统工业如钢铁、造船、石化等都向大型化发展，其基本特点是：①工业生产向大型化、系列化和综合化发展；②工业地域不同层次的集中和相对分散。第二次世界大战后工业地域集中有所加强，形成世界性大工业地带。

三、新技术加速推进改变世界工业布局

近年来，随着欧美国家纷纷推出"再工业化"战略，以及德国工业 4.0 的深入推进，新一代信息技术与制造业深度融合，正在引发一场影响深远的产业变革，新的生产方式、产业形态、商业模式和经济增长点不断形成，世界经济格局加速演化，新技术演进并加速向全球扩散，正急剧地改变整个世界工业格局。各国纷纷加大科技创新力度，从国家政策层面推动移动互联网、云计算、大数据、新材料等领域取得突破，并争先抢占技术领先地位，意图在新技术演进过程中在世界"再工业化"浪潮中重新占据或争取领先地位。

新设备、新材料、新工艺的广泛应用，催生了许多新兴工业部门，并生产出了大量新产品，极大地改变着世界工业格局。与传统工业部门相比，新兴工业部门无论是在生产效率还是在环境保护方面都具有无可比拟的优势，可以说是一种严峻的挑战，对世界工业格局也将带来极大的改变。

20 世纪以来，世界权利中心与经济重心加速分异。第二次世界大战以来，亚洲逐渐成为新的经济增长中心，尤其是中国改革开放以来，东亚地区成为世界经济增长中心的态势更加显著。然而，东亚并未成为世界权利中心，尽管中国已跻身世界第二大经济体，但并未获得与第二大经济体相当的世界权利，甚至在某些领域的话语权都微乎其微。因此，新技术革命成为各主要国家重新划分世界权利的新焦点，各国纷纷在国内推动新技术创新与应用，并力图在世界范围内塑造有利于本国的全新价值链。

这是一个巨大且难得的市场机遇，不仅是中国抢占制造业新一轮竞争制高点的努力，也是未来中国走向工业强国的必经之路。当下的贸易格局鲜明地展示了新技术对于一国发展的重要性，只有在关键领域拥有世界领先技术，才有可能在一定程度上自由调整世界工业发展的空间格局。

第三节　中国经济发展空间格局演变规律

中华人民共和国成立以来，我国经济发展空间格局呈现出不断优化的演进规律。

一、区域均衡发展：沿海与内陆并重

中华人民共和国成立到改革开放前夕，我国工业布局注重均衡发展，在发展沿海地区工业的同时，促进工业布局向内陆推进。在以毛泽东同志为核心的党中央领导时期，基于国防安全的考虑，"沿海与内陆关系"是中国经济发展空间布局关注的重点，地处内陆的中西部地区是国家生产力布局的重点区域。

1956 年，毛泽东在《论十大关系》中提出工业布局指导思想：在充分发展沿海工业的同时必须大力发展内陆工业。"一五"时期全国投资的46.8%为内陆投资，到"三五"时期这一比例达到了 64.7%，到 1975 年沿海地区基本建设投资占全国比重达到 41%，投资重点开始向沿海地区倾斜。

二、区域非均衡发展：向东部倾斜

从改革开放初期到 20 世纪 90 年代中后期，中国坚持以效率优先为导向，由过去非均衡发展战略转移到沿海地区率先发展，进而带动内陆发展，发展的重点转向了沿海地区，旨在通过发挥东部沿海地区基础设施和自然环境地理优势，扩大开放，加快发展。在以邓小平同志为核心的党中央领导时期，基于"两个大局"①，以及让一部分地区先富的效率优先战略考虑，东部沿海地区是中国经济发展的重点区域，是引领改革开放的前沿阵地，珠三角、长三角、环渤海地区发展成为中国经济发展的"三大引擎"。

1979 年 4 月，邓小平首次提出要开办"出口特区"，后于 1980 年 3 月，将"出口特区"改名为"经济特区"。1979 年 7 月，中共中央、国务院同意在广东省的深圳、珠海、汕头三市和福建省厦门市试办出口特区。1980 年 5 月，中共中央和国务院决定将深圳、珠海、汕头和厦门这四个出口特区改称为经济特区（见表 3-3）。

表 3-3 中国经济特区名单

序号	批准时间	所在省份	经济特区名称
1	1980 年 8 月 26 日	广东省	深圳经济特区
2	1980 年 8 月 26 日	广东省	珠海经济特区
3	1980 年 10 月 7 日	福建省	厦门经济特区
4	1981 年 10 月 16 日	广东省	汕头经济特区
5	1988 年 4 月 13 日	海南省	海南经济特区
6	2010 年 5 月	新疆维吾尔自治区	喀什经济特区
7	2010 年 5 月	新疆维吾尔自治区	霍尔果斯经济特区

资料来源：笔者整理。

1984 年，大连、秦皇岛、天津、烟台、青岛、连云港、南通、上海、宁波、温州、福州、广州、湛江、北海被国务院批准为全国第一批对外开放城市。

三、区域协调发展（一）：四大板块推进

20 世纪 90 年代中后期到党的十八大前夕这一时期我国更加重视解决

---

① "两个大局"，一个大局就是东部沿海地区加快对外开放，使之先发展起来，中西部地区要顾全这个大局；另一个大局就是当发展到一定时期，比如 20 世纪末全国达到小康水平时，就要拿出更多力量帮助中西部地区加快发展，东部沿海地区也要服从这个大局。

地区间的发展差距不断扩大问题，初步形成了我国区域协调发展总体战略，并不断得到完善。在以江泽民同志为核心的党中央领导时期和以胡锦涛同志为核心的党中央领导时期，基于区域协调发展的公平优先战略考虑，国家先后在 1999 年、2003 年、2004 年分别提出实施西部大开发战略、振兴东北等老工业基地、促进中部地区崛起战略。

1999 年 9 月，中共十五届四中全会通过《中共中央关于国有企业改革和发展若干重大问题的决定》，明确提出"国家要实施西部大开发战略"。[①]
2000 年 1 月，国务院成立了西部地区开发领导小组。2003 年 10 月，中共中央、国务院发布《关于实施东北地区等老工业基地振兴战略的若干意见》，明确了实施振兴战略的指导思想、方针任务和政策措施。2004 年《政府工作报告》首先提出"促进中部地区崛起"；2006 年，《中共中央 国务院关于促进中部地区崛起的若干意见》颁布实施，中部地区发展进入了新时期。2005 年，《中华人民共和国国民经济和社会发展第十一个五年规划纲要》提出，坚持实施推进西部大开发，振兴东北地区等老工业基地，促进中部地区崛起，鼓励东部地区率先发展的区域发展总体战略，健全区域协调互动机制，形成合理的区域发展格局。

四、区域协调发展（二）：新棋局

党的十八大以来中国经济发展空间格局进入新棋局谋划和推进时期。贯穿东中西、连接南北方的经济带成为建设、发展的重点，成为中国经济发展的新支撑；主体功能区建设成为小康社会建设的重点内容。三大战略融合之前的四大板块等布局，构成了新时期的区域发展战略，成为"十三五"时期乃至未来相当长一个时期中国区域经济发展的宏观指引（胡鞍

---

① 西部地区包括：四川省、陕西省、甘肃省、青海省、云南省、贵州省、重庆市、广西壮族自治区、内蒙古自治区、宁夏回族自治区、新疆维吾尔自治区、西藏自治区、恩施土家族苗族自治州、湘西土家族苗族自治州、延边朝鲜族自治州。

钢，2016）。

2014 年 8 月，京津冀协同发展领导小组成立，统筹指导推进京津冀协同发展工作。京津冀协同发展领导小组指导其办公室会同 30 多个部门、三省市和京津冀协同发展专家咨询委员会，多次深入调查研究，反复修改完善，先后 7 轮征求各方意见，形成《京津冀协同发展规划纲要》稿。2015年，习近平总书记先后主持召开中央财经领导小组会议和中央政治局会议，审议研究规划纲要并发表重要讲话，进一步明确这项战略的目标、思路和方法；同年 4 月，习近平总书记主持召开中共中央政治局会议，会议审议通过《京津冀协同发展规划纲要》，确定了"功能互补、区域联动、轴向集聚、节点支撑"的布局思路，明确了以"一核、双城、三轴、四区、多节点"为骨架，设定了区域功能整体定位和三地功能定位（见图 3-4）。

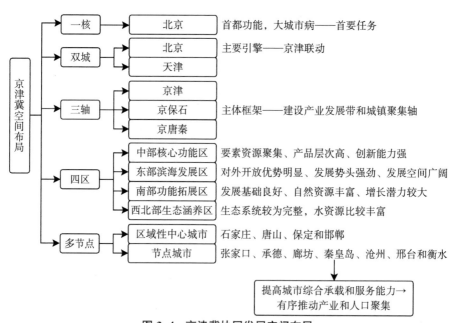

图 3-4　京津冀协同发展空间布局

资料来源：笔者根据《京津冀协同发展规划纲要》相关资料绘制。

2015 年 3 月 28 日，国家发展改革委、外交部、商务部联合发布《推动共建丝绸之路经济带和 21 世纪海上丝绸之路的愿景与行动》。推进"一带一路"建设，中国将充分发挥国内各地区比较优势，实行更加积极主动的开放战略，加强东中西互动合作，全面提升开放型经济水平。

2016 年 9 月，《长江经济带发展规划纲要》正式印发，确立了长江经济带"一轴、两翼、三极、多点"的发展新格局："一轴"是以长江黄金水道为依托，发挥上海、武汉、重庆的核心作用；"两翼"指沪瑞和沪蓉南北两大运输通道；"三极"指的是长江三角洲、长江中游和成渝三个城市群；"多点"是指发挥三大城市群以外地级城市的支撑作用（见图 3-5）。

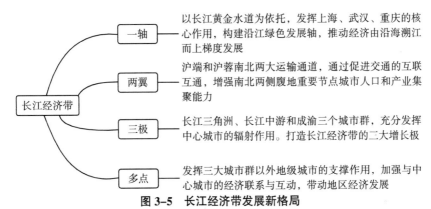

图 3-5　长江经济带发展新格局

资料来源：笔者根据《长江经济带发展规划纲要》绘制。

2017 年 4 月 1 日，中共中央、国务院决定设立雄安国家级新区。设立雄安新区，是中共中央深入推进京津冀协同发展作出的一项重大决策部署，对于集中疏解北京非首都功能，探索人口经济密集地区优化开发新模式，调整优化京津冀城市布局和空间结构，培育创新驱动发展新引擎，具有重大现实意义和深远历史意义。[1]

2018 年 11 月 18 日，中共中央、国务院发布《关于建立更加有效的区域协调发展新机制的意见》，强调"实施区域协调发展战略是新时代国家重大战略之一，是贯彻新发展理念、建设现代化经济体系的重要组成部分"，并对区域协调发展新机制提出具体要求：到 2020 年，建立与全面建

---

① 新华社：《河北雄安新区设立》，《人民日报》2017 年 4 月 2 日第 1 版。

成小康社会相适应的区域协调发展新机制；到 2035 年，建立与基本实现现代化相适应的区域协调发展新机制；到本世纪中叶，建立与全面建成社会主义现代化强国相适应的区域协调发展新机制。①

---

① 新华社：《中共中央　国务院关于建立更加有效的区域协调发展新机制的意见》，《人民日报》2018 年 11 月 30 日第 1 版。

第四章　中国工业经济发展进程

第一节　中国工业化进程概述

经过中华人民共和国成立以来近 70 年的工业化进程，尤其是改革开放以来 40 年的快速工业化进程，中国工业化取得了举世瞩目的成就，在北京和上海率先进入后工业化时代后（张慧敏，2012），中国逐步整体进入后工业化时代（胡鞍钢，2017）。

中华人民共和国成立之初，国内面临极为严酷的经济环境，中国开始了以工业化为核心（以重工业为重点）的现代化征程。以改革开放为分界线，中国工业化进程可分为两个显著不同的发展阶段：第一个阶段为 1949 年中华人民共和国成立至改革开放之前的近 30 年，这一阶段以计划经济体制为主导，为工业化奠基时期（见图 4-1）。第二个阶段为改革开放至今，在改革开放之初，我国确立了建立社会主义市场经济体制的工业化发展道路，逐步走向市场经济体制，并建立和逐步完善社会主义市场经济体制。在此期间，我国工业化异军突起，尤其在改革开放至 2008 年世界金融危机期间的 30 年，我国工业化一直保持高速增长态势，为工业化加速时期（金碚等，2016）。这一时期的工业化进程伴随着经济体制的市场化改革，不断扩大对外开放，同时也是一个深度参与国际分工的时期（金碚，2015c）。金融危机之后，我国工业化逐步走入稳健发展期，加上产业结构调整与市场化改革全面深化，供给侧结构性改革成为我国工业化向纵深发展的指挥棒，为我国工业化再次腾飞积攒力量，为工业化蓄势奋进时期（金碚，2017）。

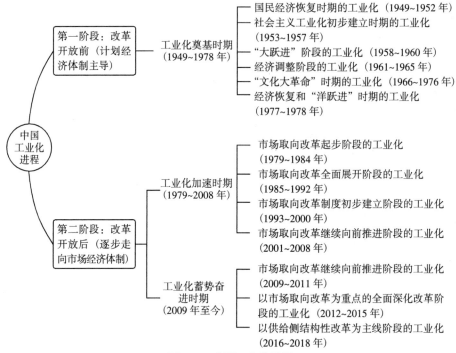

图 4-1　中国工业化进程

资料来源：汪海波：《新中国工业经济史（第三版）》，经济管理出版社 2017 年版。金碚：《中国工业化的道路：奋进与包容》，中国社会科学出版社 2017 年版。关于年份的争议请参见《新中国工业经济史（第三版）》一书序。

第二节　工业化奠基时期（1949~1978 年）

在工业化奠基时期，中国工业化进程最为显著的特征是计划经济与自然资源的大规模开发（金碚等，2016）。中华人民共和国成立初期，国内面临最严酷的经济环境：通货恶性膨胀、金融投机猖獗、失业率居高不下、灾害频繁发生、财政赤字飙升；国外资本主义阵营对我国实行全面的军事、经济封锁（董志凯、吴江，2004）。为了早日摆脱困境，尽快恢复经济发展，在百业待兴的情况下实现建设中华人民共和国的伟业，1949~1952年，党中央采取了一系列政策措施进行国民经济恢复工作，国民经济得以以奇迹般的速度恢复，但基本经济特征并未发生实质性的改变（董志凯、吴江，2004），落后农业国的局面未得到有效改善（马远之，2017）。

为了尽可能迅速地实现工业化，缩小与发达国家之间的发展差距，确定了以优先发展重工业为目标的中国工业化发展方向，在苏联的援建下我国制定和实施了以建设"156项"为核心的"一五"计划、"二五"计划，以及以三线建设为重点的"三五"计划、"四五"计划，大体形成了独立、相对完整的工业化体系。

结合改革开放前中国工业化进程的主要特征，这一阶段又可划分为工业化原始积累和工业化初步调整两个时期。

一、156项工程奠基中国工业化

156项工程中前后投入实际施工建设的共有150项，其中"一五"时期施工的有146项，这在很大程度上改变了中国工业倚重沿海的状态，建立起较为完整的基础工业和国防工业体系框架，使我国重要工业部分实现了从无到有的重大转变，奠定了中国社会主义工业化的初步基础。在制定"一五"计划时，我国的经济基础十分落后，甚至连制造主要工具的机器制造业都没有，迫切需要采取积极的工业化政策，推动重工业快速发展，从而提高社会生产力水平。因此，"一五"计划决定优先发展重工业，相应地发展农业和轻工业，以使我国快速建立一个完整的工业体系。[1]

---

[1] 中共中央文献编辑委员会：《周恩来选集（下卷）》，人民出版社1984年版。

"一五"期间，按照"一化三改"①的过渡时期总路线，对农业、手工业、私营工商业进行社会主义改造，以支持和保证国家工业化建设。经过"一五"期间的工业建设，以鞍钢为中心的东北工业基地已经基本建成，上海和其他沿海工业城市工业基地的实力也大为加强；同时，在华北地区、华中区和西北地区，新的工业区正在形成，在西南地区和华南地区，部分工业建设也开始了。至此，半殖民地半封建中国留下来的工业集中分布在沿海地区而内陆工业较少的畸态得到显著改善，我国工业分布趋于合理（汪海波，2017）。

二、工业化变局与曲折进程

"二五"初期，由于"一五"的突出成就，加之社会主义改造的顺利完成，工业生产建设开始走上盲目冒进之路。从1958年开始，中国实行了"鼓足干劲，力争上游，多、快、好、省地建设社会主义总路线"，进入以全民大炼钢铁为中心的工业化"大生产"时期，导致工业经济和国民经济其他部门、工业内部各种比例关系严重失调，工业生产建设的经济效益大幅度下降，市场上商品供应量和需求量严重失调，还造成了职工生活水平下降。1961年，中共八届九中全会根据我国当时经济工作会议中出现的严重不平衡问题，决定从1961年起，在两三年内实行"调整、巩固、充实、提高"的方针。1965年，我国工业建设又重新焕发新机：沿海工业基地进一步得到充实和加强；东北地区由于大庆油田的开发，重工业基地更加强大；华北地区发展冶金、煤炭工业，充实了机械、化学工业，加强了重工业的基础；内陆建设也进一步加强，其投资额占投资总额的比重由"一五"时期的47.8%上升到1963~1965年的58%（汪海波，2017）。

1966年开始，我国工业进入长达10年的"文化大革命"曲折发展期：1966~1968年，工业生产率全面下降，造成许多工业企业停工、停产；

---

① "一化"是社会主义工业化，"三改"是农业、手工业、资本主义工商业的社会主义改造。

1969~1973 年，为了恢复工业生产秩序，党中央和国务院采取了一系列措施对工业进行调整，但由于片面追求经济高增长的发展战略，1971 年出现了"三个突破"，工业基建规模与工业生产指标成为压缩调整的主要对象，由此高速增长趋于平缓。

三、三线建设与工业化区域调整

1964 年 8 月，国家建委召开一线、二线搬迁会议，提出要大分散、小集中，少数国防尖端项目要"靠山、分散、隐蔽"（简称"山、散、洞"）。1965 年拉开三线建设大会战的序幕，1966 年在更大的规模上展开（汪海波，2017）。

加快三线建设决策的实施，[①] 可分为两个时期：①前五年即"三五"时期，主要以西南地区为重点开展三线建设，五年累计内陆建设投资达611.15 亿元，占全国基本建设投资的 66.8%，其中"三线"地区 11 个省（区）的投资为 482.43 亿元，占基本建设投资总额的 52.7%；②后五年即"四五"时期，三线建设的重点转向"三西"（豫西、鄂西、湘西）地区，同时继续进行大西南的建设，这期间，内陆投资总额所占比重稍有下降，五年累计为 898.67 亿元，占全国基本建设投资总额的 53.5%，三线地区11 个省份的投资额为 690.98 亿元，占全国基本建设投资总额的 41.1%（汪海波，2017）。

三线建设主要以两种方式推进：第一种是沿海地区企业向三线地区搬

---

① 三线是 20 世纪 60 年代中期中共中央提出的一个具有军事和经济地理含义的区域概念，指的是由沿海、边疆地区向内地收缩划分成三道线。三线地区是相对于一线、二线地区而言的，一线地区指位于沿海和边疆的前线地区；二线地区指介于一线和三线地区之间的省（区）。三线地区最初只包括西南和西北地区（包括湘西、鄂西、豫西），20 世纪 70 年代扩大为甘肃乌鞘岭以东、山西雁门关以南、京广铁路以西和广东韶关以北的广大地区，包括四川、贵州、云南、陕西、甘肃、青海、宁夏、河南、湖北、湖南、山西的西部、广东的北部、广西的西北部，共计 13 个省（区）的全部和部分地区。此外，三线还有大小三线之分，大三线即三线建设中所指的三线，为国家战略后方基地；小三线是各省份内划分的三线，为各省份的后方基地。如无特别指出，本书中提及的三线均为大三线。

迁，也伴有部分新投资，以搬迁的部分企业为基础，加以补充或扩建；第二种是在三线地区投资新建，主要采取老工业区、老企业之间新建项目的办法，而且强调支援三线建设"人要好人，马要好马"，对口包干，负责到底。从而使得三线地区在较短的时间内，建成了一批重要项目，形成了若干新的工业中心，三线地区的某些省份一跃成为工业门类齐全、机械装备程度较高的地区，整个三线地区工业生产能力在全国占有很大比重。因此，三线建设是我国沿海地区工业生产能力向腹地的一次大推移，在工业与管理经验上，是继"一五"时期之后，又一次全国性的传播与扩散。据1971 年的统计，1964 年以来，全国内迁项目共计 380 个，包括 14.5 万名职工和 3.8 万多台设备。

但是，由于三线建设的着眼点是备战、备荒，基于对战争危险的高估，以及时值特殊时期，三线建设不仅在进行过程中出现了不少问题，而且也留下许多长期不易甚至无法解决的问题，成为影响我国经济发展的重要因素。

四、经济恢复与工业化再探索

从 1976 年"文化大革命"结束到 1978 年 12 月党的十一届三中全会召开的两年多时间，工业化的主要内容是恢复经济和发展方式再探索。

"文化大革命"期间，工业与国民经济其他部门以及工业内部的比例关系严重失调。为恢复正常的生产秩序，从 1976 年开始，我国对工业企业进行了恢复性整顿，在"工业学大庆"的运动中，恢复和建立了必要的规章制度，使企业的生产秩序逐步走向正常；从 1977 年开始，对工业管理体制也进行了恢复性调整，以克服"文化大革命"所造成的工业管理混乱、分散的现象。

1977 年，我国工业生产开始出现转机，从生产长期停滞不前甚至倒退下降的局面，转变为上升的局面（汪海波，2017）。1977 年、1978 年，工业增加值分别为 1372 亿元、1607 亿元，分别同比增长 13.72%、17.08%。

尽管在这两年多的时间中，我国工业生产获得了较快的增长，但主要是恢复性的，在当时的政策指引下，试图以比原来设想更快的速度实现"四个现代化"，推行了以大规模引进设备为重要特征的工业化再探索。仅1978年，中国就和国外签订了22个大型引进项目，共需外汇130亿美元，折合人民币390亿元，加上国内配套工程投资200多亿元，共需600多亿元。不少项目属于计划外工程，且未经调查研究和必要的技术经济论证，具有很大的盲目性。结果是，大规模的设备引进加剧了国民经济比例的失调。

第三节　工业化加速发展期（1979~2008年）

从1978年底召开的中共十一届三中全会开始，我国开始步入市场取向（即以建立社会主义市场为目标）的经济体制和社会主义现代化建设时期（汪海波，2017）。尽管有了前20年所打下的工业化良好基础，但一段时期以来对工业经济体系良性发展造成了不利影响，我国开始进行工业化战略内的结构调整，从优先发展重化工业转向优先发展轻工业，采取改善人民生活第一、工业全面发展、对外开放和多种经济成分共同发展的工业化战略，中国由此进入了工业化加速发展期（金碚，2015c）。

一、调整、改革、整顿、提高：走向市场经济的工业化

1979年4月，中央召开工作会议，决定集中几年的时间，搞好国民经济的调整工作，提出对国民经济实行调整、改革、整顿、提高的方针。1979~1980年为初步调整期，主要是降低工业发展，削减一部分基本建设项目，调整轻、重工业之间的比例关系及重工业内部的比例关系（汪海

波，2017）。尽管本次调整取得了较大的成效，但并未解决调整中所要解决的重要问题，即基本建设投资规模并未削减下来。基本建设投资规模过大，超过了国家财力、物力的可能，加剧了国家财政、信贷、物资和外汇的不平衡，亟须对国民经济实行进一步调整。

1981 年开始，我国在经济上实行进一步调整的方针：稳定经济、调整结构、挖掘潜力、提高效益。在工业发展方面，进一步调低了工业增长速度，切实压缩了基本建设投资规模；将发展消费品生产放在重要地位，促使轻工业高速增长，调整重工业的增长速度和服务方向，将重工业发展转向为农业、轻工业和人民生活提供更多产品的方向上来；实行能源开发与节约并重的方针；对工业企业进行改造、调整和改组。通过一系列的调整措施，工业的增长速度、投资规模和轻重工业的比例关系大体上都调整到了合理区间。

长期积累的经济比例严重失调问题，还有待进一步调整。一部分调整措施在 1982~1984 年得到进一步贯彻落实，并取得进展，但也有一部分措施未真正落实，以至于包括工业在内的国民经济回升过猛，并在 1985 年再次走向过热（汪海波，2017）。

整体来说，由于贯彻执行了调整、改革、整顿、提高的方针，我国在走向市场经济过程中的工业改革和发展取得了不错的成就：以社会主义公有制为主体、多种所有制共同发展的格局初步形成；工业固定资产投资大幅上升，工业新增生产能力显著提升，且各工业部门已拥有一批具有现代化水平的新技术装备，部分新材料、新工艺正在走向世界前列水平；工业增加值和主要产品产量迅速增长，尤其是家电产品的高速增长最为突出；产业结构趋于优化，轻重工业趋于协调发展，家电耐用消费品飞速发展；人民物质生活水平开始由温饱型向小康型过渡。

二、翻两番、奔小康：走向市场经济的工业化

在中共十二大提出的"20 世纪末实现经济总量翻两番、人民生活达

到小康水平"的战略指引下，我国市场趋向改革全面展开，工业经济在过热中高速增长，粗放经营为主的工业化道路逐步转向集约经营为主的工业化道路。

1985~1993 年，经济体制改革在各个领域展开。为加快构建"国家调节市场，市场引导企业"的新机制，国家对重要产品产量的指令性计划范围进一步缩小，扩大指导性计划和市场调节的范围，多种形式的计划承包制得到有效实行，各种经济手段成为发展国民经济的综合手段。国有企业改革进一步深化，集体工业在改革中快速发展壮大，非公有制工业进一步发展。

1985~1988 年，经济在乏力的调控中从过热走向更热。由于受传统经济体制和发展战略的影响，以及体制和战略转轨时期各种特有矛盾的作用，导致 1984 年第四季度工业超高速增长，并在 1985 年上半年保持了超高速增长，在一系列经济、法律和行政的措施之下，到 1985 年下半年，工业和国民经济过热的势头得到有效控制，但过热的状态并未改变，以至于 1986~1987 年并未实现"软着陆"。1988 年第一季度，工业和国民经济急剧升温，工业比 1987 年同期增长 16.9%。

1989~1991 年，工业在治理整顿中发展，由过热走向平稳。但供需总量平衡的基础依然很脆弱，通货膨胀的压力在加大，工业和整个产业结构失衡以及经济效益低下的状态并未得到根本改变（汪海波，2017）。1992 年，为促进工业在提高经济效益前提下的快速发展，除了深化改革和扩大开放，加强农业、水利、交通运输、邮电通信等基础产业和基础设施建设，调整第一、第二、第三产业结构和地区经济外，工业结构得到进一步调整，工业固定资产投资的规模和结构进一步合理化，这些措施极大地促进了工业生产的发展。1992 年，工业经济再次步入高速增长状态，工业总产值比 1991 年增长 24.7%，相比 1991 年的增速提高近 10 个百分点。

在过热与调整中的工业化不仅保持了高速增长，并取得了显著成效。社会主义公有制为主体、多种所有制共同发展的格局进一步发展。国有工业总产值比重逐步下降，集体工业与个体工业占比显著上升。在此期间，工业固定资产投资和生产能力有了巨大增长，一大批先进的大中型项目建成投产；工业增加值的主要产品高速增长，一些主要工业在世界的位次、比重继续显著提升；轻工业与重工业继续协调发展，但基础工业落后的问题开始凸显。

此外，工业地区布局有所改善，东部地区工业得到较好的恢复和发展。1984~1992年，东部地区工业产值比重由59.78%上升到65.73%，中西部地区由40.22%下降到34.27%，工业过于向中西部地区集中的局面大幅改善（汪海波，2017）。但同时，基础产业"瓶颈"制约和地区产业结构趋同的问题逐渐严重。

三、翻两番、奔小康：市场经济道路上的工业化

在邓小平1992年初南方谈话精神的指导下，1992年10月召开的中共十四大做出了建立社会主义市场经济体制的决定，积极推进经济体制和经济增长方式转变。1993年，中国的工业化进程再次出现重化工业势头，以解决能源、交通、原材料等领域的制约瓶颈，中国的重化工业开始大发展。

1993年上半年，在邓小平南方谈话和中共十四大精神的鼓舞下，全社会加快发展的热情高涨，改革开放不断取得新进展，工业和整个国民经济过热状态进一步加剧，为了让经济发展保持良好的发展态势，新一轮宏观调控浮出水面，主要着眼于抑制经济过热局面，加快经济体制改革步伐，然而，由于各种因素的制约，加之工业和国民经济增长及物价上升的惯性作用，1994年工业和经济过热的状态虽有所下降，但并无显著改变，持续强化的宏观调控在不得已的情况下继续推进。

从20世纪90年代中期开始，中国工业经济的国际化趋势显著强化：积极参与国际分工和国际竞争；国内市场和国际市场趋向一体化，即国内市场开放成为国际市场的组成部分；以不断降低关税和有管理的浮动汇率等方式，推进工业经济的国际化（金碚，2013a）。

为避免工业和国民经济大起大落，工业和国民经济"软着陆"成为宏观调控的政策选择。1995 年"软着陆"起步后，工业和国民经济增速以更大的幅度下降，但结构调整进展缓慢。直到 1996 年，工业和国民经济的增幅才回到合理的增长区间（汪海波，2017）。由于继续实施适度从紧的财政政策和货币政策，1997 年成功实现"软着陆"，消费品市场、生产资料市场和投资品市场开始呈现买方市场的基本格局，但调整结构和提高经济质量等问题还没有得到根本解决。

1997 年开始，我国经济运行发生了根本性的转折，在经济"软着陆"和"亚洲金融危机"等背景下，我国开始实施积极的财政政策，进行大规模的产业结构调整，经济彻底告别了"短缺"。受亚洲金融危机的影响，1998~1999 年，工业经济在"反过冷"中实现持续快速发展。由于有效需求不足和市场销售不旺盛，基于工业发展的政策措施持续推出：适度扩大投资需求，增加基础设施、高新技术产业和企业技术改造的投入；积极开拓国内市场特别是农村市场，促进消费需求的适度增长，扩大工业品的市场空间；积极扩大出口，保持合理进口，坚决打击非法进口和走私；加快结构调整，大力发展高新技术产业，加快利用高新产业改造传统产业；促进中小企业发展。2000 年，在以扩大内需为主，以实行积极财政政策为核心的宏观调控政策体系推动下，工业和国民经济增速回升。

四、经济全球化：走向国际舞台的工业化

2001 年，中国加入 WTO，标志着世界上最大的发展中国家——中国进一步扩大对外开放，全面融入世界经济，中国经济体制将同世界市场经济全面接轨，中国工业发展迅速进入经济资源全球配置的快速发展阶段，以更加开放的方式参与国际分工和国际竞争，成为世界产业分工的重要组成部分（金碚，2015c）。

"入世"为中国工业经济发展带来了新的机遇，中国很快成为全球跨国投资的首选之地，新一轮以信息产业为代表的高科技产业生产制造环节

大规模向我国转移的高潮正在形成，长三角、珠三角、环渤海，以及福建、厦门沿海地区初步形成了各具特色的信息产业基地（汪海波，2017）。

"入世"之后，中国工业化迎来了广阔的世界市场，工业企业的生产规模开始迅猛扩张，生产成本急速下降，劳动生产率显著提升。跨国公司纷纷进入中国，为中国带来了一次难得的技术扩散机遇；依托出口拉动、投资拉动、消费拉动"三驾马车"，中国成为全球制造大国。中国工业化的"价廉物美"现象，以更快的速度向国际化的方向扩展，反倾销诉讼案件、大规模贸易顺差、本币升值压力、产业转移导致某些发达国家及周边国家出现"产业空洞性失业"。自此，中国工业进入了全球化快速发展阶段，该阶段的基本特征是重工业呈现快速增长势头、工业增长再次以重工业为主导。在这一时期，中国工业发展也遇到了一些与世界各国相同的深层次问题，尤其是产业结构不合理以及能源消耗和环境污染问题更加突出（金碚等，2016）。

在经济全球化和工业化推动下，中国工业迅速发展，形成了完备的工业体系，具备了庞大的工业生产能力，已成为一个名副其实的工业大国，主要工业产品产量都居世界前列。2003~2007 年，中国经济增速由 10.0%上升到 14.2%，经济由偏热转入过热，工业和国民经济保持高速增长态势，使中国经济面临经济过热加剧及由低通胀向中通胀转变的双重危险，同时也加速了我国由农业经济大国向工业经济大国转变的进程。2008 年金融危机前，中国的工业经济占据了绝对地位，中国已从一个农业经济大国转变为工业经济大国。

第四节 工业化蓄势奋进时期（2008 年至今）

一、大刺激：危机后海量投资驱动的工业化

2008 年，由 2007 年 7 月美国次贷危机引发的世界金融危机波及中国，工业经济高速增长的马车"出口拉动"迅速疲软，中国经济增速快速回落，沿海地区大量工厂减产、停产，甚至破产倒闭，出口出现负增长，大批农民工返乡，经济面临"硬着陆"的风险。2008 年 7 月，我国经济增速出现下降过快态势，为进一步扩大内需、促进经济平稳较快增长，2008 年 11 月初，国务院提出在两年内安排 4 万亿元投资应对经济危机。

在 4 万亿元的刺激下，投资增速持续加快，消费稳定较快增长，国内需求对经济增长的拉动作用不断增强，工业经济依然保持了较高速增长。2010 年，工业增加值在世界的占比上升到 13.5%，居世界前列，其中制造业上升到世界第一位。许多工业产品大幅增长，世界位次显著上升。产业自主创新能力大幅增强，企业内研发活动提升明显，研发人员、研发经费、研发产出等增幅明显。尤其是高技术产业的自主创新能力明显提高，一批重大创新成果跻身世界前列。高技术产值占工业总产值的比重有明显提升，由 2000 年的不到 9% 上升到 2011 年的 10.5%；工业化和信息化的融合进一步深化，主要行业大中型企业数字化工具普及率超过 60%，重点行业的关键工序数控化率也超过 50%；文化产业与工业的融合迅速发展，并成为促进工业发展的一个重要因素。

与此同时，地区工业经济发展差距过大的势头得到初步缓解，东部地区工业增加值在全国工业增加值中的占比由 2000 年的 57.8% 下降到 2011 年的 51.8%，中部地区由 2000 年的 16.9% 上升到 2011 年的 21.0%，西部

地区由 2000 年的 13.9%上升到 2011 年的 18.3%，东北地区由 2000 年的 11.3%下降到 2011 年的 8.9%（汪海波，2017）。

在随后的几年，4 万亿元的副作用也逐渐显现，主要表现为，出现房地产价格泡沫、地方债务膨胀、产能过剩加重以及货币存量（M2）过高等问题，房地产价格泡沫导致大量工业资本流向房地产领域，在一定程度上削弱了工业经济发展的根基。

二、新常态：调结构、转方式、稳增长的工业化

在经历了 2008 年国际金融危机之后，世界各主要国家和地区经济增长复苏缓慢，进口趋于疲软，难以支撑中国恢复以往的高速增长。多年来，中国工业发展得益于持续扩张的世界市场，然而近年来，国际市场需求萎缩成为中国工业经济增速下行的主要原因之一，并导致中国经济需求明显减少，投资、消费、进出口增速出现全面下滑（金碚，2017）。在新形势下，中国工业增长依赖大量出口廉价工业品拉动的方式难以为继，必须转向消费、投资、出口三大需求相对平衡、协调发力的增长方式。

进入 2012 年，中国的 GDP 增速开始回落，2012 年、2013 年、2014 年上半年 GDP 增速分别为 7.7%、7.7%、7.4%，告别过去 30 多年平均 10% 左右的高速增长。2014 年，中国第一次出现工业增长对 GDP 增长率的贡献低于第三产业的现象，表现为工业增长率"下了一个台阶"。中国经济发展已经实质性地进入一个新阶段，经济增长率"下一个台阶"具有客观必然性，自此，中国不再一味追求高增长率，而将"稳中求进"作为调控经济增长的基本政策取向（金碚，2017）。在未来一段时间，中国潜在增长率下降已成为不争的事实，并已在各界达成广泛共识。与增长速度放缓相适应，中国经济结构已经或正在发生转折性变化。

2013 年 10 月，习近平同志在出席亚太经合组织工商领导人峰会时明确提出："中国经济已经进入新的发展阶段，正在进行深刻的方式转变和结构调整。"随后在 2013 年底召开的中央经济工作会议，做出了中国经济

正处在"三期叠加"①阶段的判断。

三、新时代：以供给侧结构性改革为主线的工业化

2015 年以来，中国经济进入了一个新阶段，表现为经济的结构性分化趋于明显，主要经济指标之间的联动性出现背离，经济增长持续下行，CPI 持续低位运行，居民收入有所增加而企业利润率下降，消费上升而投资下降等。在前进的道路上，长期积累的一些结构性、体制性、素质性的突出矛盾和问题，已成为中国经济持续向好发展的绊脚石，必须通过一系列改革来破除。

为适应这种变化，解决深层次的体制问题和突出的结构性矛盾，中央的经济政策思路进行了重大调整，即"稳定经济增长，要更加注重供给侧结构性改革"（见图 4-2）。推进供给侧结构性改革，是党中央和国务院适应和引领经济发展新常态做出的重大创新，是适应国际金融危机发生后综合国力竞争新形势的主动选择，是适应我国经济发展新常态的必然要求，是正确认识经济形势后选择的经济治理药方，也是问题倒逼、必经关口，是解决中长期经济问题的根本之道（罗志军，2016）。供给侧结构性改革的主要任务是"去产能、去库存、去杠杆、降成本、补短板"，最终落脚点是实现更高水平的供需平衡（王一鸣，2016）。

作为供给侧结构性改革的攻坚之年，2016 年在去产能、去库存、去杠杆、降成本、补短板等方面初见成效，钢铁、煤炭等主要去产能行业的年度任务提前超额完成，市场化债转股和企业兼并重组有序推进，实体经济成本呈现下降趋势，重点领域的"补短板"工作渐显成效。经济增速稳步回落，供给和需求结构均在很大程度上得到优化，产业结构（尤其是工业结构）得到升级和优化，需求结构也得到进一步改善（王建生，2017）。

---

① "三期叠加"：一是增长速度换挡期，是由经济发展的客观规律所决定的；二是结构调整阵痛期，是加快经济发展方式转变的主动选择；三是前期刺激政策消化期，是化解多年来积累的深层次矛盾的必经阶段。

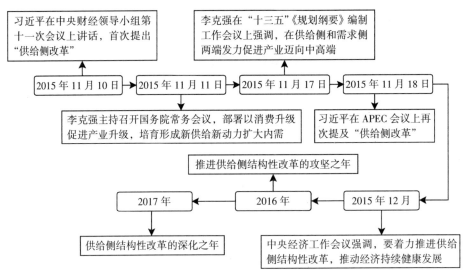

图 4-2　供给侧结构性改革路线

资料来源：笔者绘制。

现代服务业、战略性产业以及新产业、新业态、新商业模式加快发展，对经济增长的贡献不断提高（韩保江，2016）。在供给侧结构性改革的推动下，部分行业供求关系、政府和企业的理念行为发生积极变化，促进了经济发展质量和效益的提升。

第三篇
改革开放之前中国工业经济发展空间格局演变

诚然，中国改革开放 40 年工业的发展成就和工业化的快速推进，可为后发国家推进工业化进程提供"中国智慧"和"中国方案"（郭朝先，2018），但从中国 70 年工业化进程的历史视角来看，中国大规模工业化进程起步于"一五"计划时期以"156 项"为中心的经济建设，"156 项"奠定了中国大规模推进工业化建设的基石。中华人民共和国成立以来至改革开放前夕的很长时期内，国家对潜在军事冲突可能带来的工业破坏估计过高，因此在此期间的多数新项目均选址内陆，尤其是在 156 项工程建设与三线建设期间，大型工业企业的选址基本遵循"山、散、洞"（靠山、分散和隐蔽）的原则（文玫，2004）。

改革开放前，我国普遍实行了区域均衡的工业化发展战略，着重向工业基础薄弱的内陆进行倾斜，通过加大基础设施建设和固定资产投资对内陆工业进行重点扶持，三线建设过程中，也以迁建的形式从沿海各省份向内陆搬迁了不少工业企业，从而为夯实内陆工业基础奠定了坚实的基础。因此，从大的区域格局来看，中华人民共和国成立至改革开放前夕的这段时期内，沿海与内陆构成了我国工业经济版图的划分与对比。

沿海地区指北京、天津、河北、辽宁、上海、江苏、浙江、福建、山东、广东（海南）、广西 11 个省（区、市）；内陆指山西、内蒙古、吉林、黑龙江、安徽、江西、河南、湖北、湖南、四川（重庆）、贵州、云南、西藏、陕西、甘肃、青海、宁夏、新疆 18 个省（区）；东北地区指东北三省，包括辽宁、吉林、黑龙江。①

---

① 由于改革开放之前统计工业经济数据多以沿海和内地进行区域划分，本书关于沿海和内地的划分依据请参见：国家统计局工业交通物资统计司：《中国工业经济统计资料 1949~1984》，中国统计出版社 1985 年版，第 362 页。

由于 1949~1951 年部分省（自治区、直辖市）的统计数据不完整，因此本部分的数据主要采用 1952~1978 年各省（自治区、直辖市）的统计数据；由于在统计年鉴中缺少 1952~1977 年海南省的统计数据，加之在此之前也尚未设立海南省，因而在本部分的研究中，海南纳入广东；由于重庆的数据较为完整，因而在本部分的研究中，如无特别说明，重庆可以作为一个省际行政区来处理。

第五章　步履维艰的工业化奠基

第一节　跌宕起伏的工业化进程

改革开放之前，中国的工业化战略主要依靠 156 项工程建设和三线建设来推动。在第一个阶段，中国工业化进程最为显著的特征是计划经济与自然资源的大规模开发（金碚等，2016）。计划经济时代，中国工业化起于凋敝，在混乱与曲折中发展，最终奠定并夯实了中国的工业化基础。

中华人民共和国成立初期，我国工业生产能力严重不足，基础工业残缺不齐，必须实行积极的社会主义工业化政策，来提高我国生产力的水平。"没有工业，便没有巩固的国防，便没有人民的福利，便没有国家的富强。"这不仅是毛泽东的呼声，更是百废待兴的中国发展的呼声。《中华人民共和国发展国民经济的第一个五年计划》明确指出，"采取积极的工业化的政策，即优先发展重工业的政策，其目的就是在于求得建立巩固的国防、满足人民需要和对国民经济实现社会主义改造的物质基础"。因此，重工业优先成为中国第一个五年计划的重要目标。在 156 项工程的布局中，区域均衡与战备成为两个着重考虑的方面，正如"一五"计划提出"逐步地改变过去的经济发展不平衡的状态，并使经济建设的布局适应于国防安全"。国家出于改善生产力不合理的布局，以及靠近资源和经济安全、有利于改变落后经济地区面貌的考虑，把苏联援建的 156 项工程中的相当一部分布局在工业基础薄弱的地区（何郝炬等，2003）。

20 世纪 60 年代以来，国际形势日益严峻，为加强备战，中共中央做出重大决策：加强三线建设。三线建设的主要目标是在我国的西南、西北地区建设起一个基本上配套完整的国防工业战略后方基地。这是我国工业经济史上最后一次以计划经济体制和行政命令推动的国家工业化战略，在毛泽东的号召下，规模空前的三线建设在我国中西部 13 个省（区）全面展开，再次奠定了中西部地区的工业化基础，促进了中西部地区的资源开发和经济发展，是继 156 项工程之后我国生产力布局又一次向中西部的战略大转移。然而，以战备为中心、旨在建立后方战略基地的三线建设，虽然在广袤的中西部地区形成了以重工业为主体、门类齐全、生产与科研相结合的现代化工业基本框架，但这些军事工业、重工业与地方经济的关联度较小，以至于其对中西部地区整体经济发展环境的改善十分有限（何郝炬等，2003）。

出于经济体制的原因，工业建设基本由行政主导，因而极易受领导人的工业化思路和国际国内政治环境的影响。在国民经济恢复时期，我国工业经济获得恢复性发展，紧接着在苏联援建的 156 项工程建设过程中，工业经济取得了前所未有的成就，不仅奠定了中国工业化的基石，也极大地改变了工业化在沿海与内陆布局不均衡的局面。

整体而言，虽然计划经济时代的工业进程伴随着政治时局起起落落，但跌宕起伏的工业化进程着实为中国奠定并夯实了工业化基础，为改革开放之后中国经济腾飞创造了良好的条件。改革开放之前的工业化进程虽说步履维艰，但计划经济时代的工业精神支撑了中国工业经济的成长与壮大。纵然其发展过程中由于行政主导工业发展颇有诟病，导致改革开放前的近 30 年中我国工业经济波动起伏，且过度依赖资源消耗，也使后一阶段的工业化奋进腾飞异常艰难，但这一阶段所打下的坚实基础也实属不易。1953 年，全国工业增加值总额 121.68 亿元，到 1978 年已增长至 1623.85 亿元，增长了近 14 倍，年均增长率超过 10%。

从中华人民共和国成立以来历年的工业增速来看，改革开放之前的工业化历程就是一个忽冷忽热交替演变的起伏发展历程。在国民经济恢复发展的同时，在苏联的援助下，我国开始了轰轰烈烈的工业化进程，大量的项目开工与基本建设投入，助推了中华人民共和国成立初期的工业经济高速增长，虽然中共中央和国务院先后三次对有关部门提出的基本建设投资计划进行削减，但1953年的工业经济还是实现了31.46%的高速增长（相比于1952年）。这时，高速增长的工业经济已在一定程度上折射出工业冒进的思想正在逐步成形。虽然在1954年、1955年，急躁冒进倾向得到了一定的抑制，但随后在1956年和1957年迅速抬头，1958年，工业经济实现了54.29%的超高速增长（见图5-1）。

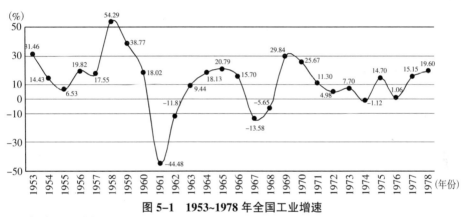

图5-1 1953~1978年全国工业增速

资料来源：笔者绘制。

1958年以来的超高速增长并不能持续，1959年上半年，工业生产建设速度和规模迎来一波短暂的调整；7月后，工业生产再次提速。这一年，虽然工业经济增速相比于1958年有所回落，但依然属于较高增速，其增速为38.77%。但1961年，工业经济断崖式倒退，相比于1960年，其工业增加值减少约一半。

1962年，经济调整全面铺开，降低工业生产计划指标，压缩工业基本建设规模，关停部分工业企业等一系列措施对工业经济恢复生产起到了极大的促进作用。这一年，虽然工业经济下滑态势尚未得到彻底遏制，但至少有显著缓解。到 1963 年，大调整成效逐渐凸显，工业经济开始增长；工业经济继续全面调整，从而一直到 1965 年，工业经济增速不断提升。

随后 10 年（1966~1976 年）的政局动荡给艰难前行的中国工业化浇了一盆冷水。1977 年，急于求成的工业化指导思想依然奔走在踽踽前行的工业化进程中，在大规模引进国外技术设备的同时，冲动的工业化激情再次将工业建设推向新高潮，工业经济比例失调由严重走向更严重。

跌宕起伏的工业化进程中，先后出现了四次工业衰退的局面（见表 5-1）：第一次是 1961~1962 年，在此期间，几乎全国各省（自治区、直辖市）的工业经济均出现了不同幅度倒退，仅极少数省（自治区、直辖市）略有增长；第二次是 1967~1968 年，"文化大革命"初期"抓革命、促生产"使工业建设在混乱中前行，工业生产能力大幅下滑；第三次是 1974 年，"批林批孔"使工业重新陷入严重混乱的状态，工业企业大面积停工停产，工业生产能力再次下滑，这一年，工业经济相比 1973 年略有倒退；第四次是 1976 年，"批邓、反击右倾翻案风"运动的兴起，致使工业整顿夭折，工业生产秩序遭到严重破坏，工业发展再次停滞不前。

表 5-1　1953~1978 年工业经济负增长主要年份及各省份增速

单位：%

年份	1961	1962	1967	1968	1974	1976
北京	−44.00	−21.12	−21.21	−1.16	11.26	6.70
天津	−43.85	−14.33	−22.43	1.67	9.44	−8.15
河北	−46.90	−20.53	−5.49	10.70	9.97	11.99
山西	−50.33	−9.50	−14.78	−34.60	−7.27	−8.03
内蒙古	−53.99	−4.29	−18.10	0.35	−6.58	−2.64
辽宁	−65.22	2.39	−25.77	−13.15	8.28	6.43
吉林	−46.46	−3.37	−16.35	−6.76	1.72	−2.83
黑龙江	−46.56	−9.01	−7.03	−0.98	6.10	5.88
上海	−42.29	−17.19	−13.48	12.36	3.50	1.04
江苏	−35.99	−25.99	−17.40	1.16	−0.70	7.95
浙江	−28.58	−3.72	−6.87	−12.79	−12.56	5.97

年份	1961	1962	1967	1968	1974	1976
安徽	−47.54	−26.04	−28.21	−7.14	−8.78	7.28
福建	−47.34	−20.79	−11.15	−26.38	2.00	0.42
江西	−6.70	−17.60	−15.00	12.00	−14.80	−13.70
山东	−32.27	−16.49	4.59	5.92	−29.62	12.14
河南	−33.43	−23.41	−11.02	−11.96	2.38	−19.45
湖北	−51.56	6.81	−16.04	−19.94	−40.40	−34.73
湖南	−46.67	−7.71	−11.24	−13.92	−22.97	−1.77
广东	−30.45	25.67	−3.51	−9.86	7.39	−0.13
广西	−24.80	−3.78	−18.16	−24.41	7.74	6.42
重庆	−40.42	−21.20	−21.86	−43.05	−8.00	−2.58
四川	44.55	−15.21	11.33	11.34	10.68	13.28
贵州	−32.82	−35.11	−12.83	−11.44	−24.45	−16.81
云南	−22.85	−1.69	−11.83	−63.20	1.04	−25.43
西藏	−65.85	−57.14	27.27	−64.29	9.76	2.08
陕西	−46.04	−16.29	−21.11	−43.72	−0.13	−3.57
甘肃	−52.56	8.08	−6.51	5.36	12.02	2.00
青海	−51.09	−34.82	0.85	−5.04	3.72	−6.61
宁夏	−35.94	−20.73	0.00	3.76	27.86	−4.97
新疆	−14.16	−28.12	−8.64	−14.54	8.03	17.72
全国	−44.43	−11.81	−13.58	−5.65	−1.12	1.06

资料来源：笔者整理。

第二节　国民经济恢复与工业化起步

中华人民共和国成立初期，由于过去长期的战争，国民经济遭受到了严重的破坏，党和国家开展了以工业经济为主的国民经济恢复和发展。国民经济恢复时期的工业建设以改建为主、新建为辅，恢复和发展工业的重点部门是重工业，重点地区是东北地区。中华人民共和国成立之前，近代工业在国民经济中的比重只占10%左右，而东北工业在1943年便占56%左右。由于东北地区解放较早，且在没收官僚资本主义工业企业过程中取得了良好的经验，因此，将恢复和发展工业的重点地区放在东北地区，有利于充分利用东北地区的工业基础和自然资源，对于快速恢复全国工业极为有利。

国民经济恢复时期，基本建设投资的重点地区也在东北地区，1950~1952年，全国累计完成的投资总额中，有一半多投到了东北地区（汪海波，2017）。1952年，东北地区实际完成的工业基本建设投资相比1951年增长211.5%，新增工业固定资产增长114.5%。东北地区工业的率先恢复和发展，为全国工业经济的恢复创造了有利条件，全社会工业经济显著增长。

国民经济恢复时期，工业生产快速恢复，并取得了显著增长：工业总产值由1949年的140亿元增长至1952年的343亿元；不仅原有工业产品的品种有了较大增长，到1952年，已能自主生产冶金设备、发电设备、大型机床、民用钢制船舶、缝纫机等重要工业产品；与此同时，主要工业产品产量也大幅提升，工业结构发生重大变化，轻工业产值占工业总产值的比重由1949年的73.6%下降到1952年的64.5%，重工业产值由1949年的26.4%上升到1952年的35.5%。

经过三年的国民经济恢复，沿海与内陆工业在快速增长的同时，其比重也发生了轻微变化，沿海工业产值由1949年的100.2亿元增加到1952年的243.2亿元，内陆工业产值由40亿元增加到100.1亿元，分别增长1.43倍和1.50倍。在此期间，沿海工业产值占工业总产值的比重由71.5%下降到70.8%，内陆工业产值比重由28.5%上升到29.2%（汪海波，2017）。

第三节 苏联援助与工业化奠基

中华人民共和国成立初期，国民经济发展满目疮痍，重工业几乎为零，美国等帝国主义国家对中国实行禁运，迫使我国的对外经贸关系限制在苏联和东欧人民民主国家。在当时的国际国内形势下，恢复国民经济和建立工业化基础是当务之急，中国选择了"一边倒"的外交政策，积极争取苏联的资金与技术援助，从苏联引进资金发展工业成为中华人民共和国成立初期的主要外部资金来源。1950年2月14日，中国和苏联签订《中苏友好同盟互助条约》，苏联开始对中国提供大量技术援助。中、苏两国还签订了《关于苏联贷款给中华人民共和国的协定》，苏联从1950年1月起连续五年给予中国政府3亿美元的贷款，并且在贷款利益与还款期限等方面的条件都十分优惠，另外还帮助中国新建、改建50个工业企业。①

1950~1955年，中苏前后五次共确定174项工程。经过反复的核查调整，通过对部分项目进行合并、推迟和取消，最终确定为154项，②因为"一五"计划公布156项在先，所以统称为156项工程。156项工程显著改变了中国落后的工业经济面貌，建立了相对完整的工业经济体系。苏联的援助不仅对中国工业经济的恢复和发展起到了极大的帮助，也使中国在156项工程后奠定了社会主义工业化的基础。

---

① 这50个工业企业为156项工程建设过程中确定的第一批项目。
② 赣南电站改为成都电站，航空部陕西422厂重复统计。

第四节　工业大生产的快与慢

"一五"计划的巨大成就在给全国人民带来巨大鼓舞的同时也带来了错误的信号，中央决策者错误地坚信全面建设社会主义的时期可以提前到来，"冒进"的思想在一时间内主导了中国的工业化建设，各项工业生产指标一提再提。1958 年，工业大生产全面发动，然而，在亢奋的工业热情中不断提高的工业指标，"以钢为纲，带动一切"的主观工业大生产并未带来工业经济的快速发展，由于 1958~1960 年的政策失误，因违背经济规律而导致国民经济严重失衡与紊乱，不仅工业经济的高速发展期未能到来，反而使农业遭到极大的破坏，连续的减产导致了普遍的饥荒，给人民生活带来了极大的负面影响，这一期间的工业生产政策在一定程度上成了"大倒退"，演变成为"三年困难时期"（金碚，2009）。

1957 年下半年，毛泽东发动批判反冒进并提出社会主义建设总路线，争取和苏联在同一时间（15 年左右时间），在钢铁和其他重要工业品的产量方面赶上和超过英国。在社会主义建设总路线的指引下，工业大生产于 1958 年迅速在全国展开。1958 年 6 月，正式形成工业发展"以钢为纲"的方针，在"以钢为纲，全面跃进"的口号下，钢铁生产指标越提越高。

1958 年 12 月 22 日，《人民日报》宣布提前完成钢产量翻番的任务。1958 年底，钢产量宣布为 1108 万吨，生铁产量为 1369 万吨，超额完成翻番任务（汪海波，2017）。然而，实质上却是钢铁大生产仅仅在数字上超额完成，片面追求产品，不顾质量和安全的突击蛮干，反而给工业经济带来了严重的后果，使工业经济陷入混乱之中，还严重影响了人民生活。

在工业大生产热潮中，机械工业及作为钢铁工业主要燃料来源的煤炭工业和电力工业在"大生产"中也处于重要位置。为了适应高指标的要求，机械工业进行了大规模的基本建设，但由于基建规模过大且十分分散，"普遍开花"的小型项目挤占了大中型项目的建设资金、物资，致使一些国家急需的重点建设项目未能按时完成，大量建设项目没有建成就不得不停建缓建，造成了巨大的浪费（《当代中国》丛书编辑部，1990）。

1960年，中共中央批转了国家计委《关于1960年国家经济计划的报告》，要求争取国民经济的继续"跃进"；4月14日，冶金部提出钢产量三本账，即1840万吨、2040万吨、2200万吨；5月30日，中共中央正式决定确保完成第二本账，争取实现第三本账。

然而，计划始终没能赶上变化，正当全国倾力削基建、保生产之时，苏联政府于1960年7月16日突然照会中国政府，单方面决定在一个月内撤回全部在华专家，不仅撕毁了专家合同和合同补充书，废除了科技合作项目，还撕毁经济合作合同，终止供应我国急需的重要设备。这一事件给原本就趋于混乱的工业生产建设带来了严重的干扰，无异于雪上加霜（汪海波，2017）。到1960年底，不仅工业生产建设未能完成计划，还使整个国民经济陷入极端困难境地。

我国工业总产值的每年增长速度由"一五"时期的18%下降到"二五"时期的平均每年3.8%；其中轻工业由12.9%下降到1.1%，重工业由25.4%下降到6.7%，使"二五"时期成为我国各个时期中工业增长速度最慢的时期（董志凯，1996）。工业大生产在造成极大浪费的同时，也导致1963~1965年调整时期工业固定资产原值的年均增长速度降为6.7%，成为我国各个计划时期的低谷。

第五节　"文化大革命"时期工业的冷与热

1966~1976年是中华人民共和国历史上最为动荡的十年，在"抓革命、促生产"的口号中，"抓革命"成为一切工作的首要任务，甚至有不少地区停产"闹革命"。短暂调整、恢复和重新步入正轨的工业经济在1965

年、1966 年上半年呈现良好发展态势，工业生产建设继续保持稳定增长势头。然而，"文化大革命"的到来使蓬勃发展中的工业建设再次遭到严重的挫折和破坏，陷入停滞和落后状态。

1966~1968 年，工业建设受"文化大革命"影响最大，在此期间，工业运行体系遭到严重破坏，工业生产率连年下降，工业建设陷入混乱局面，工业经济再次出现大幅倒退，特别是在 1967 年与 1968 年，几乎全国所有省区市的工业增加值均出现不同幅度的负增长。

1968 年第四季度，剧烈动荡的局势开始趋向缓和，开始出现一个相对稳定的间歇时期，这为前两年颓废不堪的中国工业建设提供了一个喘息的机会。为了恢复工业生产秩序，党中央和国务院采取了一系列措施，如派军队对交通、铁路等重要部门和单位实施军事管制与保护，说服职工群众停止武斗、消除分歧，重建各省（区、市）的领导机构和工业管理部门，恢复中断了两年的计划工作等。

伴随着工业经济恢复性增长局面的出现，"三五"末期，工业生产指标开始一路高攀，到"四五"时期，工业高指标成为普遍目标，加上各地区、部门和企业在落实指标时层层加码，产量翻番再次助推基本建设规模急剧扩大。

1972~1973 年，国家不得不对工业建设进行调整，对工业基本建设进行压缩，对工业生产高指标进行削减，并适当放缓"大三线"建设的进度，[①] 同时还对超计划招收的职工进行精简，这些举措在一定程度上缓和了"三个突破"对工业建设造成的负面影响，国民经济与工业经济过热的状态趋于降温，工业超高速增长开始趋于下降，工业生产、建设和整个国民经济发展出现新的转机。

"文化大革命"的动荡还在持续，工业生产的大环境并不稳定，工业建设重新陷于严重混乱的局面，工业企业大面积停工停产，以致 1974 年

---

① 也正因如此，三线建设的第二次投资高潮在 1971 年开始回落。

的工业增加值比 1973 年下降 1.12%，^① 出现了工业经济短暂倒退的局面。1975 年，邓小平在毛泽东的支持下主持中央日常工作，"把国民经济搞上去"成为摆在全党和全国人民面前最紧迫的任务，在工业方面开展了一系列整顿工作，如整顿铁路交通秩序、整顿钢铁工业生产秩序等，并出台《关于加快工业发展的若干问题》（以下简称"十四条"），着手对整个工业运行体系进行深度调整，随后"十四条"发展为"二十条"，准备对工业经济进行系统性的拨乱反正。但"二十条"并未形成正式文件，因而其对工业经济整顿所起的作用大打折扣。好在受"二十条"基本精神的鼓舞，工业部门士气大振，各项工业建设逐步走向正轨，1975 年，中国工业形势出现明显好转，相比于 1974 年有大幅增长。

1976 年 1 月，周恩来逝世成为"文化大革命"期间工业整顿的一个转折点，工业整顿自此夭折，趋于好转的工业经济形势毁于一旦，工矿企业生产秩序再受重创，工业生产能力再次大幅滑坡。

第六节　工业化再探索与增长徘徊

1976 年，国民经济比例失调的问题已经十分严重，工业经济比例失调的问题则更为突出（汪海波，2017）。尽管粉碎"四人帮"之后，我国工业生产获得了较快的恢复性增长，但经济工作中"左"的指导思想并未得到根本清除，以至于在 1977~1978 年，工业生产建设依然追求高指标，基本建设规模再次趋于盲目扩大。

1977 年 11 月，全国计划会议提出"到 20 世纪末，工业主要产品产量分别接近、赶上和超过最发达的资本主义国家，工业生产的主要部分实现

---

① 由于数据口径的差异，此处的数据与汪海波（2017）的工业总产值数据存在差异。详见：汪海波：《新中国工业经济史（第三版）》，经济管理出版社 2017 年版，第 243 页。

自动化，交通运输大量高速化，主要产品生产工艺现代化，各项经济技术指标分别接近、赶上和超过世界先进水平"。1978 年 2 月的《政府工作报告》则将略显狂热的工业化目标落实到具体项目指标，指出 1978~1985 年，要在"燃料、动力、钢铁、有色金属、化工和铁路、港口等方面，新建和续建约 120 个大型项目，其中包括 30 个大电站，8 大煤炭基地，10 大油气田，10 大钢铁基地和 9 大有色金属基地"；同年 7 月，为进一步推动工业建设的大跨步跃进，国务院务虚会提出要以比原来更快的速度实现"四个现代化"，要放手利用外资，大量引进先进技术设备（汪海波，2017）。

于是，1978 年，我国在较短时间内与国外签订了 22 个大型引进项目，且在这 22 个成套引进项目中，约占成交额一半的项目是在 1978 年 12 月 20 日至 30 日的 10 天内签订的。这些仓促签约引进的项目给这一时期的工业建设带来了极大的负面影响，显著加剧了国民经济比例失调。

第六章 一波三折的内陆工业

第一节 内陆工业的缓慢觉醒

中华人民共和国成立之初，全国工业有 77%以上集聚于东北地区和关内若干工商业城市（国家计委投资研究所课题组，1993b）。经过近 30 年的工业化建设，到 1978 年，内陆工业产值由 1952 年的 30.6%上升到 39.1%（见表 6-1），虽然内陆与沿海的工业经济依然存在较大差距，但 70%（1952 年为 69.4%）的工业聚集沿海地区的空间格局得到了较大程度的改善，60%（1978 年为 60.9%）的沿海工业格局初步形成，"七三格局"转向"六四格局"。

表 6-1 1952 年和 1978 年沿海和内陆工业经济指标分布情况（工业总产值）

	1952 年		1978 年	
	产值（亿元）	占比（%）	产值（亿元）	占比（%）
全国工业总产值	343.3	100	4230.8	100
沿海	238.1	69.4	2575.3	60.9
内陆	105.2	30.6	1655.5	39.1
全国轻工业产值	221.1	100	1805.7	100
沿海	158.1	71.5	1164.6	64.5
内陆	63.0	28.5	641.1	35.5

续表

	1952 年		1978 年	
	产值（亿元）	占比（%）	产值（亿元）	占比（%）
全国重工业产值	122.2	100	2425.1	100
沿海	80.0	65.5	1410.7	58.2
内陆	42.2	34.5	1014.4	41.8

注：此表数据为工业总产值数据，与工业增加值数据（见图6-1）存在出入，总体而言，工业增加值口径的沿海工业占比值要低于工业总产值的沿海工业占比值，且1952~1978年，两者的差距不断缩小，到1978年已基本接近。

资料来源：国家统计局工业交通物资统计司：《中国工业经济统计资料（1949~1984）》，中国统计出版社1985年版。

如果从另一视角（工业增加值）来看，沿海与内陆的工业发展差距并不如表6-1所示的那么显著，沿海工业增加值的全国占比在1952年为65.36%。如图6-1所示，沿海与内陆的工业发展差距在1967年迎来一个最低点，这一年，沿海工业（增加值）占比下降到57.42%，内陆工业（增加值）占比由1952年的34.64%上升到1967年的42.58%，沿海与内陆的工业占比差距历史性地下降到14.84%。

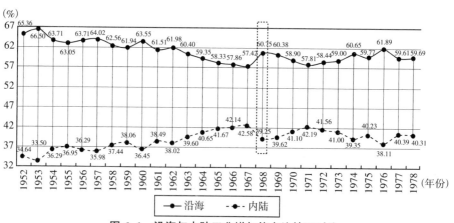

图 6-1　沿海与内陆工业增加值占比情况对比

资料来源：笔者绘制。

然而，这一趋势并未得到巩固，沿海与内陆的工业发展差距再次拉

开，并于 1968 年跃升至 21.50%，随后虽然很快进入差距缩小通道，并于
1971 年回归到低点（15.62%），但 1967 年的 14.88%[①] 已成为难以企及的
历史性低点。尽管 1971 年后沿海与内陆的工业占比差距起伏波动，但差
距扩大的态势较为明显，1976 年时扩大至 23.79%，接近于 1962 年时水平
（23.97%）。1976 年，历时 10 年的"文化大革命"结束，我国工业经济从
1977 年开始恢复，内陆工业经济再次迎来新的转机，在这一年，内陆工
业占比提升至 40.39%。可惜好景不长，随之而来的改革开放，以雷霆之
势将沿海工业推向世界，在积极承接全球产业转移融入世界经济体系的大
潮中，沿海工业不断挤压内陆工业发展与扩张的空间，内陆工业在两次大
推进中（156 项工程和三线建设）缓慢觉醒后，再次陷入沉睡，具体表现
为工业经济份额停止上升，甚至出现下滑（见图 6-2）。

图6-2　1952~1978 年沿海与内陆工业增加值占比差距

注：此图的差距与图 6-1 中"沿海—内陆"差值存在些微出入（主要体现在第二位小数值不同）的
　　原因在于数据呈现时采用了四舍五入，而计算时采用了原始数值。

资料来源：笔者绘制。

依据图 6-2 所示的沿海—内陆工业占比演变历程来看，改革开放前，
我国沿海与内陆的工业空间格局演变大致可以分为三个阶段：

第一个阶段是 1952~1967 年：内陆工业波动提升。这一期间，内陆工

[①] 文中数据采用图 6-2 中的数据，与图 6-1 中的数据略有差异。

业取得长足发展，得益于 156 项工程在内陆和东北地区的大量投入，内陆逐步奠定了工业发展的基础，形成了若干较为完备的工业中心。同时，在随后的三线建设中，内陆工业再次迎来历史性的发展机遇，沿海工业大量转移至三线地区，促进了内陆新工业基地的形成与完善。可以说，在此期间，156 项工程与三线建设成功地扭转了中华人民共和国成立初期工业过多地布局于沿海地区的局面，极大地促进了内陆工业的发展，为推进区域经济均衡发展做出了显著的贡献。两大发展战略的推进，不仅奠定了我国工业化的基础，形成了较为完备的工业体系，工业产业门类趋于齐全，还显著地促进了沿海工业向内陆的转移，以及内陆工业体系的快速成长与壮大。到这一时期末，沿海与内陆的工业占比差距由 1952 年的 30.72% 下降到 1967 年的 14.88%。

第二个阶段是 1967~1976 年：沿海工业逆势回归。依据图 6-2 中沿海与内陆工业占比差距的演进路径，这一阶段界定为 1967~1976 年是合适的。在此期间，三线建设还在继续，沿海工业起伏发展，使沿海与内陆的工业差距整体呈现为扩大态势。如果结合重要历史事件来看，由于"文化大革命"始于 1966 年，结束于 1976 年，因此将这一阶段界定为 1966~1976 年也是可行的，这 10 年间，沿海与内陆的工业差距依然呈现扩大为主、起伏跌宕为辅的发展局面。总的来看，由于政治局势对经济环境的影响，工业生产建设的发展受到严重影响，这一时期在过渡强调重工业发展的背景下，沿海工业逆势回归，将 1967 年 14.88% 的差距提升至 1976 年的 23.79%，轰轰烈烈的三线建设尽管在一定程度上夯实了内陆的工业基础，但并未能显著改善内陆工业的生产能力。特别是进入 20 世纪 80 年代，三线建设的遗留问题越发凸显，因而国家不得不在 20 世纪 80 年代初开始对三线建设进行调整（李彩华，2002）。

第三个阶段是 1976~1978 年：内陆工业缓慢回暖。1976 年"文化大革命"结束后，国民经济发展面临一系列亟待解决的重大问题，我国在工业经济方面采取的主要措施有：一是恢复经济，对工业企业进行恢复性整顿，对我国工业的恢复和发展起到了积极的作用；二是开展以大规模引进

技术设备为重要特征的工业大生产，在过高发展指标的指导下，盲目扩大
建设规模、盲目引进国外技术设备。然而，不可否认的是，在此期间，沿
海与内陆的工业占比差距再次缩小，内陆工业显露出缓慢回暖迹象。

1952~1978 年，北京、四川、甘肃、山东、山西、浙江等地工业全国
占比增加最为显著，分别由 1952 年的 2.21%、2.12%、0.71%、5.60%、
1.93%、1.88% 提升至 1978 年的 4.32%、3.66%、2.13%、6.68%、2.96%、
2.89%。内陆的陕西、湖南、安徽、湖北、内蒙古等省（区）也有明显提
升，分别提升 0.85%、0.78%、0.76%、0.61%、0.53%。沿海地区除北京、
山东、浙江、江苏四个省（市）工业占比有所提升外，其余各省区市均呈
现不同程度的下滑，特别是辽宁、上海、天津这 3 个省（市），其工业占
比降幅居全国前列，分别下降 5.34%、2.20%、1.68%（见表 6-2、图 6-3）。

表 6-2　1952~1978 年各省（区、市）工业全国占比增减情况

单位：%

增减范围	省区市数	省（区、市）
1<X	6	北京、四川、甘肃、山东、山西、浙江
0.5<X≤1	6	江苏、陕西、湖南、安徽、湖北、内蒙古
0<X≤0.5	4	黑龙江、宁夏、青海、西藏
-0.5<X≤0	8	新疆、云南、贵州、广东（海南）、河南、福建、江西、河北
-1<X≤-0.5	2	广西、吉林
X≤-1	4	重庆、天津、上海、辽宁

资料来源：笔者整理。

总体来看，改革开放前实行的两大工业发展战略显著推动了我国内陆
工业的快速发展，同时也在一定程度上推动着沿海工业向内陆转移，但并
未以牺牲沿海工业为代价。虽然在此过程中沿海工业发展趋缓，甚至有部
分沿海省（市）的工业增速放缓，甚至下滑，但在这一期间，沿海工业依
然取得了一定的发展，特别是山东和浙江。在图 6-3 中，"0" 分割线以上
的省区市表示在此期间工业占比有所提升，填充面积越大表示占比提升越
多。同时，可以清晰地看到分割线以上的填充区域更多地集中在内陆地

区，其中四川、甘肃、山西等省的工业占比增量位居全国前列。与此同时，沿海地区部分省区市的工业经济也取得了长足发展，北京、山东、浙江等省（市）的工业占比增长显著。

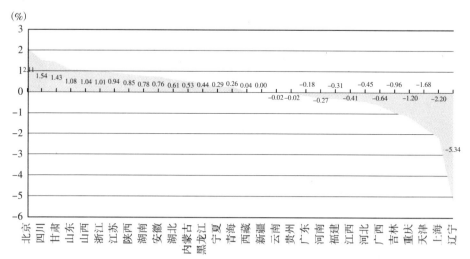

图 6-3　1952~1978 年各省份工业全国占比变化情况
资料来源：笔者绘制。

第二节　1952~1967 年：内陆工业波动提升

这一时期，内陆工业整体呈现快于沿海的发展态势。156 项工程和三线建设极大地促进了内陆工业的快速发展，得益于两大工业发展战略向内陆的倾斜发展，内陆工业在波动中缓慢提升，与沿海的工业发展差距逐渐拉近，其波动提升过程可形象概括为"双 W 周期"，即在 1952~1967 年，内陆工业占比的提升路径经历了两个类似的演进周期（1952~1959 年、1959~1967 年）：下降—上升—下降—上升。

1952~1967 年，内陆工业快速发展，大部分省区市的工业占比有明显提升，特别是占比提升前 5 名中除北京属沿海地区外，其余均属内陆，由高到低依次为：黑龙江（1.97%）、山西（1.65%）、甘肃（1.05%）、湖南（0.87%），4省占比提升合计5.54%，相当于辽宁一省的下降量（-5.55%，见表6-3）。

表6-3 1952~1967年各省份工业增加值占比变化

单位：%

省份	黑龙江	北京	山西	甘肃	湖南	浙江	四川	湖北	内蒙古	陕西
占比变化	1.97	1.69	1.65	1.05	0.87	0.80	0.79	0.78	0.78	0.66
省份	安徽	山东	广东	宁夏	新疆	青海	西藏	云南	上海	江西
占比变化	0.63	0.57	0.48	0.19	0.18	0.14	0.03	0	-0.10	-0.15
省份	贵州	河南	吉林	福建	重庆	广西	天津	江苏	河北	辽宁
占比变化	-0.27	-0.35	-0.35	-0.45	-0.66	-0.89	-1.21	-1.25	-2.04	-5.55

资料来源：笔者绘制。

1952~1967年，沿海地区有上海（-0.10%）、福建（-0.45%）、广西（-0.89%）、天津（-1.21%）、江苏（-1.25%）、河北（-2.04%）、辽宁（-5.55%）7省（区、市）的工业占比呈现下降态势，合计下降11.49%。工业占比下降最多的5个省（区、市）均属沿海地区（由高到低依次为辽宁、河北、江苏、天津、广西），其中辽宁的下降率最高，为-5.55%；沿海地区也有北京（1.69%）、浙江（0.80%）、山东（0.57%）、广东（0.48%）4个省（市）的工业占比有显著提升，其中以北京为典型，156项工程中在北京布局有4项，这为北京开展大规模工业化建设拉开了帷幕，极大地推进了北京的工业化进程，但并未助推北京进入工业大省（市）行列，1961年达到峰值时也仅为全国的4.88%。

从1952~1967年内陆工业增加值占比变化来看（见图6-4），内陆工业经济的发展与工业份额的提升并非一帆风顺，尽管有两大工业发展战略（156项工程和三线建设）为内陆工业化进程提档加速，但由于沿海地区工业基础较为扎实，相比于内陆大部分省份而言在工业生产技术与生产能力上具有显著优势，因而在此期间，内陆工业份额的提升是在波动中前进的。如图6-5所示，以1959年为界，可以将此分为两个相似的演进阶段，即 1952~1959 年和 1959~1967 年，具体表现为"下降—上升—下降—上升"，可形象概括为"双 W 周期"，唯一不同的是第二个"W"（1959~1967 年）的最后一个上升周期略长，从 1962 年延续到 1967 年，这一上升周期正值三线建设的第一波投资高潮。

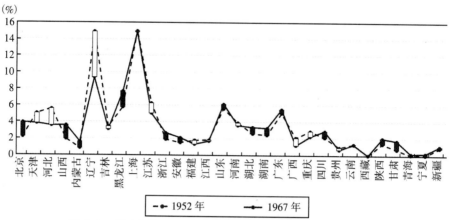

图 6-4 1952 年和 1967 年各省份工业全国占比增减变化情况

注：实心涨/跌柱表示 1952~1967 年为增长态势，其高低表示增长值；空心涨/跌柱表示 1952~1967 年为下降态势，其高低表示下降值。

资料来源：笔者绘制。

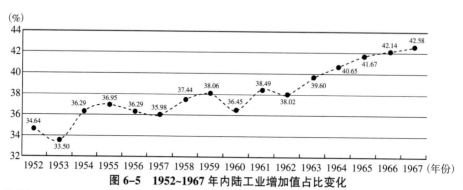

图 6-5 1952~1967 年内陆工业增加值占比变化

资料来源：笔者绘制。

从 1952~1959 年各省份的工业份额变动情况来看，内陆工业发展趋势稳定向好，尽管在此过程中也有波动，但其工业份额整体上呈现增长态势。1952~1959 年，工业占比增量超过 0.5% 的 8 个省份中就有山西、安徽、内蒙古、湖北、陕西5个省（区）属于内陆，且山西和安徽的工业占比提升较为显著，分别达到1.39%和1.26%；工业占比减量超过0.5%的7个省（区）中仅有江西、河南属于内陆（见表6-4）。

表6-4 1952~1959年各省份工业增加值占比变化

单位：%

省份	北京	山西	安徽	内蒙古	上海	湖北	陕西	浙江	甘肃	湖南
占比变化	2.06	1.39	1.26	0.87	0.84	0.62	0.60	0.53	0.41	0.40
省份	辽宁	青海	重庆	黑龙江	新疆	宁夏	贵州	西藏	云南	天津
占比变化	0.31	0.22	0.17	0.15	0.12	0.10	0.06	0.03	−0.07	−0.25
省份	四川	福建	吉林	江西	广西	广东	山东	河北	河南	江苏
占比变化	−0.32	−0.40	−0.42	−0.64	−0.79	−1.05	−1.33	−1.37	−1.53	−1.97

资料来源：笔者绘制。

可见在此期间，得益于156项工程向内陆的倾斜布局，内陆工业逐渐发展壮大，内陆大部分省份的工业占比稳定上升，但由于工业基础薄弱，短时间内并未在内陆形成强劲的工业生产能力。如表6-5所示，1952年，工业占比位居全国前十的省份为上海、辽宁、江苏、黑龙江、山东、河北、广东、天津、河南、吉林，仅有黑龙江、河南、吉林属于内陆；1959年，工业占比位居全国前十的省份为上海、辽宁、黑龙江、天津、江苏、山东、北京、河北、广东、山西，由1952年的三省（黑龙江、河南、吉林）减少为两省（黑龙江、山西），只有山西一省的工业占比以1.39%的增量（由1952年的1.93%上升到1959年的3.32%）跻身前十，而河南、吉林滑落到前十位之后。

表6-5 1952~1959年工业占比前十位与后五位的省份

年份	1952	1953	1954	1955	1956	1957	1958	1959
前十位（高→低）	上海	上海	上海	辽宁	辽宁	辽宁	辽宁	上海
	辽宁	辽宁	辽宁	上海	上海	上海	上海	辽宁
	江苏	黑龙江	黑龙江	山东	山东	山东	黑龙江	黑龙江
	黑龙江	江苏	山东	黑龙江	江苏	黑龙江	天津	天津

续表

年份	1952	1953	1954	1955	1956	1957	1958	1959
前十位（高→低）	山东	山东	江苏	江苏	黑龙江	广东	山东	江苏
	河北	天津	广东	广东	天津	天津	江苏	山东
	广东	广东	天津	天津	广东	江苏	北京	北京
	天津	河北	河北	河北	河北	北京	广东	河北
	河南	北京	北京	北京	北京	河北	河北	广东
	吉林	吉林	河南	重庆	湖北	重庆	吉林	山西
后五位（高→低）	内蒙古	贵州	贵州	贵州	甘肃	贵州	贵州	贵州
	甘肃	甘肃	甘肃	甘肃	新疆	新疆	新疆	新疆
	青海	青海	青海	青海	青海	青海	青海	青海
	宁夏	宁夏	宁夏	宁夏	宁夏	宁夏	宁夏	宁夏
	西藏	西藏	西藏	西藏	西藏	西藏	西藏	西藏

资料来源：笔者整理。

从工业占比后五位的变化来看，在此期间，内蒙古和甘肃的工业经济获得了十足的发展，其工业占比的提升幅度位居全国前列，特别是内蒙古的工业占比稳步提升，由1952年的0.81%提升至1959年的1.68%，其工业占比增量仅次于北京、山西、安徽，位居第四。如图6-6所示，1952~1959年，工业占比增量前十位的省区市中大部分属于内陆，只有北京、上海、浙江属于沿海地区。可见，经过156项工程对内陆工业的倾斜发

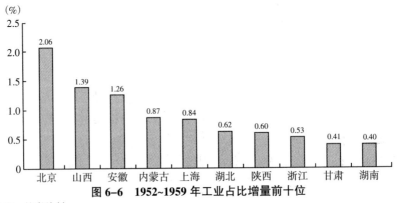

图6-6　1952~1959年工业占比增量前十位

资料来源：笔者绘制。

展，虽然内陆各省份尚未形成强劲的工业生产能力，但其工业经济的增长势头十分强劲，大部分省区市，特别是156项工程建设重点布局的省区市，逐步奠定了其工业基础，且工业占比也得到显著提升。

与此同时，工业大省（市）辽宁和上海独占鳌头的工业地位不但未受动摇，反而得到了进一步巩固，具体体现在1952~1959年辽宁、上海两地的工业占比分别由14.90%、14.97%上升到15.21%、15.81%，分别提升了0.31%、0.84%（见图6-7）。虽然辽宁和上海的工业占比增量并不十分显著，如辽宁仅有0.31%的增量，但两省（市）的工业份额已接近全国的1/3，由此也从侧面反映出内陆的工业经济发展仍有较大提升空间。

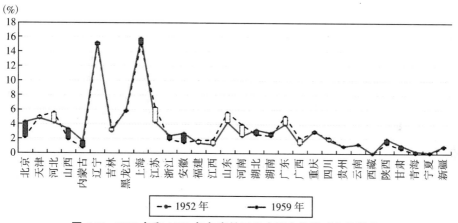

图6-7 1952年和1959年各省份工业全国占比增减变化情况

注：实心涨/跌柱表示1952~1959年为增长态势，其高低表示增长值；空心涨/跌柱表示1952~1959年为下降态势，其高低表示下降值。

资料来源：笔者绘制。

从我国各省份工业经济的地理分布来看，1952~1959年，确实在一定程度上改变了我国工业经济过于集中在沿海地区的非均衡局面（见图6-8）。1952年，西北五省（区），即陕西、甘肃、新疆、青海、宁夏，仅陕西一省的工业占比在1.0%之上，其余四省（区）均在1.0%之下。1959年，西北诸省（区）中甘肃、新疆工业占比提升至1%以上；与此同时，内蒙古工业经济发展十分迅速，如前所述，其工业占比增量（1952~1959年）位居全国第四。图6-8中，还有一个显著的变化就是沿海的江苏、山东、河北、广东、天津等省（市）的工业占比降至5.0%以下。

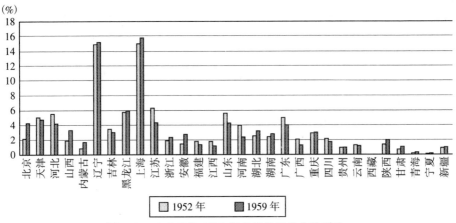

图6-8　1952年和1959年各省份工业占比对比

资料来源：笔者绘制。

　　1959~1967年是内陆工业波动提升的第二个"W"周期，内陆工业发展的速度相比于前一个"W"周期明显要快。在第一个"W"周期，内陆工业占比由1952年的34.64%上升至1959年的38.06%，提升了3.42%；到第二个"W"周期，内陆工业占比由1959年的38.06%上升至1967年的42.58%，提升了4.52%。可见，在第二个"W"周期，内陆工业经济发展势头要好于第一个"W"周期，尤其是1962~1967年的上升期，得益于中国将工业化大举内迁的三线建设，内陆工业生产能力呈现加速态势，不仅在内陆构建了趋于完善的工业经济体系，更是形成了具有稳定增长态势的工业生产能力。在此期间，黑龙江、河南、四川、甘肃、江西、湖南等内陆省份的工业占比增量居于全国靠前行列（见表6-6）。

表6-6　1959~1967年各省份工业增加值占比变化

单位：%

省份	山东	黑龙江	广东	河南	四川	江苏	甘肃	江西	湖南	浙江
占比变化	1.89	1.82	1.54	1.18	1.10	0.71	0.64	0.50	0.47	0.27

省份	山西	湖北	宁夏	云南	吉林	新疆	陕西	西藏	福建	青海
占比变化	0.26	0.17	0.09	0.07	0.07	0.06	0.06	0	-0.05	-0.08
省份	内蒙古	广西	贵州	北京	安徽	河北	重庆	上海	天津	辽宁
占比变化	-0.09	-0.10	-0.33	-0.37	-0.63	-0.67	-0.82	-0.94	-0.95	-5.85

资料来源：笔者绘制。

与此同时，沿海各省份的工业经济发展则呈现显著的分化态势，一部分省的工业占比增量在全国靠前，如山东由 1959 年的 4.28% 提升至 1967 年的 6.17%，增量达 1.89%，居全国首位，广东的增量也高达 1.54%；也有部分省（市）的工业占比显著下滑，特别是辽宁，由 1959 年的 15.21% 下降至 1967 年的 9.35%，下降了 5.85%；天津和上海两市的工业占比也有明显下滑，分别下滑 0.95% 和 0.94%。由图 6-9 可知，在第二个 "W" 周期，沿海地区大部分省份的工业占比是逐渐减小的，也有部分省（如辽宁）的工业占比呈现加速下滑态势，而内陆大部分省份有不同程度的提升。

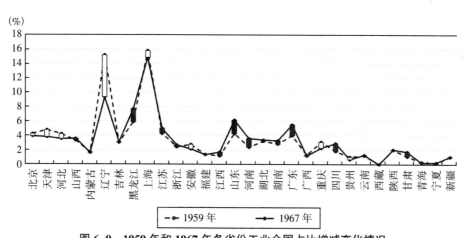

图 6-9 1959 年和 1967 年各省份工业全国占比增减变化情况

注：实心涨/跌柱表示 1959~1967 年为增长态势，其高低表示增长值；空心涨/跌柱表示 1959~1967 年为下降态势，其高低表示下降值。
资料来源：笔者绘制。

从我国各省份工业经济的地理分布来看，1959~1967 年，尽管有三线建设将沿海工业大力向内陆推进，但我国工业空间并未发生显著改变（见图 6-10）。虽然沿海地区以辽宁、天津、上海为代表的省（市）由于工业大举内迁，其工业占比下降较多，但同时，沿海地区山东、广东、江苏、浙江等省的工业占比均有显著提升。1959~1967 年，山东、广东、江苏三省的工业经济发展势头较好，因此，山东、广东、江苏三省的工业占比明显提高。其中还有两个需要注意的地方就是辽宁与贵州：辽宁由于支持内陆工业建设，工业企业大举内迁，以致在此期间工业占比显著下滑，其黑色填充柱明显降低；贵州的情况相对比较特殊一些，156 项工程建设期间，虽然没有项目在贵州布局，但贵州的工业经济得到了前所未有的发展，其工业占比在 1959 年时达到历史新高，为 1.02%，但在三线建设期间其工业占比出现了滑坡，并于 1967 年降到 0.69%。

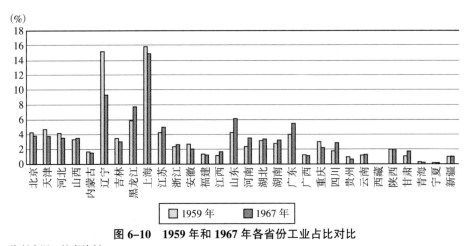

图 6-10 1959 年和 1967 年各省份工业占比对比
资料来源：笔者绘制。

1952~1967 年，得益于强有力的政策倾斜，内陆各省份迎来了两个略有波动的工业增长周期，极大地促进了内陆工业的发展，工业占比增长显著的有黑龙江、山西、甘肃、湖南、四川、湖北、内蒙古、陕西、安徽，而沿海各地除北京、浙江、山东、广东四省（市）工业占比有所提升外，[①]其余各省份均有下降，而下滑最多的四省（市）均属沿海地区，依次为辽宁、河北、江苏、天津（见表6-7）。

表6-7 1952~1967年各省份工业全国占比增减情况

单位：%

增减范围	省份数量	省份
1<X	4	黑龙江、北京、山西、甘肃
0.5<X≤1	8	湖南、浙江、四川、湖北、内蒙古、陕西、安徽、山东
0<X≤0.5	5	广东（海南）、宁夏、新疆、青海、西藏
−0.5<X≤0	7	云南、上海、江西、贵州、河南、吉林、福建
−1<X≤−0.5	2	重庆、广西
X≤−1	4	天津、江苏、河北、辽宁

资料来源：笔者整理。

从各省区市工业占比的增减的地理分布来看，1952~1967年，内陆工业得到了极大的发展，其工业占比普遍呈现增长态势，工业占比显著提升的省区市大部分都分布在内陆，只有北京、山东、浙江、广东四省（市）分布在沿海地区；工业占比下滑最多的均分布在沿海地区，如辽宁、河北、江苏、天津、广西，其工业占比降幅位居全国前五。1952~1967年，沿海与内陆的工业发展差距不断缩小，内陆大部分省份在156项工程及三线建设的第一波高峰之后，不仅获得了极大的工业生产能力，其工业经济也稳定增长。由此可见，内陆工业占比普遍提升，而沿海地区的工业占比则以下降为主，仅少数省（市）呈现增长态势。

---

① 中华人民共和国成立初期，北京的工业生产能力严重不足，连基本生活需要都不能满足，在将北京由生活城市改造成生产城市的号召下，借助于156项工程的布局，北京的工业生产能力得到显著提升，到1967年，北京的工业占比已增至4.32%，其增量居全国第二位，仅次于黑龙江。

第三节　1967~1976 年：沿海工业逆势回归

1967~1977 年是个特殊的阶段，"抓革命、促生产"的经济发展思路使中国远离了工业化的正常轨迹，甚至使国民经济走到"崩溃的边缘"（金碚，2015c）。在此期间的三线建设，是在突出战备和"文化大革命"的背景下进行的（何郝炬等，2003）。"文化大革命"初期，国民经济陷入严重的混乱之中，国民经济在 1967 年、1968 年出现全面衰退情况。

这一时期，内陆工业经济发展起伏波动，尽管这一期间也迎来了三线建设的第二个高峰期（1969~1971 年），内陆工业在三线建设的第二次高潮期间快速增长，相应地，内陆工业占比在 1968~1971 年持续增加。然而好景不长，内陆工业并未能持续稳定地增长，1971 年为内陆工业经济发展的转折点，自此之后内陆工业经济发展进入减速通道，其工业占比缓步下滑。尽管在 1975 年内陆占比有一个小幅回升，但随即在 1976 年加速下滑（见图 6-11），降至 38.11%，比 1967 年下降了 4.48%，这也意味着，1967~1976 年，沿海地区工业占比回升了 4.48%。

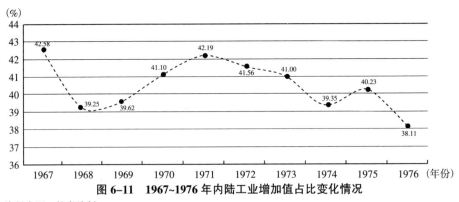

图 6-11　1967~1976 年内陆工业增加值占比变化情况

资料来源：笔者绘制。

始于 1966 年的"文化大革命",严重影响了我国工业生产建设的稳步推进,使整个国民经济建设陷入混乱、动乱的局面。因而在此期间,内陆工业经济受到明显的影响,三线建设在"文化大革命"初期开始陷入混乱,尤其是内陆工业生产能力急剧下滑,其工业占比由 1967 年的 42.58%快速下跌至 1968 年的 39.25%。1969 年,受"文化大革命"影响的政局略微稳定下来,工业生产情况有所好转,遏制住了"文化大革命"初期全面衰退的势头,国民经济发展势头回稳。1969 年初至 1970 年,国际形势渐趋紧张,在此背景下我国出现了规模空前的备战高潮,中央军委和国务院决定对重点建设的基地和项目实行军管,以保证集中力量加快建设进度。1970 年,三线地区的建设项目实行"优先安排、重点保证、抓紧抢修"的原则,三线地区的工程建设再次迅速铺开,从而使这一时期成为继1965 年第一个高潮之后的又一个建设高潮(何郝炬等,2003)。三线建设再度大举推进,在全国范围内掀起了第二次三线建设高潮,内陆工业开始呈现略微稳定向好的发展态势。

然而,沿海与内陆的工业差距依然呈现扩大为主、起伏跌宕为辅的局面。在过度强调重工业发展的背景下,尽管这一时期内陆工业经济的发展基础日臻稳固,但并未显著扭转工业经济过多地布局在沿海地区的工业空间格局,沿海工业经济在混乱的政治时局下逆势回归,沿海与内陆的工业占比差距在经历短暂的缩小之后,再次趋于扩大。

1967~1976 年,尽管三线建设第二次建设高潮再次将沿海工业大力向内陆推进,但在当时的政治时局与过于突出发展重工业的时代背景下,内陆工业并没有实际获得优于沿海地区的工业生产能力。虽然国家在 1969~1971 年对三线地区倾注了大部分投资,且沿海地区仍在持续不断地以迁建、包建等形式支持内陆工业发展,但内陆大部分省区市的工业占比在经历短暂的提升之后走向下滑。

这一时期,备战再次提到国家战略高度,并以此推动着三线建设在内陆的工业经济发展,但实际上,内陆工业占比整体呈现下滑态势,反而是沿海工业在重工业战略的推动下,表现出强劲的生产能力,其工业占比在第二次三线建设高潮之后稳步上升。以至于在 1967~1976 年，工业占比上升最多的四省（市）均属于沿海地区，由高至低依次为辽宁、江苏、河北、北京，其工业占比分别由 1967 年的 9.35%、5.02%、3.53%、3.90% 上升至 1976 年的 11.11%、6.66%、4.75%、5.08%；而工业占比下滑最多的四省（市）中只有上海属于沿海地区，其余三省均属于内陆，工业占比下滑量由高到低依次是湖北、山西和黑龙江，其工业占比分别由 1967 年的 3.39%、3.58%、7.75% 下降到 1976 年的 1.81%、2.51%、6.72%，分别减少 1.58%、1.07%、1.03%（见表 6-8）。

表 6-8　1967~1976 年各省份工业全国占比增减情况

单位：%

增减范围	省份数量	省份
1<X	4	辽宁、江苏、河北、北京
0.5<X≤1	3	甘肃、四川、广西
0<X≤0.5	6	山东、安徽、宁夏、青海、西藏、陕西
−0.5<X≤0	11	吉林、天津、福建、贵州、新疆、广东（海南）、江西、内蒙古、湖南、浙江、云南
−1<X≤−0.5	2	重庆、河南
X≤−1	4	黑龙江、山西、上海、湖北

资料来源：笔者整理。

从各省区市工业占比的增减的地理分布来看，1967~1976 年，沿海大部分省区市的工业经济在突出发展重工业的特殊时代背景下逆势回归，工业占比显著提升。辽宁、北京、河北、江苏等沿海地区的工业经济在举国推动三线建设同时工业占比呈现明显回归态势，有较大幅度的提升。与此同时，内陆工业虽然也有部分省区市发展势头强劲，如甘肃、四川、安徽、宁夏、青海、西藏等地的工业占比均有较大幅度的增长，特别是甘肃和四川。然而，尽管内陆部分省区市的工业经济获得了喜人的发展，但这些省区市基本都集中在三线建设的重点区域，而中部地区（山西、河南、安徽、江西、湖南、湖北）仅安徽一省的工业占比有所提升，其余五省的工业占比均有不同程度的下降，其中河南、山西、湖北三省下滑显著，特别是湖北的工业占比下滑为全国之最，由1967年的3.39%下降至1976年的1.81%，下降了1.58%。

1967~1976年我国各省区市工业占比的变动情况，在全国地理版图上形成两个较为典型的工业经济增长板块，在此期间，工业占比增长区域集中连片，形成两大"振兴"板块：沿海板块和内陆板块。沿海板块包括辽宁、河北、北京、山东、江苏以及安徽六省（市），内陆板块包括甘肃、四川、宁夏、青海、西藏、陕西[①]六省（区）。在两大板块之外，仅广西是"游离"在外的工业占比增长区域，其工业占比由1967年的1.19%提升至1976年的1.83%。

可见，1967~1976年，第二次三线建设高潮再次推动了内陆工业的快速发展，但同时，在"文化大革命"期间，沿海工业省区市的工业生产能力显著增强，形成了一股与三线建设相反的强大工业生产能力，具体体现在部分省区市的工业占比明显提升，由此形成了沿海、内陆两大工业"振兴"板块。在此期间，尽管内陆部分省区市的工业基础得到进一步夯实，其工业生产能力也有大幅提升，但依然有不少省区市的工业生产能力提升较为缓慢，相比两大"振兴板块"，显示出不同程度的"衰退"特征，具体表现为工业占比的下滑，形成一个倒"工"形区域，这一区域也具有典型的集中连片特征，包括吉林、福建、贵州、新疆、广东（海南）、江西、内蒙古、湖南、浙江、云南、重庆、河南、黑龙江、山西、湖北等省区市。

第四节　1976~1978年：内陆工业缓慢回暖

1976年，历时十年的"文化大革命"落下帷幕，为国民经济的发展扫

---

① 陕西的工业占比提升很小。接近于0。

除了政治障碍，国内政治环境渐趋稳定，但国民经济发展环境依然混乱，亟须对工业企业进行恢复性整顿，以使经济建设重新步入正轨，采取各种措施加快中国经济发展成为当务之急。1976 年底，面对"文化大革命"结束后的经济窘况，中央要求加快经济发展速度，采取各项措施以加强经济的整顿和恢复（乔克，2017），而这些措施基本都落在工业经济领域，对工业企业进行了恢复性整顿，使企业的生产秩序逐步走向正常。1977年是我国经济发展重大转折的一年，我国工业生产出现转机，即从"四人帮"严重破坏所造成的生产长期停滞不前甚至倒退下降的局面，转变为上升的局面（汪海波，2017）。

1976~1978 年是中华人民共和国历史上一个特殊的时期（李妍，2003），是徘徊的两年，也是经济改革酝酿与探索的两年，经济建设逐步回归到正常轨道，但并未彻底摆脱错误影响，依然追求过快的经济发展速度。这一时期的工业经济发展主要特征一是对工业企业进行恢复性整顿，二是工业大生产，在过高发展指标的指导下，[1]盲目扩大建设规模、盲目引进国外技术设备。在此期间，沿海与内陆的工业占比差距再次缩小，内陆工业显露出缓慢回暖迹象，但并不十分显著。1976~1978 年，沿海—内陆的工业经济空间格局并无显著改变，沿海地区的变化主要体现在辽宁、北京、广东三省（市）工业占比有较大幅度的下降；内陆的主要变化体现在湖北的工业占比有显著提升。

从各省区市的工业占比变动情况来看（见表 6-9），在此期间，内陆工业相比于沿海工业略微强劲，工业占比提升最多的两省湖北、河南均在内陆，分别由 1976 年的 1.81%、2.84% 提升至 1978 年的 3.21%、3.65%；其次是沿海的浙江与江苏，两省的工业占比也有明显提升，分别由 1976 年的 2.29%、6.66% 提升至 1978 年的 2.89%、7.21%；与此同时，工业占

---

[1] 1977 年 11 月召开的全国计划会议提出，到 20 世纪末，工业主要产品产量分别接近、赶上和超过最发达的资本主义国家，工业生产的主要部分实现自动化，交通运输大量高速化，主要产品生产工艺现代化，各项经济指标分别接近、赶上和超过世界先进水平。

比下滑最多的两省（市）辽宁、北京均在沿海地区，分别由 1976 年的 11.11%、5.08% 下降至 1978 年的 9.56%、4.32%。

表 6-9 1976~1978 年各省份工业全国占比增减情况

单位：%

增减范围	省份数量	省份
1<X	1	湖北
0.5<X≤1	3	河南、浙江、江苏
0<X≤0.5	12	山西、贵州、云南、河北、福建、湖南、陕西、内蒙古、重庆、山东、青海、新疆
−0.5<X≤0	8	西藏、江西、四川、宁夏、安徽、天津、广西、广东（海南）
−1<X≤−0.5	5	吉林、黑龙江、上海、甘肃、北京
X≤−1	1	辽宁

资料来源：笔者整理。

然而，沿海工业经济发展的优势并未显著削弱，虽然 1976~1978 年湖北和河南的工业占比增量居全国前两位，但工业占比前 10 的省区市中内陆仅有黑龙江、四川与河南三省（见表 6-10），内陆各省份的工业占比依然明显偏低，贵州、新疆、宁夏、青海、西藏的工业占比还不到全国的 1%，分别仅为 0.94%、0.89%、0.34%、0.34%、0.04%。

表 6-10 1978 年各省份工业占比

单位：%

省份	上海	辽宁	江苏	山东	黑龙江	河北	广东	北京	四川	河南
工业占比	12.78	9.56	7.21	6.68	6.20	5.12	4.87	4.32	3.66	3.65
省份	天津	湖北	湖南	山西	浙江	吉林	陕西	安徽	甘肃	重庆
工业占比	3.35	3.21	3.20	2.96	2.89	2.48	2.25	2.24	2.13	1.72
省份	福建	广西	江西	内蒙古	云南	贵州	新疆	宁夏	青海	西藏
工业占比	1.47	1.43	1.43	1.34	1.29	0.94	0.89	0.34	0.34	0.04

资料来源：笔者整理。

1976~1978 年，内陆工业占比由 1976 年的 38.11% 提升至 1978 年的 40.31%，一方面意味着内陆工业有缓慢回暖迹象，另一方面也表明，相比于沿海工业，内陆工业经济还是存在明显不足，工业基础和工业生产能力与沿海地区仍然有较大差距。从这两年间工业占比变化的地理分布来看，内陆有湖北、河南、山西、贵州、云南、湖南、陕西、内蒙古、重庆、青海、新疆 11 个省（区、市）的工业占比有不同幅度的提升，也有西藏、江西、四川、宁夏、安徽、吉林、黑龙江、甘肃 8 个省（区）的工业占比出现不同幅度的下滑；沿海有浙江、江苏、河北、福建、山东 5 个省的工业占比有所提升，天津、广西、广东（海南）、上海、北京、辽宁 6 个省（市）的工业占比呈现下滑态势。

　　整体而言，在此期间，虽然内陆工业占比有所提升，沿海与内陆的工业占比差距区域缩小，但内陆工业回暖迹象并不显著。

第七章 东北"工业摇篮"的沉浮

东北地区[①]是中华人民共和国最早建立、规模最大，也是最重要的工业基地（陈耀，2009）。国民经济恢复时期，东北地区担当了全国工业经济恢复和发展的先锋，并在苏联专家的帮助下很好地完成了使命，为中国尽快恢复工业生产夯实了基础。"一五"期间，向东北倾斜的156项工程不仅快速提升了东北地区的工业技术水平和技术力量，更显著地推动了东北地区的工业生产能力，奠定了东北地区成为我国重要工业基地的基础。

因此，东北地区成为我国最早建设起来、以重工业为主体、具有门类齐全工业体系的大型工业基地，被誉为"共和国的长子"、我国工业的"摇篮"（陈耀，2009）。在中国的工业化进程中具有举足轻重的战略地位。从东北地区率先进入工业经济的恢复和发展期以来，到1958年工业大生产末期，东北地区始终都是我国最重要的工业基地，其工业全国占比始终保持在22%以上，带领着中国加速奔向工业社会。然而，1961年进入调整时期后，东北地区工业经济也由此进入一个新的转折期，自此以后，虽然东北地区的工业占比几度起起落落，但昔日的盛况已无法再重现。特别是伴随着三线建设的推进，国家将工业化重心转向内陆，东北地区的工业建设在支援内陆工业的同时逐步滑坡。

[①] 东北地区包括辽宁、吉林和黑龙江三省以及内蒙古自治区东部的昭乌达、哲里木、兴安和呼伦贝尔四盟等行政区域。本书所提及的东北地区只包括东北三省（辽宁、吉林、黑龙江）。

第一节　历史的转折：盛况难现

中华人民共和国成立前后，东北工业的恢复和发展与苏联专家的帮助是分不开的。中华人民共和国成立初期，东北工业凋敝不堪，具有良好工业基础的东北亟须尽快恢复工业生产，但国内并不能满足东北地区恢复工业发展所需的技术和人才，于是转而向苏联寻求帮助，苏联基于自身地缘战略利益和社会主义阵营联盟的考量，向东北地区派遣了大批专家，将苏联的工业技术、管理经验带到东北的工业企业。在极短的时间内，东北工业的管理水平与技术水平快速提升，不仅以超乎预期的速度实现了工业的恢复和发展，更是为东北工业化的快速前进注入了强劲动力（谢伟，2013）。

在苏联专家的帮助下，东北工业建设迅速恢复，并为全国工业的恢复和发展提供了有益的经验指引，从而也促使东北地区在随后的"一五"时期壮大，成为中国重要的重工业基地，以及中国工业化进程最强劲引擎。苏联专家的援助也给东北工业打下深深的苏联烙印，东北工业恢复时期，苏联技术与经验作为先进经验在各工矿企业广泛推广并应用，与此同时，苏联管理经验也在东北工业恢复的过程中逐渐生根，以至于东北工业无论在领导方式上还是在生产技术和计划管理体制上，都高度模仿苏联模式（吴承明、董志凯，2001）。

工业经济的快速恢复和发展为东北地区奠定了良好的工业发展基础，1952年，东北三省的工业全国占比为24.10%。1953年，在"一五"计划的重点布局之下，156项工程开启了东北地区领先全国的工业化进程，并在随后的工业大生产中步入鼎盛时期，东北三省的工业占比在1960年时达到峰值，为25.62%（见图7-1），东北地区以不到10%的人口（仅占全国总人口的8.79%）创造了超过1/5的工业贡献。1952~1960年，可以说是东北工业经济高歌猛进的黄金时期，丰富的自然资源禀赋、良好的工业建设基础，以及国家的重点支持，铸就了东北的辉煌。

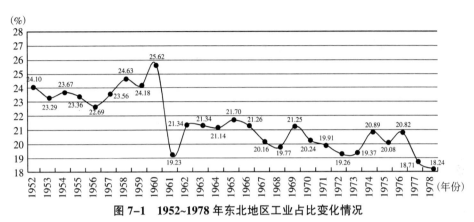

图 7-1　1952~1978 年东北地区工业占比变化情况

资料来源：笔者绘制。

然而，1961 年的经济大调整，彻底揭开了东北工业在工业大生产时期留下的伤疤，也就在这一年，东北地区的工业生产能力急速滑坡，由领先增长转入领先倒退，其工业占比从 1960 年的 25.62% 滑落至 1961 年的 19.23%，仅一年便下滑了 6.39%，创历史之最。如图 7-1 所示，1961 年的经济大调整是东北工业经济由盛转衰的一个历史性转折点，虽然在此之后至改革开放前期，东北地区依然是全国重要的工业基地，但其头号工业基地的地位已经动摇。

始于 1964 年的三线建设进一步撼动了东北地区工业基础，随着国家工业战略布局重心向三线地区转移，东北部分工业生产能力开始向三线地区迁移。几乎在同一时期，"文化大革命"给国民经济体系带来的动荡对东北地区工业生产能力造成了严重破坏，在三线建设与"文化大革命"初期政局动荡的双重叠加下，东北地区工业占比再次下滑，并于 1968 年下降至新低，为 19.77%，仅略高于 1961 年时的水平。

20 世纪六七十年代启动的经济放权改革，对东北地区工业建设和发展的影响较大。由于东北地区是当时全国重要的工业基地，中央所属大型厂矿企业较多，始于1969年并于1973年接近尾声的企事业单位下放，为地方工业的发展提供了新的制度保障，也使东北地区"五小"工业①获得了一次重要的发展契机，然而东北地区大力发展的"五小"工业并未给东北工业带来一次脱胎换骨的改革和提升。经济放权改革使东北工业仅维持在原有基础之上或略有推进，但从整体上看，工业大范围、大规模的设备更新、技术改造却始终未能实现（石建国，2008）。这几年间，东北地区工业占比呈现明显下滑态势，由1969的21.25%下降至1973年的19.37%。

1974年，东北地区相对稳定地保持了增长态势，从而使得其工业占比有较为显著的提升，直到"文化大革命"结束，东北地区的工业建设仍然保持了较为理想的增长势头。但在1977~1978年的经济恢复与"洋跃进"时期，东北地区工业经济动力趋弱，具体表现为其工业占比急速滑落，跌至历史最低，1978年东北地区工业占比仅为18.24%。

从东北地区的工业增速变化情况来看，东北地区工业经济发展态势与全国基本一致，仅在少数年份其工业增速变化相较于全国平均速度更加激烈，主要体现在1958年、1961年、1977年的工业增速变化（见图7-2）。"一五"期间，东北地区的工业增速基本保持在全国平均水平，进入工业大生产后开始以高于全国水平的速度快速增长，并在1958年以高于全国平均水平7个百分点的高速增长态势开启轰轰烈烈的"全民工业"运动。在随后的经济调整时期，东北地区由于"大生产"期间发力过猛，工业设备超负荷运转以至损耗太重，从而在调整时期快速滑落，并在1961年以58.30%的跌幅引领了全国工业经济在经济调整时期的倒退大潮。在随后的几年里，东北地区基本保持了与全国步调一致的工业经济发展态势，进入"文化大革命"后同样饱受了政治动荡之苦，伴随着政治局势起起落落。"文化大革命"结束后，我国工业建设指标再次推高，全国工业增速再次提速，1977年东北地区工业则在低速中恢复发展，直到1978年其工业增

---

① 1970年的"四五"计划中，中央政府要求各省（区）发展小煤矿、小钢铁厂、小化肥厂、小水泥厂和小机械厂（"五小"工业），并决定中央财政拨出专项资金80亿元用于发展地方"五小"工业。

速才恢复到全国平均水平。

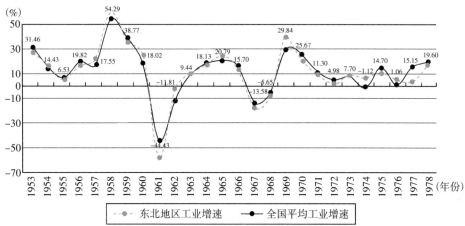

图 7-2 1953~1978 年东北地区工业增速和全国平均工业增速

资料来源：笔者绘制。

尽管东北地区的工业增速与全国平均水平基本一致，但作为全国重要的工业基地，东北地区在工业生产效率上依然具有显著优势。从人均工业增加值来看，在改革开放前的近 30 年中，东北地区的人均工业增加值始终高于全国平均水平，除 1971 年仅为全国平均值的 1.86 倍外，其余年度均保持在全国人均工业增加值的两倍以上，"一五"时期甚至达到 3 倍以上（见图 7-3）。东北地区各省之间也存在较大差异，如图 7-4 所示，除个别年度辽宁的人均工业增加值低于黑龙江，东北三省的人均工业增加值分成了三个清晰的层次，由高到低依次是辽宁、黑龙江、吉林，但均明显高于全国平均水平。

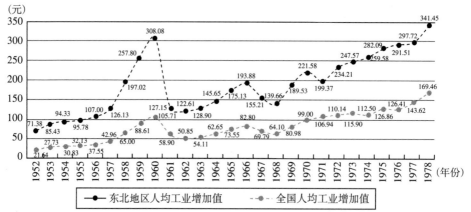

图7-3 1952~1978年东北地区人均工业增加值与全国人均工业增加值

资料来源：笔者绘制。

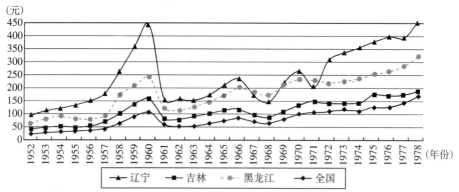

图7-4 1952~1978年东北三省人均工业增加值与全国人均工业增加值

资料来源：笔者绘制。

第二节 辽宁：工业大省盛极一时

辽宁是我国东北地区南部的一个沿海省份，其优越的资源条件奠定了辽宁作为中国工业基地的资源禀赋基础。在中华人民共和国成立以来至改革开放的很长一段时期里，辽宁一直都是头号或二号工业大省，其工业全国占比在"大生产"时期达到峰值，为 16.15%。随后在调整时期出现大面积滑坡，工业生产能力大幅缩减，工业增速呈现断崖式下滑，由 1960 年的 25.31% 跌落至 1961 年的 -65.22%（见图 7-5），可见在 1961 年，辽宁的工业建设几乎陷入全面混乱的局面，其工业增加值也由 1960 年的 112.0 亿元骤减至 1961 年的 39.0 亿元，不到上一年的一半。

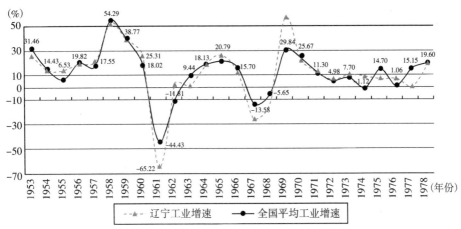

图 7-5 1953~1978 年辽宁工业增速和全国平均工业增速

资料来源：笔者绘制。

经济调整时期，辽宁的工业建设开始趋于恢复好转，工业经济开始呈现向好局面，但由于"大生产"时期造成的工业建设混乱局面并未完全扭转，工业生产能力虽然有所恢复，但依然止步不前，工业经济在 1962 年和 1963 年也仅仅实现了 2.39%、0.68% 的增长，工业增加值远低于"大生产"时期的水平，也低于"一五"末期 1957 年的水平（42.39 亿元）。

"文化大革命"时期，辽宁的工业建设再次遭受重创，其工业经济增速在 1966~1968 年均低于全国水平。特别是在 1967 年和 1968 年，辽宁的工业经济运行体系再次陷入混乱，再次陷入经济调整时期的"倒退"。1966 年，辽宁工业增加值为 66.9 亿元，占全国总量的 10.35%；1967 年，辽宁工业增加值下降至 49.7 亿元，降幅达 25.77%，其工业占比也下降至 9.35%；1968 年，其工业增加值再次下滑至 43.1 亿元，尽管降幅有所回落，但依然高达 13.15%，而其工业占比降至历史新低，仅为 8.31%。

1969 年，辽宁工业建设的混乱局面快速恢复，并实现了高达 55.92% 的工业经济增长，其工业增加值为 67.3 亿元，工业占比也回升至 10.34%。至此，辽宁基本结束大起大落的工业建设阶段，开启了一段相对稳定的工业化建设进程，直到"文化大革命"结束的 1976 年，其工业建设稳步推进，主要体现在增速稳定、工业占比稳定在 10% 以上。

一、恢复：奠定工业基石

中华人民共和国成立初期，辽宁的煤炭工业和机械工业生产基本处于停顿状态，工业生产基本瘫痪，恢复工业生产的任务十分艰巨。为支撑全国工业建设，辽宁率先开始工业生产的恢复和发展，其工业生产的恢复是从军事工业开始的，与此同时，其他工业也开始了艰难的恢复工作。恢复时期，国家一直把发展关系国计民生的冶金、钢铁、煤炭、机械、电力等重工业作为恢复辽宁工业生产的重点。1949~1952 年，国家对辽宁全民所有制工业的投资总额中，重工业投资占 86.93%，轻工业投资占 13.07%。在重工业投资中，冶金工业占（重工业投资的）28.99%、煤炭工业占 16.17%、机械工业占 11.96%、电力工业占 8.53%、化学工业占 5.88%、石油工业占 2.08%（见表 7-1）。1952 年，辽宁重工业比重为 57.9%，轻工业比重为 42.1%，初步形成了以重工业为主导的工业化进程（鲍振东等，2014）。

表 7-1　1949~1952 年辽宁工业投资比重

工业类型	投资比重（%）
重工业	86.93
冶金工业	28.99
煤炭工业	16.17
机械工业	11.96
电力工业	8.53

工业类型	投资比重（%）
化学工业	5.88
石油工业	2.08
其他	26.39
合计	100
轻工业	13.07
合计	100

资料来源：笔者根据《辽宁工业经济史》绘制。参见：鲍振东、李向平、王宝民：《辽宁工业经济史》，社会科学文献出版社 2014 年版，第 369 页。

1952 年，辽宁的工业生产呈现较为明显的集聚态势，近 3/4 的工业总产值分布在沈阳、旅大（大连）、鞍山、抚顺四市，其中沈阳占到全省工业总产值的近 1/3，为 32.98%，旅大（大连）占到全省工业的近 1/5，为 19.96%（见表 7-2）。

表 7-2　1952 年辽宁各地区工业占比分布情况

地区	占比（%）	地区	占比（%）
沈阳	32.98	营口	4.24
旅大（大连）	19.96	辽阳	2.84
鞍山	14.11	阜新	1.90
抚顺	8.29	铁岭	1.74
本溪	4.27	朝阳	1.04
丹东（安东）	2.51	盘锦	0.23
锦州	5.89	合计	100

注：各市行政区按 1985 年情况调整。
资料来源：辽宁省统计局：《辽宁工业百年史料》，辽新内资字（2003）第 14 号，2003 年。

1952 年，辽宁全面完成了恢复国民经济的任务，并已经初步形成以沈阳、旅大（大连）、鞍山、抚顺为中心的省内工业空间格局。辽宁作为全国重点建设地区，开始进入以原料工业和重型机械工业为主体的全国重要工业基地建设时期（鲍振东等，2014）。1952 年，辽宁工业经济已基本全面恢复，为全国工业化建设积累了丰富的经验。

二、夯基：铸就工业大省

由于辽宁良好的资源禀赋和工业发展基础，"一五"时期，辽宁是全国工业建设的重点布局区域，其中一个重要的中心任务就是：基本上完成以鞍山钢铁联合企业为中心的东北工业基地的新建、改建，包括抚顺、阜新的煤矿工业，本溪的钢铁工业和沈阳的机器制造工业。"一五"时期，辽宁作为全国大规模工业建设的重点地区，计划安排限额以上项目（大中型项目）175 个。其中，工业建设项目 98 个，占全国同期工业大中型项目的10.6%；苏联援助的 156 项工程中有 24 项[①] 布局在辽宁（鲍振东等，2014），主要分布在沈阳、抚顺、本溪、大连、锦州、葫芦岛、阜新和鞍山 8 个城市。与 24 个重点项目配套，辽宁还在沈阳、大连、抚顺、本溪、丹东等地安排了省市重点项目 625 个，对一些典型的工业企业，如抚顺钢厂、大连钢厂、大连重型机器厂等进行了改建、扩建。这些重点项目极大地提升了辽宁的工业生产能力，也使其工业布局更加合理。

"一五"计划结束，辽宁形成了以鞍山、本溪的钢铁工业，抚顺、阜新的煤炭工业，沈阳、旅大（大连）的机械工业，抚顺、锦西、旅大（大连）的石油化学工业以及建筑材料工业为基础的全国重工业基地。1957年，辽宁已是全国名副其实的经济大省、工业大省，其工业占比已达到全国的 15.44%，居全国第一位；在东北三省中，辽宁工业增加值大幅超过吉林（3.24%）与黑龙江（4.88%）之和。至此，辽宁在全国的经济地位进一步奠定，成为以冶金、机械、化工、石油、煤炭、电力、建筑等工业为主体的国家重工业基地。"一五"计划末期辽宁主要工业布局情况见表7-3。

---

① 24 个项目中不包括 1954 年 8 月因行政区划调整划入吉林的辽源立井工程。

表 7-3　"一五"计划末期辽宁工业布局情况

工业类型	工业布局情况
冶金工业	以鞍山、本溪为中心，包括抚顺、大连等地的炼铁、炼钢、无缝钢管和大型钢材制造、高级合金钢的冶炼、炼铝、炼镁等工业
机械工业	以沈阳、大连为中心的新式机床制造、高效率蒸汽机车制造、冶金设备和矿山机器制造、电气设备和高压输电设备制造、船舶制造等工业
化学工业	分布在沈阳、大连、抚顺、锦西等地的基本化学、人造石油、合成化学以及抗生素、人造纤维等工业
煤炭工业	包括阜新、抚顺、本溪、北票等矿区在内的煤炭生产基地
电力工业	包括阜新、抚顺、大连等地的火力发电厂

资料来源：鲍振东、李向平、王宝民：《辽宁工业经济史》，社会科学文献出版社 2014 年版。

至此，辽宁工业形成了"轻工业轻、重工业重"的工业结构，轻重工业比重由 1952 年的 42.2∶57.8 变成 1957 年的 26.6∶73.4（见表 7-4），且这一结构惯性延续了很长一段时间。

表 7-4　1949~1957 年辽宁轻、重工业比重

年份	重工业比重（%）	轻工业比重（%）	年份	重工业比重（%）	轻工业比重（%）
1949	39.5	60.5	1954	62.3	37.7
1950	48.5	51.5	1955	68.5	31.5
1951	51.0	49.0	1956	72.4	27.6
1952	57.8	42.2	1957	73.4	26.6
1953	61.0	39.0	变化	+33.9	−33.9

注：本表的轻、重工业比重依据工业总产值计算。
资料来源：辽宁省统计局：《辽宁统计年鉴1997》，中国统计出版社1997年版，第232页。

"一五"时期，得益于 156 项工程的重点布局以及一系列省重点配套项目的上马建设，辽宁不仅工业经济取得长足发展，其国民经济也快速发展壮大。1953 年，辽宁的 GDP 超过上海，成为仅次于江苏的二号经济大省，并于 1954 年超过江苏，成为头号经济大省（见表 7-5）。工业增加值方面，辽宁在 1955 年超过上海，以 15.08%的全国占比成为头号工业大省。

表 7-5　1952~1957 年辽宁 GDP 与工业增加值排名变化

年份	1952	1953	1954	1955	1956	1957
GDP 排名	3	2	1	1	1	1
工业增加值排名	2	2	2	1	1	1
人均 GDP 排名	4	5	5	5	4	4
人均工业增加值排名	3	4	4	4	3	4

资料来源：笔者整理。

三、鼎盛：大生产

从 1958 年开始，辽宁工业经历了曲折的发展历程，随着工业生产建设"大生产"运动在全国展开，辽宁工业经济发生了剧烈动荡。"二五"初期，中央对辽宁工业建设的基本要求是：充分利用现有的工业基础，进行必要的填平补齐，大力挖掘企业潜力，更好地支援全国的经济建设。然而，在"大生产"的超高发展速度影响下，辽宁并不能独善其身，辽宁"二五"计划发展思路迅速调转方向，并掀起了全民大办工业的高潮，新建、改建、扩建了一大批厂矿和工业企业。1958 年，辽宁除改建、扩建一些大型重大厂矿外，新建开工投产的厂矿有 33 个；1959 年新建开工投产的厂矿有 17 个；1960 年新建开工投产的厂矿有 21 个。

全民大办工业虽然违背了客观规律，但产生了强劲工业生产推力，在此期间，辽宁的工业生产能力显著提升。1960 年比 1957 年炼铁能力增长了 66.3%，炼钢能力增长了 108%，轧钢能力增长了 71.6%，煤矿设计能力增长了 43.4%，发电设备拥有量增长了 177%。

1957 年，辽宁工业增加值 42.4 亿元，占全国的 15.44%，到 1960 年，其工业增加值增长了一倍多，全国占比也提升至 16.15%，虽然被上海以 17.51% 的工业全国占比超越而屈居全国第二位，但整体上还是保住了工业大省的地位，也就在这一年，辽宁工业建设进入鼎盛期（工业全国占比达到峰值）。1960 年，辽宁人均 GDP 超过 600 元，相比于 1957 年增长了近一倍，人均工业增长值则增长了一倍多，由 1957 年的 176.96 元提升至

1960 年的 437.74 元，人均 GDP 和人均工业增加值均处于全国前五行列（见表 7-6）。

表 7-6 1957~1960 年辽宁 GDP 与工业增加值变化

	1957 年		1958 年		1959 年		1960 年	
	实际值	排名	实际值	排名	实际值	排名	实际值	排名
GDP（亿元）	78.7	1	105.6	1	136.7	1	158.1	2
工业增加值（亿元）	42.4	1	64.4	1	89.4	2	112.0	2
人均 GDP（元）	328.49	4	432.07	4	546.37	4	617.86	4
人均工业增加值（元）	176.96	4	263.31	3	357.38	3	437.74	4

资料来源：笔者整理。

"大生产"虽然促进了辽宁工业经济的快速发展，但也造成了一些严重的问题，如工业与其他部门的比例失调、重工业与轻工业比例失调、轻重工业内部各行业关系失调等，使国民经济和工业建设进入混乱状态。

四、倒退与恢复

1961~1965 年调整时期，辽宁的工业生产建设深入贯彻了"调整、巩固、充实、提高"方针，其工业经济在 1961 年经历了大幅倒退之后，很快在 1962 年开始出现稳定增长局面，工业经济增速逐步提升，并于 1965 年实现了 25.95% 的增长，高于全国 5.16 个百分点（见图 7-6）。

调整时期的辽宁工业经历全国最为跌宕的发展历程。"大生产"后期的 1960 年，辽宁工业增加值为 112.0 亿元，占全国工业增加值的 16.15%，而到 1961 年，其工业增加值大幅缩水，不足上一年的 1/2，仅为 39.0 亿元，减少了 73 亿元，以 65.22% 的负增长居全国末位。在经历短暂的滑坡之后，辽宁工业在 1962 年率先全国实现了小幅增长，但自此之后，辽宁工业建设的盛况不再，直到 1974 年才恢复到 1960 年时的水平。可见，"大生产"时期以超高速增长堆砌起来的工业建设由于过度"重量轻质"，

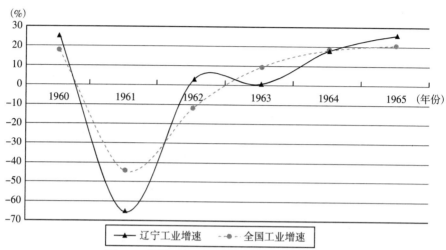

图7-6 调整时期辽宁工业增速和全国工业增速

资料来源：笔者绘制。

不仅不能促进工业生产能力的稳步提升，反而在一定程度上破坏了原有的工业经济运行体系，以至于在进入调整时期虽然工业建设能力有所恢复，但在较长一段时间内都未能重现巅峰时期的盛况。

五、破坏与重建

经历调整时期后，辽宁工业建设再次趋于蓬勃发展，但随着"文化大革命"的开始，辽宁工业发展中的一系列矛盾和问题逐渐凸显。几乎在同一时期，我国开始了轰轰烈烈的三线建设，作为全国重要工业基地的辽宁从上到下形成了一支专抓支援大三线建设任务的战线队伍，其主要任务是：搬迁企业、调出设备和动员职工支援三线建设。1964~1970年，辽宁陆续迁往大三线职工99800人，迁走家属156600人（鲍振东等，2014）。

1966年"文化大革命"开始后，辽宁工业建设濒临全面停滞状态，大多数工业企业处于停产、半停产状态，工业经济运行体系由于政局动荡再次遭受严重破坏，并在1967年、1968年再次陷入倒退的窘况，1967年和1968年工业增加值分别下降25.77%、13.15%，直到1968年辽宁革命委员会成立后，混乱的局面才有所缓解，工业经济运行体系得以重建，从而再次步入快速发展时期（见图7-7）。

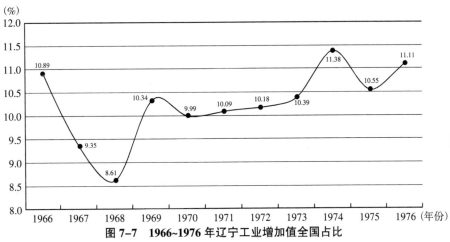

图7-7 1966~1976年辽宁工业增加值全国占比

资料来源：笔者绘制。

1966~1976年，辽宁工业增加值占全国比重基本保持在10%左右，冶金、石油、化学、机械四大支柱产业的地位趋于稳固；四大支柱产业生产总值占比虽有小幅下降，但稳定地保持在68.0%的水平。如表7-7所示，辽宁工业以冶金工业和机械工业为主导，两者占了辽宁工业经济近一半的份额，由此也足以证明，直到1976年，辽宁以重工业为主导的工业建设进程并没有显著改变，重工业依然是其国民经济发展的支柱。虽然在1966~1976年，辽宁的轻工业占比由26.1%上升至27.2%，但轻、重工业的对比并没有明显差别，两者严重失调的比例关系并未有实质性改变。也正是因为轻、重工业之间极不协调的比例关系，使辽宁的工业经济运行体系积重难返，从而在改革开放之后呈现显著衰退之势。

整体而言，"文化大革命"期间，政治动荡虽然也给辽宁的工业经济造成了严重的干扰，其工业经济增长速度也随之有起有落，但基本保持了较为稳定的发展态势，从工业增加值的体量来看，1966~1976年，辽宁始终都是仅次于上海的二号工业大省，GDP总量也基本稳定在全国第二的位

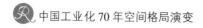

置（见表7-8）。

表7-7　1966~1976年辽宁四大支柱产业占工业比重变化情况

单位：%

年份	1966	1970	1971	1975	1976	1966~1976
冶金工业	24.5	20.7	21.0	18.0	17.2	-7.3
石油工业	10.9	10.0	10.6	12.3	12.6	1.7
化学工业	11.8	12.0	13.2	9.7	9.5	-2.3
机械工业	24.3	28.5	29.2	28.1	28.7	4.4
合计	71.5	71.2	74.0	68.1	68.0	-3.5

注：本表的四大产业占比依据工业总产值计算。

资料来源：辽宁省统计局：《辽宁工业百年史料》，辽新内资字（2003）第14号，2003年。

表7-8　1966~1976年辽宁GDP与工业增加值排名变化

年份	1966	1967	1968	1969	1970	1971
GDP排名	2	5	6	2	2	2
工业增加值排名	2	2	2	2	2	2
人均GDP排名	5	5	5	5	4	5
人均工业增加值排名	4	5	5	4	4	5
年份	1972	1973	1974	1975	1976	
GDP排名	3	2	2	2	2	
工业增加值排名	2	2	2	2	2	
人均GDP排名	4	4	4	4	4	
人均工业增加值排名	4	4	4	4	4	

资料来源：笔者整理。

第三节　吉林：东北的工业小省

吉林地处中国东北中部，是东北亚地理中心，也是为中国工业化建设做出巨大贡献的老工业基地，但由于体量较小，其贡献并不如辽宁与黑龙江显著。

相比于东北三省的辽宁与黑龙江，吉林的工业化进程略显平稳，如图7-8所示，吉林的工业增速更加贴合全国平均工业增速。"一五"时期，吉林的工业增速与黑龙江极为相似，两省均在1955年出现显著下滑，只是吉林的降幅相比于黑龙江略微偏小。1955年，吉林的工业经济呈现负增长态势，其工业增速由1954年的13.49%下降至-5.94%，工业增加值也由5.9亿元下降至5.5亿元，与此同时，工业全国占比也由3.22%降至2.84%。

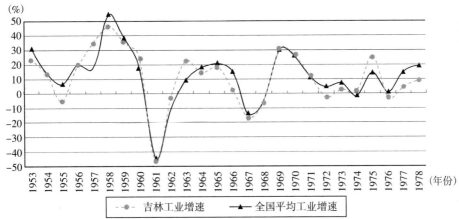

图7-8 1953~1978年吉林工业增速和全国平均工业增速

资料来源：笔者绘制。

随后，156项工程在吉林的大力推进，助推了吉林工业建设局面的加速好转，并在1956年实现19.49%的增长，但从全国视角来看，吉林在全国的工业份额并没有提升，仍然不足3%；1957年，吉林工业经济增长再次提速，实现了34.59%的增长，其工业增加值为42.4亿元，工业占比也上升至3.24%。"大生产"及经济大调整期间，吉林的工业建设基本与全国水平步调一致，虽有大起大落，但并不特别显眼。与辽宁不同的是，1963年，吉林的工业建设在"大倒退"中快速稳定了局面，并实现了22.58%的快速增长。

1964年下半年，轰轰烈烈的三线建设在全国范围内拉开帷幕，并于

1965 年进入全面建设期,以及紧随其后的"文化大革命",一定程度上放缓了吉林的工业化进程,这几年间,吉林的工业经济始终保持在低于全国水平的速度上缓步增长。政局稳定之后,吉林工业化同样迎来了一个短暂的稳定发展期,这一局面持续到 1971 年。1972 年,吉林的工业建设出现 2.64%的小幅倒退,虽然很快在 1973 年回归正向增长,但增速明显低于全国水平。

由图 7-8 不难看出,自 1971 年以后,吉林的工业建设其实进入了波动发展期,在此期间,有"文化大革命"的影响,也有"洋跃进"的影响,以至于其工业经济呈现出升降交替的波动发展态势。

一、蜕变:工业化快速推进

中华人民共和国成立初期,吉林工业基础十分薄弱,只有煤炭、电力、林业、烟草等少数几个行业,技术装备十分落后,毫无优势可言。1952 年,全省工业增加值只有 4.2 亿元,到 1978 年也仅刚刚超过 40 亿元,为 40.3 亿元。一直以来,吉林都是东北三省工业经济体量最小的省份,其工业占比在 1952 年为 3.44%,且在"一五"期间下滑态势十分明显,其工业占比在"一五"末期的 1956 年降至 2.83%,还不及全国平均水平(见图 7-9)。

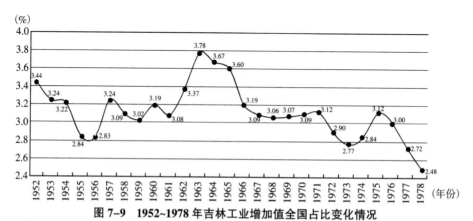

图 7-9 1952~1978 年吉林工业增加值全国占比变化情况

资料来源:笔者绘制。

从人均工业增加值来看，吉林的人均工业增加值也是东北三省最低的，1952~1978 年，吉林的人均工业增加值变化趋势与全国平均水平保持高度一致（见图 7-10），并未像辽宁一样大起大落，甚至与东北三省的平均值也有较大差距。吉林人均工业增加值与全国水平之间的差距基本保持在 50 元之内，仅 1960 年的差距超过了 50 元，为 52.98 元。

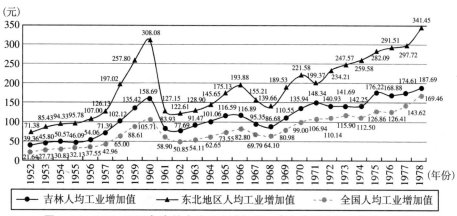

图 7-10　1952~1978 年吉林人均工业增加值、东北地区人均工业增加值和全国人均工业增加值

资料来源：笔者绘制。

1952 年，吉林的工业增加值排名第十位，且很长一段时间内都在第十名上下徘徊，仅在 1972 年、1973 年、1977 年、1978 年滑落至第 15、第 16 名。相比于其工业增加值排名，吉林的 GDP 排名则相对更加靠后。从表 7-9 来看，尽管吉林的经济体量（GDP）与工业增加值从总量上来看不占优势，但吉林的人均 GDP 与人均工业增加值在全国还是相对比较靠前的。

表 7-9　1952~1978 年吉林 GDP 与工业增加值排名变化

年份	1952	1953	1954	1955	1956	1957	1958	1959	1960
GDP 排名	16	18	18	18	19	19	19	18	16
工业增加值排名	10	10	11	14	14	12	10	13	11
人均 GDP 排名	8	8	8	8	8	8	9	9	9
人均工业增加值排名	6	6	6	6	6	6	6	6	6

续表

年份	1961	1962	1963	1964	1965	1966	1967	1968	1969
GDP 排名	17	16	14	14	16	16	16	15	17
工业增加值排名	11	10	9	9	9	14	14	12	11
人均 GDP 排名	8	9	8	9	9	8	9	8	7
人均工业增加值排名	7	6	6	6	6	6	7	6	6
年份	1970	1971	1972	1973	1974	1975	1976	1977	1978
GDP 排名	17	17	19	17	16	15	15	17	18
工业增加值排名	13	13	15	16	13	12	11	16	16
人均 GDP 排名	6	6	9	7	8	8	9	9	8
人均工业增加值排名	6	6	6	6	6	6	7	7	8

资料来源：笔者绘制。

二、结构：重工业快速发展

作为东北地区老工业基地的吉林，重工业是其经济发展的核心。国民经济恢复时期工业方面的一个主要任务就是以重工业为重点，建立国家工业化的基础。1949~1952 年，吉林全省对重工业投资 15670 万元，占全部工业投资的 73.9%（米凤君，1989）。"一五"期间，吉林根据国家的计划安排和工业布局的要求，建设了辽源中央立井、通化湾沟立井、丰满水电站、吉林热电站、吉林钛合金厂、吉林电极厂、吉林染料厂、吉林氮肥厂、吉林电石厂、长春第一汽车厂等一批重点企业。"一五"时期，吉林将工业建设作为全省经济建设重点，五年内用于工业基本建设的投资额高达 17.6 亿元，占全省基本建设投资总额的 77%，而重工业在工业部门基本建设投资中所占的比例则高达 94%，[①] 重工业快速发展，并在 1957 年时其比重提升至 54.2%，初步形成了以汽车、化工、铁合金、碳素、电力等重工

---

① 吉林省统计局：《吉林统计年鉴（1992）》，中国统计出版社 1992 年版，第 168 页。

业为主的工业架构。至此，吉林和辽宁一样迈上了以重工业为主导的工业化之路。

集中力量发展钢铁工业和机械工业，并相应地加速电力和交通运输的建设，成为吉林在"二五"时期的基本任务。然而，"大生产"却将吉林工业带入混乱，在"全面跃进"思想的指导之下，吉林踏上了一条从"钢铁空白省"迈向钢铁大省的"跃进"道路，由于缺少生产钢铁的基础条件，吉林只得采取群众运动式的生产方式，生产了一批质次成本高的钢铁。与此同时，为了"保钢"，吉林煤炭工业突击生产，导致矿山设备严重受损，以至于在三年"大生产"之后，吉林的重工业生产和轻工业生产比例严重失调，给工业生产带来极为严重的后果。

随后，吉林在 1961 年进入经济调整时期，重工业在 1961 年、1962 年连续大幅减产，1961 年比上一年减少 52.1%，1962 年则比 1961 年减产 10.1%，直到 1963 年才扭转连续减产的局面。在此期间，轻工业的发展则要相对缓和一些，没有经历重工业的剧烈动荡，轻、重工业之间的结构关系也有明显改善，其比值由 1960 年的 66.9 : 33.1 变为 1963 年的 59.1 : 40.9。

"文化大革命"期间，重工业发展再次提上高度，以高指标、高投入的方式推进重工业建设，重工业的投资比例从 1966 年的 87.9% 上升至 1972 年的 92.3%，1976 年时已高达 94.7%。重工业的高投入，严重挤占了轻工业的投资，不仅影响了轻工业的发展，也严重影响了重工业与轻工业的协调发展。

尽管如此，1949 年以来，吉林重工业获得了空前的发展，不再限于中华人民共和国成立初期的煤炭、电力等行业，从无到有新建了机械、化工、石油、铁合金、碳素等多种新兴重工业部门，其重工业体系逐渐完善，重工业产量持续增长。

第四节 黑龙江：稳中有进

改革开放前一路高歌的重工业化进程，不仅成就了黑龙江石油大省的地位，还铸就了一个时代的工业精神。

"一五"时期，虽然黑龙江的工业经济增速起起落落，但得益于156项工程有22项布局在黑龙江，这一时期的工业建设整体上呈现出稳定向好的局面，其工业增加值由1952年的9.3亿元增长至1957年的13.4亿元。1958年，进入"二五"计划时期，由于指导思想上急于求成，加之地方也渴望快速实现工业化，不切实际的高指标左右了黑龙江在"大生产"期间的工业化进程，造成工业生产大起大落；这一年，黑龙江工业经济以100.75%的超高速增长，工业增加值在1957年的基础上直接翻番，由1957年的13.4亿元直接跃升至1958年的26.9亿元。

然而，突击式的工业跃进并未能带来黑龙江工业经济的持续增长，1958年的超高速增长之后转入1959年、1960年的中高速增长，这两年的工业增速基本与全国平均水平相当，虽然1959年低于全国平均增速、1960年高于全国平均增速，但整体上还是趋于平稳。1961年，"大生产"对工业建设所造成的负面影响开始集中凸显，这一年，黑龙江工业经济大幅倒退，工业增加值由1960年的43.6亿元急速跌落至23.3亿元，降幅高达46.56%，且这一下滑局面持续到1962年，1962年工业增加值继续下滑至21.2亿元。

为扭转"大生产"造成的被动局面，黑龙江工业建设进入三年调整期，工业经济增速显著回升，其工业生产能力逐渐恢复。1965年，黑龙江工业增加值回升至36.4亿元，其工业占比也由1961年的6.04%提升至6.85%（见图7-11）。

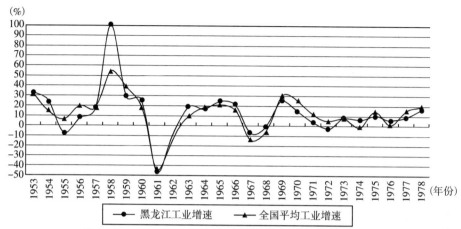

图 7-11 1953~1978 年黑龙江工业增速和全国平均工业增速

资料来源：笔者绘制。

始于 1966 年的"文化大革命"对全国工业经济运行体系造成了巨大冲击，使不少省区市的工业建设陷入混乱甚至停顿的局面，特别是 1966~1968 年，全国工业增速显著下滑。这几年中，如图 7-11 所示，黑龙江的工业经济则实现了略高于全国增速的增长，且其工业占比在 1968 年达到历史最高，为 8.10%。随着后来中央对大庆油田实施军队接管，黑龙江的工业生产能力在"文化大革命"中后期基本得以保全，在往后的几年中其工业增速有所下降（低于全国平均速度），一大批大型骨干企业，采取一分为二或者一分为三的办法，迁至贵州、四川、广西、河南、陕西、甘肃、宁夏、青海等大三线地区（孙学民，2011），这在一定程度上影响了黑龙江的工业建设。尽管如此，黑龙江的工业生产能力并未受到实质性的影响，其工业全国占比一直保持在 6.0% 以上，常年处于前五行列（见表 7-10）。

表 7-10 1952~1978 年黑龙江 GDP 与工业增加值排名变化

年份	1952	1953	1954	1955	1956	1957	1958	1959	1960
GDP 排名	9	8	8	8	10	11	8	6	4
工业增加值排名	4	3	3	4	5	4	3	3	3
人均 GDP 排名	3	4	4	4	5	5	5	5	5

年份	1952	1953	1954	1955	1956	1957	1958	1959	1960
人均工业增加值排名	4	5	5	5	5	5	5	5	5

年份	1961	1962	1963	1964	1965	1966	1967	1968	1969
GDP 排名	7	6	6	6	6	6	6	4	5
工业增加值排名	3	3	3	3	3	3	3	3	3
人均 GDP 排名	6	5	4	4	4	4	4	4	4
人均工业增加值排名	5	5	5	5	5	5	4	4	5

年份	1970	1971	1972	1973	1974	1975	1976	1977	1978
GDP 排名	6	5	6	6	5	6	6	8	8
工业增加值排名	3	3	3	4	3	3	3	5	5
人均 GDP 排名	5	4	5	5	5	5	5	5	5
人均工业增加值排名	5	4	5	5	5	5	5	5	5

资料来源：笔者绘制。

由此可见，在 1952~1978 年，虽然黑龙江的工业经济伴随着政治局势大起大落，但其整体工业生产能力在全国是屈指可数的，其工业增加值排名长期保持在第三位，即使有波动性下滑，但从未跌出前五行列。再者，黑龙江的人均 GDP 与人均工业增加值也相当可观，基本上稳定在全国前五行列。

一、活力："南厂北迁"

抗美援朝战争爆发后，考虑到集中于东北南部地区的工业距离中朝边境太近，为了保障其安全生产，必须疏散一部分至相对安全地区，鉴于中华人民共和国成立之初东北工业原本就具有"南重北轻"的特点，且东北南部地区的工业距离中朝边境太近，将沈阳等地的一部分工厂迁至黑龙江被视为合理的选择。在中共中央的统一部署下，位居辽宁南部地区的 23

家国营工矿企业迁移到北部地区的黑龙江,旨在实现工业生产的南北配合,称为"南厂北迁"。"南厂北迁"历时三年,从1950年10月至1953年12月,不仅显著改善了黑龙江的工业布局,也极大地提升了黑龙江的工业生产能力,为"一五"时期黑龙江工业基地的创建奠定了良好的基础(盛雷,2018)。

二、精神:石油工业

黑龙江的石油工业是中华人民共和国成立后发展最快的一个工业部门,作为全国重要石油工业基地的大庆油田及其精神铸就了一个时代的工业精神。"文化大革命"期间,得益于党中央对大庆油田实施军事管理,其原有产量受"文化大革命"影响较小,1976年原油产量突破5000万吨,达到5053万吨(见表7-11),占全国石油当年产量的2/3。煤炭工业则不像石油工业那么幸运,在"文化大革命"的前几年严重减产,由1966年

表7-11 1966~1976年黑龙江主要工业产品产量

年份	钢 (万吨)	原煤 (万吨)	原油 (万吨)	木材 (万立方米)	水泥 (万吨)	发电量 (亿千瓦时)
1966	37.37	2147	1060.9	1310	72.4	38.6
1967	27.11	1584	1032	1159	60.6	37.5
1968	24.07	1868	1151	967	53.2	36.4
1969	37.18	2265	1381	1161	72	45
1970	41.31	2630	2118.4	1176	92	50.9
1971	37.9	2515	2669.1	1256	100.1	53.6
1972	46.61	2410	3051.3	1493	109	58.6
1973	49.44	2485	3365.1	1501	114.5	63.9
1974	44.18	2656	4105.7	1535	122	71.8
1975	43.93	2933	4626	1560	156	77.8
1976	37.57	3137	5053	1551	171.1	87.8

资料来源:孙学民:《"文化大革命"期间的经济建设——(1966—1976)》,《黑龙江史志》2011年第2期。

的 2147 万吨下降至 1967 年的 1584 万吨、1968 年的 1868 万吨，随后的几年中虽然有小幅回升，但煤炭工业明显踌躇不前，直到 1975 年邓小平主持中央工作对煤炭工业进行整顿，黑龙江煤炭工业生产能力才明显提升。

第八章　工业基地在内陆崛起

"集中主要力量进行以苏联帮助我国设计的 156 个工程建设单位为中心的，由限额以上的 694 个建设单位组成的工业建设，建立我国社会主义工业化的初步基础"，是中国"一五"计划的核心战略目标。

为了改变中华人民共和国成立初期工业布局不合理的状况，促进区域经济均衡发展，在充分考虑国防需要的基础上，我国将 156 项工程建设的相当大一部分布置在工业基础薄弱的内陆，主要分布在西安、兴平、哈尔滨、富拉尔基、鹤岗、抚顺、沈阳、阜新、太原、兰州、成都、包头、株洲、武汉、洛阳、吉林等城市，改变了中华人民共和国成立初期 70% 左右的工业企业集中在沿海的布局。1953~1957 年动工的大中型项目共 694 项，其中分布在内陆的有 472 项，分布在沿海地区① 的有 222 项。在基本建设投资总额中，内陆占 53.3%，沿海占 46.7%（国家计委投资研究所课题组，1993）。

---

① 沿海地区指天津、河北、辽宁、山东、江苏、上海、浙江、福建、广东、广西 10 省（区、市）。
　说明：1988 年 4 月 13 日，海南行政区从广东省划出，独立建省。

第一节　背景：工业化困局与突破

一、156 项工程建设背景

中华人民共和国成立初期，国内面临最严酷的经济环境：通货恶性膨胀、金融投机猖獗、失业率居高不下、灾害频繁发生、财政赤字飙升；国外资本主义阵营对我国实行全面的军事、经济封锁（董志凯、吴江，2004）。为了早日摆脱困境，尽快恢复经济发展，在百业待兴的情况下建设国家的伟业，1949~1952 年，党中央采取了一系列政策措施进行国民经济恢复工作，国民经济得以以奇迹般的速度恢复，但基本经济特征并未发生实质性的改变（董志凯、吴江，2004），落后农业国的局面未得到有效改善（马远之，2017）。在此基础上，为了尽可能迅速地实现工业化、缩小与发达国家之间的发展差距，我国制定和实施了以建设"156 项"为核心的第一个五年计划。

"一五"计划决定优先发展重工业，在以重工业为主导的工业化进程中相应地发展农业和轻工业，以此快速推进我国工业体系的构建（周恩来，1984）。[①] 因此，"一五"时期也称为奠定我国工业化初步基础的重要时期。中国大规模的工业化起步最为主要的标志就是第一个五年计划规定以"156"项工程为中心工业化建设，并因此成为中国工业化的奠基石与里程碑（董志凯、吴江，2004）。

---

① 中共中央文献编辑委员会：《周恩来选集（下卷）》，人民出版社 1984 年版。

二、156 项工程确定过程

156 项工程指苏联援华工程项目的统称，其项目建设是逐步商定、分步实施的。156 项工程从 1950 年开始第一个项目，到 1969 年完成 150 项工程的建成工作，历时 19 年，但其主要的建设高峰期还是在"一五"时期。截至"一五"结束的 1957 年底，156 项中一半以上的项目已如期全部建成或部分建成投产，我国工业生产能力得以在这一期间飞速增长，为我国下一阶段的工业高速发展奠定了良好的基础（中国社会科学院、中央档案馆，1998）。由于在中西部地区布局了大量的工业企业，使得中国工业布局不合理的状况得到了有效改善，西部地区的经济发展和城市化进程明显提速，促进了区域经济的平衡发展（董志凯、吴江，2004）。

第一批项目是 1950 年毛泽东首次率团访问苏联期间确定的，其中《关于苏联贷款给中华人民共和国的协定》规定，除向中国提供 3 亿美元的优惠贷款外，苏联政府还帮助中国新建或改建 50 个工业企业，其中包括煤炭、电力等能源项目，钢铁、有色金属、化工等基础工业项目，以及国防工业项目。同时，苏联于 1950 年 4 月 20 日与中国签订 1950~1952 年由苏联向中国提供各种工业装备及器材协定书，以解决中国企业建设与发展所需的设备问题（董志凯、吴江，2004）。

第二批项目的确定是 1952 年 8 月周恩来率团访苏后，由李富春等与苏联专家经过长达 8 个月的研讨与协商，双方于 1953 年 5 月 15 日签署《关于苏维埃社会主义共和国联盟政府援助中华人民共和国中央人民政府发展中国国民经济的协定》，苏联承诺在 1953~1959 年援助中国新建与改建 91 个规模巨大的工程项目（董志凯、吴江，2004）。该协议规定，苏联负责完成总计 141 个项目的各项设计工作和设备供应，并在施工过程中给予技术援助，培训干部和技术人员，提交相关许可和技术资料（董志凯、吴江，2004）。作为援建项目的部分补偿，中方将在 1954~1959 年向苏方提供 16 万吨钨砂、11 万吨铜、3 万吨锑、9 万吨橡胶等战略原料物资

（薄一波，1991）。

1954 年初，中国政府向苏联政府提出加速大规模援建重工业的请求，苏联新领导对此高度重视（张久春，2009）。1954 年 9 月，以赫鲁晓夫为首的苏联政府代表团应邀来中国参加国庆五周年庆典，期间与中国政府签订关于苏联政府帮助中国新建 15 项中国工业企业和扩大原有协定定位的 141 项企业设备的供应范围的议定书（冈察连柯，2002），[①] 至此中苏三次共签订 156 项援建项目。1955 年，中苏双方商定再增加 15 项[②]，之后又口头商定增加 2 项，1950~1955 年，中苏前后五次共确定 174 项工程。经过反复的核查调整，通过对部分项目进行合并、推迟和取消，最终确定为 154 项，[③] 因为"一五"计划公布 156 项在先，统称为 156 项工程（见图 8-1）。

156 项工程中前后实际施工建设的共有 150 项，其中"一五"时期施工建设的有 146 项，中国工业倚重沿海的状态得到较大程度改变，较为完整的基础工业和国防工业体系得以初步建立，使我国重要工业部分实现了从无到有的重大转变，奠定了中国社会主义工业化的初步基础。

---

① 1954 年新增的项目大多属于能源、原材料和制造业，中国得到了当时苏联多数工厂都没有配备的先进设备。参见：冈察连柯：《中苏分裂的军事因素》，转引自李丹慧：《北京与莫斯科：从联盟走向对抗》，广西师范大学出版社 2002 年版。

②《对于 1953 年 5 月 15 日关于苏联政府援助中华人民共和国中央人民政府发展中国国民经济的协定的议定书》备忘录：渤海造船厂、高速柴油机制造厂、中速柴油机制造厂、二宝蒸汽透平机制造厂（即汽轮机厂扩建）、哈尔滨锅炉厂（扩建）、鱼雷制造厂、船用电机车间（扩建）、黄河三门峡水利枢纽、抚顺东露天矿（代替鹤岗大陆竖井）、抚顺第二制油厂、炼油设备制造厂、小型拖拉机制造厂、云南东川有色金属公司、云南会泽有色金属公司、富拉尔基特殊钢厂（二期）。也有说法此次增加 16 项，参见：张久春：《20 世纪 50 年代工业建设"156 项工程"研究》，《工程研究——跨学科视野中的工程》2009 年第 3 期。

③ 赣南电站改为成都电站，航空部陕西 422 厂重复统计。

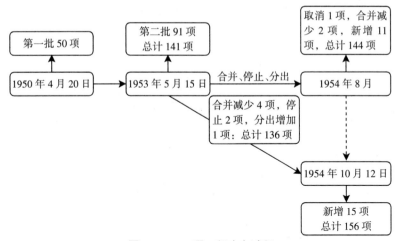

图 8-1   156 项工程确定过程

资料来源：笔者根据董志凯、吴江：《新中国工业的奠基石——156 项建设研究（1950-2000）》，广东经济出版社 2004 年版绘制。

第二节   布局：工业化奠基蓝图

一、产业布局：重工业优先，军民共进

156 项工程中实际施工的 150 项分布在煤炭、电力、石油、钢铁、有色金属、化工、机械、医药、轻工、航空、电子、兵器、航天、船舶 14 个行业（见表 8-1），这些行业有属于国民经济基础的能源原材料产业，有代表当时国家科技发展水平的高科技产业，有加强国防实力的兵器产业，还有与人民生活联系密切的医药和轻工行业。实施的 150 项工程中，军事工业企业占 44 个，可见当时提高国防实力的急迫性，其余 106 个均为民用工业企业；在这 150 个项目中，除了 3 个轻工业和医药项目外，几乎全部是重工业（董志凯、吴江，2004）。

表 8-1　"一五"时期 156 项工程实际施工建设的 150 项工程

企业类型	个数	产业类型	个数	企业类型	个数	产业类型	个数
军事工业企业	44	航空工业	12	化学工业企业	7	化学工业	7
		电子工业	10	机械加工企业	24	机械加工	24
		兵器工业	16	能源工业企业	52	煤炭工业	25
		航天工业	2			电力工业	25
		船舶工业	4			石油工业	2
冶金工业企业	20	钢铁工业	7	轻工业和医药工业	3	轻工业和医药工业	3
		有色金属工业	13				

注：其中有 3 项在"二五"计划期间开工：船舶工业 1 项、有色金属工业 2 项。

资料来源：何一民、周明长：《156 项工程与新中国工业城市发展（1949~1957 年)》，《当代中国史研究》2007 年第 2 期。

　　在 156 项工程中，煤炭工业有 25 项，占项目总数的 1/6，历时 5 年，煤炭工业的 25 项工程全部建成（见表 8-2），实际开工项目有：大同鹅毛口竖井、双鸭山洗煤厂、平顶山二号立井、辽源中央立井、抚顺西露天矿、抚顺东露天矿、抚顺胜利矿、抚顺老虎台矿、抚顺龙凤矿、城子河九号立井、城子河洗煤厂、阜新海州露天矿、阜新平安立井、阜新—新邱一号立井、峰峰通顺三号立井、峰峰中央洗煤厂、通化湾沟立井、淮南谢家集中央洗煤厂、铜川王石凹立井、焦作中马村二号立井、鹤岗兴安台十号立井、兴安台二号立井、鹤岗东山一号立井、兴安台洗煤厂、山西潞安洗煤厂。其中，辽源中央立井、阜新海州露天矿、阜新平安立井、鹤岗兴安台十号立井、鹤岗东山一号立井 5 项为续建项目，抚顺西露天矿、抚顺胜利矿、抚顺老虎台矿、抚顺龙凤矿 4 项为改建项目，其余 16 项均为新建项目（董志凯、吴江，2004）。

表 8-2　实际施工 150 项工程中煤炭工业企业开工情况

开工年份	项目数	企业名称及竣工年份
1950	3	辽源中央立井（1955 年）、阜新海州露天矿（1957 年）、鹤岗东山一号立井（1955 年）
1952	2	阜新平安立井（1957 年）、鹤岗兴安台十号立井（1956 年）

开工年份	项目数	企业名称及竣工年份
1953	4	抚顺西露天矿（1959年）、抚顺胜利矿（1957年）、抚顺老虎台矿（1957年）、抚顺龙凤矿（1958年）
1954	2	双鸭山洗煤厂（1958年）、阜新—新邱一号立井（1958年）
1955	3	城子河九号立井（1959年）、焦作中马村二号立井（1959年）、通化湾沟立井（1958年）
1956	3	山西潞安洗煤厂（1958年）、兴安台二号立井（1961年）、抚顺东露天矿（1961年）
1957	8	城子河洗煤厂（1959年）、兴安台洗煤厂（1959年）、大同鹅毛口竖井（1961年）、平顶山二号立井（1960年）、峰峰通顺三号立井（1961年）、峰峰中央洗煤厂（1959年）、淮南谢家集中央洗煤厂（1959年）、铜川王石凹立井（1961年）

资料来源：董志凯、吴江：《新中国工业的奠基石——156项建设研究（1950—2000）》，广东经济出版社2004年版。

在156项工程中，电力工业有25项，占项目总数的1/6，1951~1957年，电力工业的25项工程陆续开工（见表8-3），实际开工项目有：阜新热电站、丰满水电站、重庆电站、西安热电站（一期、二期）、郑州第二热电站、富拉尔基热电站、乌鲁木齐热电站、抚顺热电站、太原第一热电站、个旧电站（一期、二期）、大连热电站、太原第二热电站、石家庄热电站（一期、二期）、兰州热电站、包头四道沙河热电站、佳木斯纸厂热电站、洛阳热电站、吉林热电站、青山热电厂、户县热电站、株洲热电厂、成都热电站、三门峡水利枢纽、北京热电厂、包头宋家河热电站。其中，阜新热电站、抚顺电站、丰满水电站、大连热电站、吉林热电站、青山热电站为扩建项目，其余19项均为新建项目（董志凯、吴江，2004）。

表8-3 实际施工150项工程中电力工业企业开工情况

开工年份	项目数	企业名称及竣工年份
1950	2	阜新热电站（1958年）、丰满水电站（1959年）
1952	6	重庆电站（1954年）、西安热电站（一期、二期，1957年）、郑州第二热电站（1953年）、富拉尔基热电站（1955年）、乌鲁木齐热电站（1959年）、抚顺热电站（1957年）

开工年份	项目数	企业名称及竣工年份
1953	1	太原第一热电站（1957 年）
1954	2	个旧电站（一期、二期，1958 年）、大连热电站（1955 年）
1955	8	太原第二热电站（1958 年）、石家庄热电站（一期、二期，1959 年）、兰州热电站（1958 年）、包头四道沙河热电站（1958 年）、佳木斯纸厂热电站（1957 年）、洛阳热电站（1958 年）、吉林热电站（1958 年）、青山热电厂（1959 年）
1956	5	户县热电站（1960 年）、株洲热电厂（1957 年）、成都热电站（1958 年）、三门峡水利枢纽（1969 年）、北京热电厂（1959 年）
1957	1	包头宋家河热电站（1960 年）

资料来源：董志凯、吴江：《新中国工业的奠基石——156 项建设研究（1950—2000）》，广东经济出版社 2004 年版。

"一五"期间钢铁工业的发展开创了我国钢铁工业发展史的新纪元，在 156 项工程中，钢铁工业 7 项：鞍山钢铁公司、本溪钢铁公司、富拉尔基特钢厂（一期、二期）、吉林铁合金厂、武汉钢铁公司、热河钒钛厂、包头钢铁公司（见表 8-4）。其中仅鞍山钢铁公司和本溪钢铁公司为改建项目，其余 5 项均为新建项目（董志凯、吴江，2004）。1952~1956 年，7 项钢铁工业陆续开工，尤其是鞍山、武汉、包头三大钢铁公司的建设，奠定了我国钢铁工业发展的基础。

表 8-4　实际施工 150 项工程中钢铁工业企业开工情况

开工年份	项目数	企业名称及竣工年份
1952	1	鞍山钢铁公司（1960 年）
1953	3	本溪钢铁公司（1957 年）、富拉尔基特钢厂（一期、二期，1958 年）、吉林铁合金厂（1956 年）
1955	2	武汉钢铁公司（1962 年）、热河钒钛厂（1958 年）
1956	1	包头钢铁公司（1962 年）

资料来源：董志凯、吴江：《新中国工业的奠基石——156 项建设研究（1950~2000）》，广东经济出版社 2004 年版。

在 156 项工程中，有色金属工业有 13 项，占项目总数的近 1/10，主要包括：抚顺铝厂（一期、二期）、哈尔滨铝加工厂（一期、二期）、吉林电极厂、株洲硬质合金厂、杨家杖子钼矿、云南锡业公司、江西大吉山钨矿、江西西华山钨矿、江西岿美山钨矿、白银有色金属公司、洛阳有色金属加工厂、东川矿务局、会泽铅锌矿（见表 8-5）。除抚顺铝厂（一期、二期）为改建项目外，其余均为新建项目。1952~1958 年，有色金属工业的 13 项工程陆续开工。"一五"计划期间，有色金属工业又全面恢复转入大规模开发建设，改造和扩建了一批老企业，新建了一大批有色金属骨干企业和事业单位。

表 8-5　实际施工 150 项工程中有色金属工业企业开工情况

开工年份	项目数	企业名称及竣工年份
1952	2	抚顺铝厂（一期、二期，1957 年）、哈尔滨铝加工厂（一期、二期，1958 年）
1953	1	吉林电极厂（1955 年）
1954	1	云南锡业公司（1958 年）
1955	3	株洲硬质合金厂（1957 年）、江西大吉山钨矿（1959 年）、白银有色金属公司（1962 年）
1956	3	杨家杖子钼矿（1958 年）、江西西华山钨矿（1959 年）、江西岿美山钨矿（1959 年）
1957	1	洛阳有色金属加工厂（1962 年）
1958	2	东川矿务局（1961 年）、会泽铅锌矿（1962 年）

资料来源：董志凯、吴江：《新中国工业的奠基石——156 项建设研究（1950—2000）》，广东经济出版社 2004 年版。

我国要实现工业化，尤其是要快速实现工业化，必须建设一批骨干机械企业，发展自己的机械制造力量。"一五"时期，苏联援建的 156 项工程中机械工业有 24 项，超过项目总数的 1/6，主要包括：沈阳风动工具厂、长春第一汽车厂、沈阳第一机床厂、哈尔滨量具刀具厂、哈尔滨仪表厂、沈阳电缆厂、哈尔滨锅炉厂（一期、二期）、哈尔滨汽轮机厂（一期、二期）、洛阳滚珠轴承厂、哈尔滨电机厂汽轮机发电机车间、沈阳第二机床厂、武汉重型机床厂、洛阳矿山机械厂、富拉尔基重机厂、洛阳拖拉机厂、兰州石油机械厂、西安高压电瓷厂、西安开关整流器厂、西安绝缘材料厂、西安电力电容器厂、哈尔滨碳刷厂、兰州炼油化工机械厂、哈尔滨滚珠轴承厂、湘潭船用电极厂（见表 8-6）。其中除沈阳风动工具厂、沈阳电缆厂、沈阳第二机床厂和哈尔滨滚珠轴承厂 4 项为改建项目外，其余均为新建项目（董志凯、吴江，2004）。

表 8-6   实际施工 150 项工程中机械工业企业开工情况

开工年份	项目数	企业名称及竣工年份
1952	1	沈阳风动工具厂（1954 年）
1953	4	长春第一汽车厂（1956 年）、沈阳第一机床厂（1955 年）、哈尔滨量具刀具厂（1954 年）、哈尔滨仪表厂（1956 年）
1954	5	沈阳电缆厂（1957 年）、哈尔滨锅炉厂（一期、二期，1960 年）、哈尔滨汽轮机厂（一期、二期，1960 年）、洛阳滚珠轴承厂（1958 年）、哈尔滨电机厂汽轮机发电机车间（1960 年）
1955	4	沈阳第二机床厂（1958 年）、武汉重型机床厂（1959 年）、洛阳矿山机械厂（1958 年）、富拉尔基重机厂（1959 年）
1956	8	洛阳拖拉机厂（1959 年）、兰州石油机械厂（1959 年）、西安高压电瓷厂（1962 年）、西安开关整流器厂（1961 年）、西安绝缘材料厂（1960 年）、西安电力电容厂（1958 年）、哈尔滨碳刷厂（1958 年）、兰州炼油化工机械厂（1959 年）
1957	2	哈尔滨滚珠轴承厂（1959 年）、湘潭船用电极厂（1959 年）

资料来源：董志凯、吴江：《新中国工业的奠基石——156 项建设研究（1950—2000)》，广东经济出版社 2004 年版。

这些重大项目的建成投产，协助中国建立了汽车、拖拉机、发电设备、石油化工设备、冶金矿山设备、工程机械等制造业，初步形成了哈尔滨、洛阳、西安、兰州等一批新的机械工业基地（何一民、周民长，2007）。

中华人民共和国成立初期，我国的石油炼制工业十分弱小，仅有几个小规模、技术装备落后的炼油厂，且生产能力遭到严重破坏。在苏联援建的 156 项工程中，石油工业仅占 2 项：改建的抚顺第二制油厂和新建的兰州炼油厂，且均在 1956 年开始施工，并于 1959 年竣工。

在 156 项工程中化学工业有 11 项，实际实施 7 项，全部为新建项目，形成了吉林、兰州和太原三个化工联合企业的雏形：吉林染料厂、吉林氮肥厂、吉林电石厂、太原化工厂、兰州合成橡胶厂、太原氮肥厂、兰州氮肥厂（见表 8-7）。1954~1957 年，7 项化学工业陆续开工，并于 1960 年全部竣工。

表 8-7 实际施工 150 项工程中化学工业企业开工情况

开工年份	项目数	企业名称及竣工年份
1954	2	吉林氮肥厂（1957 年）、太原化工厂（1958 年）
1955	2	吉林染料厂（1958 年）、吉林电石厂（1957 年）
1956	2	兰州合成橡胶厂（1960 年）、兰州氮肥厂（1959 年）
1957	1	太原氮肥厂（1960 年）

资料来源：董志凯、吴江：《新中国工业的奠基石——156 项建设研究（1950—2000)》，广东经济出版社 2004 年版。

在苏联援建的 156 项工程中，医药工业有 2 项，全部为新建项目，分别为华北制药厂和太原磺胺厂（太原制药厂）。华北制药厂是一个大型联合企业，1953 年开始筹建，1955 年破土动工，1958 年 6 月建成投产；太原磺胺厂（太原制药厂）于 1953 年开始筹建，第一期工程的主要生产车间于 1959 年建成。在 156 项工程中，轻工业仅 1 项，即 1953 年开始施工、1957 年竣工的佳木斯造纸厂。

在 156 项工程中，航空工业有 12 项，包括飞机制造厂、航空发动机制造厂和机械设备制造厂，使我国航空工业迅速从修理走向制造。1953~1955 年，12 项航空工业项目陆续开工，主要包括：黑龙江 120 厂、黑龙江 122 厂、辽宁 410 厂、辽宁 112 厂、江西 320 厂、陕西 114 厂、湖南 331 厂、陕西 113 厂、陕西 115 厂、陕西 212 厂、陕西 514 厂、陕西 422 厂（见表 8-8）。其中，黑龙江、辽宁、江西的 6 项均为改建项目，陕西的 6 项均为新建项目。

在 156 项工程中，电子工业有 10 项，主要包括：北京 774 厂、北京 738 厂、陕西 853 厂、四川 715 厂、陕西 786 厂、四川 719 厂、陕西 782 厂、陕西 785 厂、四川 784 厂、四川 788 厂（见表 8-9）。除北京 774 厂为改建项目外，其余均为新建项目。

表 8-8 实际施工 150 项工程中航空工业企业开工情况

开工年份	项目数	企业名称及竣工年份
1953	6	黑龙江 120 厂（1955 年）、黑龙江 122 厂（1955 年）、辽宁 410 厂（1957 年）、辽宁 112 厂（1957 年）、江西 320 厂（1957 年）、陕西 114 厂（1957 年）
1955	6	湖南 331 厂（1956 年）、陕西 113 厂（1957 年）、陕西 115 厂（1962 年）、陕西 212 厂（1957 年）、陕西 514 厂（1962 年）、陕西 422 厂（1958 年）

资料来源：董志凯、吴江：《新中国工业的奠基石——156 项建设研究（1950—2000）》，广东经济出版社 2004 年版。

表 8-9 实际施工 150 项工程中电子工业企业开工情况

开工年份	项目数	企业名称及竣工年份
1954	1	北京 774 厂（1956 年）
1955	5	北京 738 厂（1957 年）、陕西 853 厂（1958 年）、四川 715 厂（1957 年）、陕西 786 厂（1958 年）、四川 719 厂（1957 年）
1956	2	陕西 782 厂（1957 年）、陕西 785 厂（1959 年）
1957	2	四川 784 厂（1960 年）、四川 788 厂（1960 年）

资料来源：董志凯、吴江：《新中国工业的奠基石——156 项建设研究（1950—2000）》，广东经济出版社 2004 年版。

在 156 项工程中，兵器工业有 16 项，全部为新建项目，1953~1956 年，16 项兵器工业项目陆续开工，主要包括：山西 743 厂、山西 763 厂、山西 908 厂、内蒙古 447 厂、陕西 847 厂、陕西 248 厂、陕西 803 厂、陕西 844 厂、陕西 843 厂、陕西 804 厂、陕西 845 厂、山西 884 厂、山西 616 厂、山西 245 厂、内蒙古 617 厂、甘肃 805 厂（见表 8-10）。

表 8-10 实际施工 150 项工程中兵器工业企业开工情况

开工年份	项目数	企业名称及竣工年份
1953	1	山西 743 厂（1958 年）
1955	11	山西 763 厂（1958 年）、山西 908 厂（1958 年）、内蒙古 447 厂（1959 年）、陕西 847 厂（1957 年）、陕西 248 厂（1957 年）、陕西 803 厂（1958 年）、陕西 844 厂（1959 年）、陕西 843 厂（1959 年）、陕西 804 厂（1960 年）、陕西 845 厂（1958 年）、山西 884 厂（1959 年）
1956	4	山西 616 厂（1958 年）、山西 245 厂（1959 年）、内蒙 617 厂（1958 年）、甘肃 805 厂（1960 年）

资料来源：董志凯、吴江：《新中国工业的奠基石——156 项建设研究（1950—2000）》，广东经济出版社 2004 年版。

在 156 项工程中，航天工业实际施工 2 项：1953 年开工改建、1956 年竣工的北京 211 厂和 1954 开工新建、1957 年竣工的辽宁 111 厂。

在 156 项工程中，船舶工业实际施工 4 项，均为新建项目：辽宁 431 厂、河南 407 厂、陕西 408 厂、山西 874 厂（见表 8-11）。

表 8-11　实际施工 150 项工程中船舶工业企业开工情况

开工年份	项目数	企业名称及竣工年份
1956	3	辽宁 431 厂（1960 年）、河南 407 厂（1960 年）、陕西 408 厂（1960 年）
1958	1	山西 874 厂（1966 年）

资料来源：董志凯、吴江：《新中国工业的奠基石——156 项建设研究（1950—2000）》，广东经济出版社 2004 年版。

二、区域布局：中西部并举，东北为重

156 项工程前后投入实际施工建设的共有 150 项，有 56 项设在东北三省，其中民用项目 50 项，军用项目 6 项；有 37 项布置在中部 6 省（山西、河南、江西、湖北、湖南、安徽），其中民用项目 28 项，军用项目 9 项；有 42 项布置在西部 5 省（区）（陕西、甘肃、内蒙古、云南、新疆），其中民用项目 22 项，军用项目 20 项。44 项军用项目中，山西和陕西两省占 25 项（见表 8-12）。

表 8-12　实际施工 150 项工程区域分布情况

单位：个

省份	合计	民用项目数	军用项目数	项目情况	分布城市（个数）
辽宁	24	20	4	钢铁工业 2 项（鞍山钢铁公司、本溪钢铁公司），有色金属工业 2 项（抚顺铝厂、杨家杖子钼矿）；煤炭工业 8 项（阜新新邱竖井、阜新平安竖井、阜新海州露天煤矿、抚顺东露天煤矿、抚顺老虎台斜井、抚顺西露天煤矿、抚顺胜利斜井、抚顺龙凤竖井）；电力工业 3 项（抚顺发电厂、阜新发电厂、大连发电厂）；石油工业 1 项（抚顺石油二产）；机械工业 5 项（沈阳第一机床厂、沈阳第二机床厂、沈阳风动工具厂、沈阳电缆厂、大连造船厂）；国防军事工业 3 项（112 厂（沈阳飞机制造公司）、410 厂、431 厂）	鞍山(1)、抚顺(8)、沈阳(7)、阜新(4)、本溪(1)、杨家杖子(1)、葫芦岛(1)、大连(1)

省份	合计	民用项目数	军用项目数	项目情况	分布城市（个数）
陕西	24	7	17	7项民用项目：煤炭工业1项（铜川王石凹立井）；电力工业2项（西安热电站一期、二期，户县热电站）；机械工业4项（陕西高压电瓷厂、西安开关整流器厂、西安绝缘材料厂、西安电力电容厂）。17项军用项目：陕西113厂、陕西114厂、陕西212厂、陕西115厂、陕西514厂、陕西422厂、陕西853厂、陕西782厂、陕西786厂、陕西847厂、陕西248厂、陕西803厂、陕西844厂、陕西843厂、陕西804厂、陕西845厂、陕西408厂	西安（14）、兴平（4）、宝鸡（2）、铜川（1）、户县（2）、渭南（1）
黑龙江	22	20	2	20项民用项目：鹤岗东山一号立井、鹤岗兴安台十号立井、兴安台洗煤厂、城子河洗煤厂、富拉尔基热电站、城子河九号立井、兴安台二号立井、双鸭山洗煤厂、佳木斯纸厂热电站、富拉尔基钢厂（一期、二期）、哈尔滨铝加工厂（一期、二期）、哈尔滨锅炉厂（一期、二期）、哈尔滨电机厂汽轮机发电机车间、富拉尔基重机厂、哈尔滨碳刷厂、哈尔滨滚珠轴承厂、佳木斯造纸厂、哈尔滨量具刀具厂、哈尔滨仪表厂、哈尔滨汽轮机厂（一期、二期）；2项军用项目：黑龙江120厂、黑龙江122厂	哈尔滨（10）、富拉尔基（4）、鹤岗（4）、双鸭山（1）、鸡西（2）、佳木斯（2）
山西	15	7	8	7项民用项目：潞安洗煤厂、大同鹅毛口立井、太原第一热电站、太原第二热电站、太原化工厂、太原氮肥厂、太原制药厂；8项军用项目：陕西785厂、山西616厂、山西743厂、山西245厂、山西763厂、山西908厂、山西884厂、山西874厂	太原（11）、大同（2）、侯马（1）、潞安（1）
吉林	10	10	—	辽源中央立井、通化湾沟立井、丰满水电站、吉林热电站、吉林钛合金厂、吉林电极厂、吉林染料厂、吉林氮肥厂、吉林电石厂、长春第一汽车厂	吉林（6）、丰满（1）、长春（1）、辽源（1）、通化（1）
河南	10	9	1	9项民用项目：焦作中马村二号立井、平顶山二号立井、郑州第二热电站、洛阳热电站、三门峡水利枢纽、洛阳有色金属加工厂、洛阳拖拉机厂、洛阳滚珠轴承厂、洛阳矿山机械厂；1项军用项目：河南407厂	三门峡（1）、平顶山（1）、郑州（1）、洛阳（6）、焦作（1）
甘肃	8	7	1	7项民用项目：兰州炼油厂、兰州氮肥厂、兰州石油机械厂、白银有色金属公司、兰州合成橡胶厂、兰州热电站、兰州炼油化工机械厂；1项军用项目：甘肃805厂	兰州（6）、郝家川（1）、白银（1）
四川	6	2	4	2项民用项目：重庆热电站、成都热电站；4项军用项目：四川784厂、四川788厂、四川715厂、四川719厂	成都（5）、重庆（1）

省份	合计	民用项目数	军用项目数	项目情况	分布城市（个数）
河北	5	5	—	峰峰中央洗煤厂、峰峰通顺三号立井、石家庄热电站（一期、二期）、热河钒钛厂、华北制药厂	石家庄（2）、峰峰（2）、热河（1）
内蒙古	5	3	2	3项民用项目：包头四道沙河热电站、包头宋家河热电站、包头钢铁公司；2项军用项目：内蒙古447厂、内蒙古617厂	包头（5）
北京	4	1	3	1项民用项目：北京热电厂；3项军用项目：北京774厂、北京738厂、北京211厂	北京（4）
云南	4	4	—	个旧电站（一期、二期）、云南锡业公司、东川矿务局、会泽铅锌矿	个旧（2）、东川（1）、会泽（1）
湖南	4	3	1	3项民用项目：株洲热电厂、株洲硬质合金厂、湘潭船用电极厂；1项军用项目：湖南331厂（中国南方航空工业（集团）有限公司）	株洲（3）、湘潭（1）
江西	4	3	1	3项民用项目：江西大吉山钨矿、江西西华山钨矿、江西岿美山钨矿；1项军用项目：江西320厂	虔南（1）、大虔（1）、定南（1）、南昌（1）
湖北	3	3	—	武汉钢铁公司（一期）、武汉重型机床厂、青山热电厂	武汉（3）
安徽	1	1	—	淮南谢家集中央洗煤厂	淮南（1）
新疆	1	1	—	乌鲁木齐热电站	乌鲁木齐（1）
合计	150	106	44	—	—

资料来源：董志凯、吴江：《新中国工业的奠基石——156项建设研究（1950—2000）》，广东经济出版社2004年版。

可见，从实际开工的150个项目来看，东北地区是重点布局区域，占全部项目的1/3多（56项），其次是西部地区，共53项，同样占全部项目的1/3多，中部六省共37项，接近全部项目的1/4，而东部沿海地区仅有北京布局4项。

实际开工的150项工程在空间布局上具有显著的地理邻近性，形成了两个明显的集中区域：一是由辽宁、黑龙江、吉林组成的东北区域，分布项目数为56项，占总开工项目的1/3多；二是由陕西、山西、河南、甘肃组成的泛关中区域，分布项目数为57项，占总开工项目的1/3多，比东北三省还多一项。从中国的地理版图来看，北方是 156 项工程的重点布局区域，绝大部分的项目均布局在陕西、河南以北的省区市；东部沿海地区仅北京布局了 4 个项目，其余省（区、市）均未纳入 156 项建设的布局区域。[①] 实施开工的 150 项工程中，军事工业企业占近 1/3，为 44 个，可见当时提高国防实力的急迫性；民用工业企业为 106 个，超过 2/3。

第三节　变局：内陆工业艰难崛起

156 项工程的竣工投产，极大地改变了中国国民经济的技术面貌和部门结构，过去所没有的一些重要工业部门，包括飞机、汽车制造业、重型和精密机械制造业、发电设备制造业以及高级合金钢和有色金属冶炼等，都从无到有地建立起来了（陈夕，1999）。

156 项工程从第一个项目投产到全部竣工历时 19 年（1950~1969 年），第一个建成投产的民用工程是郑州第二热电站（1953 年建成投产），最后一个建成投产的是三门峡水利枢纽（1969 年建成投产）。从 156 项工程的完工投产进程来看，到 1962 年已基本进入完工期，仅有为数不少的项目仍在施工中，因此本节以 156 项工程的主要施工期 1952~1962 年为时间轴进行分析。

156 项工程建设期间，内陆工业增速明显加快，内陆工业在 156 项工程建设过程中缓慢崛起的特征渐趋清晰。1953 年，工业增速超过全国平均水平的 14 个省份中有内蒙古、云南、宁夏、新疆、重庆、四川、湖北、

---

① 此处需要说明的是，尽管 156 项工程建设中实际开工项目仅 4 项布局在北京，并不代表在此期间沿海地区没有进行相应布局，在 156 项工程建设的配套大中型项目，有相当一部分的项目布局在沿海地区。1953~1957 年动工的 694 项大中型项目中就有 222 项分布在沿海地区，沿海地区基本建设投资占总额的 46.7%。参见：国家计委投资研究所课题组：《我国工业经济活动空间格局与比较优势研究一、我国工业布局实践的历史回顾与分析》，《经济研究参考》1993 年第 5 期。

黑龙江、陕西9个省份属于内陆。1954年，内陆工业增速以压倒性优势超过沿海各省份，在超过全国平均增速的17个省份中，仅山东、广西属于沿海地区，其余15个省份均属于内陆，按增速由高至低依次为内蒙古、山西、宁夏、青海、陕西、四川、甘肃、云南、黑龙江、河南、湖北、新疆、重庆、湖南、贵州。直到1962年，内陆工业增速高于沿海工业增速的这一发展态势得到了很好的保持，尽管在此期间部分沿海省区市的工业经济增速大幅提升，但内陆大部分省区市在工业经济发展上依然具有相对明显的速度优势（见表8-13）。可以说，156项工程的开工和竣工投产，极大地促进了内陆工业经济的快速发展，在一定程度上弥合了沿海与内陆的工业发展差距，内陆工业崛起的迹象日渐清晰。

表8-13 1953~1962年工业经济增速高于全国平均值的省份

年份	1953	1954	1955	1956	1957	1958	1959	1960	1961	1962
工业经济增速（高→低）	北京	内蒙古	青海	内蒙古	内蒙古	宁夏	新疆	西藏	四川	广东
	内蒙古	山西	甘肃	山东	山东	湖南	宁夏	江西	新疆	甘肃
	上海	宁夏	四川	湖北	湖北	安徽	宁夏	新疆	新疆	湖北
	云南	青海	山西	浙江	浙江	黑龙江	北京	云南	云南	辽宁
	宁夏	陕西	湖北	甘肃	甘肃	陕西	贵州	内蒙古	广西	云南
	浙江	四川	云南	安徽	安徽	内蒙古	安徽	广西	浙江	吉林
	新疆	甘肃	陕西	福建	福建	浙江	河北	上海	广东	浙江
	重庆	云南	新疆	江西	江西	青海	湖北	青海	山东	广西
	四川	黑龙江	广西	江苏	江苏	江苏	上海	黑龙江	贵州	内蒙古
	湖北	河南	辽宁	上海	上海	甘肃	北京	辽宁	河南	湖南
	天津	湖北	安徽	湖南	湖南	天津	河南	吉林	宁夏	黑龙江
	黑龙江	新疆	北京			山西	甘肃	山西	江苏	山西
	陕西	重庆	江西			上海	广东	河南	重庆	
	广东	湖南	重庆			内蒙古	内蒙古	陕西	上海	
		山东	河北				重庆		天津	
		广西	贵州				福建		北京	
		贵州	宁夏				辽宁			

资料来源：笔者整理。

由于沿海与内陆工业发展基础的差异，内陆工业经济发展的速度优势并没有实质性地改变内陆工业与沿海工业之间的落差，也未能显著地促进内陆各省份的经济发展。从 1952~1962 年各省区市 GDP 与工业增加值排名的变化来看，整体上呈现出 GDP 排名与工业增加值排名同步的态势，也即大部分省份的排名均落在"工业增加值排名靠前，GDP 排名靠前"和"工业增加值排名靠后，GDP 排名靠后"这两个区域，如图 8-2 所示左下象限和右上象限，仅有为数不多的省市落在"工业增加值排名靠前，GDP 排名靠后"或"工业增加值排名靠后，GDP 排名靠前"这两个区域，如图 8-2 所示左上象限和右下象限。

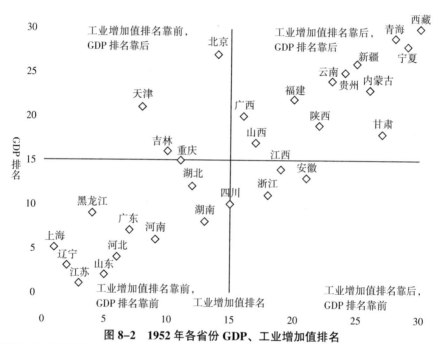

图 8-2　1952 年各省份 GDP、工业增加值排名

资料来源：笔者绘制。

1952 年，156 项工程建设之初，内陆仅有黑龙江、河南、湖北、湖南、四川五省落在左下象限，更多的省份如山西、陕西、甘肃、内蒙古、云南、贵州、新疆、青海、西藏、宁夏则落在右上象限。到 1962 年，这一局面并未发生显著改变，左下象限依然是以沿海省份为主，内陆仅有黑龙江、湖南、湖北、山西四省落在左下象限，更多的省份落在右上象限，如陕西、云南、内蒙古、新疆、甘肃、贵州、青海、宁夏、西藏等（见图8-3）。

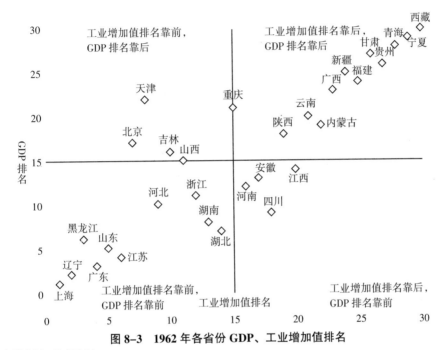

图8-3 1962年各省份GDP、工业增加值排名

资料来源：笔者绘制。

从省际GDP和工业增加值来看，内陆各省份在绝对量上并不存在优势，如表8-14所示，1952~1962年，GDP在全国排前十位的省区市仅有极少数属于内陆。1952年，GDP前十位中内陆仅有河南、湖南、黑龙江和四川，到1962年也仅有黑龙江、湖北、湖南、四川四省挤入GDP前十行列。在此期间，GDP前五位中无一来自内陆，GDP后五位却几乎全部属于内陆（仅1952年包含北京），由此可见，内陆各省份与沿海省份相比，在经济总量上依然存在较大差距。

表 8-14　1952~1962 年 GDP 前十位与后五位的省份变化情况

年份		1952	1953	1954	1955	1956	1957	1958	1959	1960	1961	1962
前十位（前→后）		江苏	江苏	辽宁	辽宁	辽宁	辽宁	辽宁	辽宁	上海	上海	上海
		山东	辽宁	上海	江苏	上海	上海	上海	辽宁	辽宁	辽宁	辽宁
		辽宁	上海	江苏	山东	山东	江苏	江苏	江苏	江苏	江苏	广东
		河北	山东	山东	上海	江苏	山东	山东	黑龙江	山东	江苏	江苏
		上海	河北	广东	河北	广东	广东	广东	河北	河北	广东	山东
		河南	河南	河北	广东	河北	河南	河北	黑龙江	广东	河北	黑龙江
		广东	广东	河南	河南	河南	四川	四川	广东	山东	黑龙江	湖北
		湖南	黑龙江	黑龙江	黑龙江	湖北	河北	黑龙江	湖北	河南	湖北	湖南
		黑龙江	湖南	四川	安徽	四川	湖北	河南	湖南	湖南	湖南	四川
		四川	湖北	湖南	四川	黑龙江	湖南	河南	湖南	湖北	河南	河北
后五位（前→后）		新疆	贵州	贵州	新疆	贵州	贵州	贵州	贵州	贵州	贵州	贵州
		北京	新疆	新疆	贵州	新疆	新疆	新疆	新疆	甘肃	甘肃	甘肃
		宁夏	青海	青海	青海	青海	青海	青海	青海	青海	青海	青海
		青海	宁夏	宁夏	宁夏	宁夏	宁夏	宁夏	宁夏	宁夏	宁夏	宁夏
		西藏	西藏	西藏	西藏	西藏	西藏	西藏	西藏	西藏	西藏	西藏

资料来源：笔者整理。

从各省份工业增加值的排名变化来看，内陆各省份的工业增加值在绝对量上并没有形成明显优势。如表 8-15 所示，1952~1962 年，内陆除黑龙江常年稳定在工业增加值排名的前五行列外，内陆仅有极少数省份偶尔入围前十行列，如 1952 年仅有黑龙江、河南和吉林，1953 年仅有黑龙江和吉林，1954 年仅有黑龙江和河南，1955 年仅有黑龙江和重庆，1956 年仅有黑龙江和湖北，1957 年仅有黑龙江和重庆，1958 年仅有黑龙江和吉林，1959~1961 年仅有黑龙江和山西，到 1962 年仍然只有黑龙江和吉林。如果抛开东北的黑龙江和吉林，内陆则只有河南、重庆、湖北、山西四省市先后入围前十行列，而在后五行列中，无一来自沿海地区。

表8-15　1952~1962年工业增加值前十位与后五位的省份变化情况

年份	1952	1953	1954	1955	1956	1957	1958	1959	1960	1961	1962
前十位（前→后）	上海	上海	上海	辽宁	辽宁	辽宁	辽宁	上海	上海	上海	上海
	辽宁	辽宁	辽宁	上海	上海	上海	上海	辽宁	辽宁	辽宁	辽宁
	江苏	黑龙江	黑龙江	山东	山东	山东	黑龙江	黑龙江	黑龙江	黑龙江	黑龙江
	黑龙江	江苏	山东	黑龙江	江苏	黑龙江	天津	天津	北京	江苏	广东
	山东	山东	江苏	江苏	黑龙江	广东	江苏	江苏	江苏	山东	山东
	河北	天津	广东	广东	天津	天津	山东	山东	天津	北京	江苏
	广东	广东	天津	天津	广东	江苏	北京	北京	山东	广东	北京
	天津	河北	河北	河北	河北	北京	广东	河北	河北	天津	天津
	河南	北京	北京	北京	北京	河北	河北	广东	山西	河北	河北
	吉林	吉林	河南	重庆	湖北	重庆	吉林	山西	广东	山西	吉林
后五位（前→后）	内蒙古	贵州	贵州	贵州	甘肃	贵州	贵州	贵州	贵州	贵州	甘肃
	甘肃	甘肃	甘肃	甘肃	新疆	新疆	新疆	新疆	四川	甘肃	贵州
	青海	青海	青海	青海	青海	青海	青海	青海	青海	青海	青海
	宁夏	宁夏	宁夏	宁夏	宁夏	宁夏	宁夏	宁夏	宁夏	宁夏	宁夏
	西藏	西藏	西藏	西藏	西藏	西藏	西藏	西藏	西藏	西藏	西藏

资料来源：笔者整理。

　　由此可见，尽管156项工程助力了内陆各省份工业经济的快速增长，但由于起点较低，高速增长的工业经济并未能显著提升内陆工业增加值总量。内陆与沿海的工业发展差距虽然在速度上得到一定的弥补，但绝对差距并未得到实质弥合，反而在内陆工业的崛起中趋于扩大。

　　1952~1962年，人均GDP与人均工业增加值的排名变化倒是更能凸显内陆各省份工业的艰难崛起。1952年，内陆仅有黑龙江、新疆、吉林、内蒙古、山西五省（区）落在左下象限（见图8-4），而到1962年，已有黑龙江、新疆、吉林、山西、内蒙古、青海、宁夏七省（区）落在左下象限（见图8-5）。表明在此期间，借助于156项工程的帮助，内陆工业经济取得了略微可观的进展，但依然有较大的提升空间。

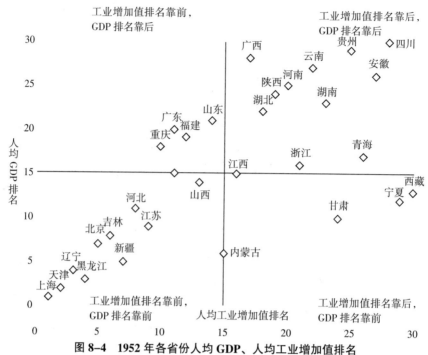

图 8-4　1952 年各省份人均 GDP、人均工业增加值排名

资料来源：笔者绘制。

　　从 1952~1962 年各省份的人均 GDP 来看，自 156 项工程开工建设以来，内陆一些省份开始进入前十行列。1952 年，人均 GDP 前十位中已有黑龙江、新疆、内蒙古、吉林、甘肃五省（区）属于内陆。随后，在 156 项工程推进过程中，山西、青海、宁夏等经济小省（GDP 排名处于全国后五行列）先后挤入前十行列（见表 8-16），表明在 156 项工程建设期间，内陆部分省区的经济发展呈现良好的增长势头，虽然在经济总量上与沿海地区相比依然存在较大差距，但其人均 GDP 获得较为明显的提升。与此同时，人均 GDP 后五行列中仅广西属于沿海，其余四省均属于内陆，意味着内陆经济发展开始分异，快速发展的省区市开始挤入前十行列，而发展缓慢的省区市则长期处于后五行列。表 8-16 中，有两个值得特别注意的省：一是甘肃，156 项工程建设初期，甘肃的人均 GDP 位于前十行列，而到 156 项工程建设后期，甘肃的人均 GDP 从 1961 年滑落至后五行列；

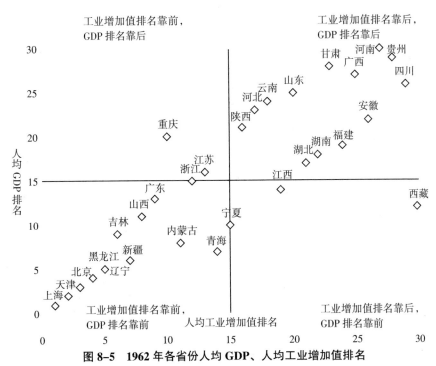

图 8-5　1962 年各省份人均 GDP、人均工业增加值排名

资料来源：笔者绘制。

表 8-16　1952~1962 年人均 GDP 前十位与后五位的省份变化情况

年份	1952	1953	1954	1955	1956	1957	1958	1959	1960	1961	1962
前十位（前→后）	上海	上海	上海	上海	上海	上海	上海	上海	上海	上海	上海
	天津	天津	北京	北京	北京	北京	天津	天津	北京	北京	天津
	黑龙江	北京	天津	天津	天津	天津	北京	北京	天津	天津	北京
	辽宁	黑龙江	黑龙江	黑龙江	辽宁	辽宁	辽宁	辽宁	辽宁	新疆	辽宁
	新疆	辽宁	辽宁	辽宁	黑龙江	黑龙江	黑龙江	黑龙江	黑龙江	辽宁	黑龙江
	内蒙古	内蒙古	内蒙古	新疆	内蒙古	新疆	新疆	内蒙古	新疆	黑龙江	新疆
	北京	新疆	新疆	内蒙古	新疆	内蒙古	内蒙古	新疆	青海	青海	青海
	吉林	吉林	吉林	吉林	吉林	吉林	山西	山西	内蒙古	吉林	内蒙古
	江苏	江苏	山西	青海	青海	青海	吉林	吉林	吉林	内蒙古	吉林
	甘肃	山西	甘肃	山西	山西	山西	青海	青海	山西	宁夏	宁夏

·157·

续表

年份	1952	1953	1954	1955	1956	1957	1958	1959	1960	1961	1962
后五位（前→后）	安徽	安徽	湖南	云南	湖南	山东	河南	贵州	山东	贵州	四川
	云南	云南	安徽	河南	河南	河南	四川	云南	河南	广西	广西
	广西	广西	广西	广西	广西	四川	云南	河南	云南	四川	甘肃
	贵州	贵州	贵州	四川	贵州	广西	贵州	广西	广西	甘肃	贵州
	四川	四川	四川	贵州	四川	贵州	广西	四川	四川	河南	河南

资料来源：笔者整理。

二是四川，1952~1962年，四川的人均GDP常年位于后五行列，甚至连续多年处于全国最末位。

再来看人均工业增加值的变化情况，156项工程建设期间，尽管实际开工的150个项目无一布局在上海和天津，但两地由于工业基础相对雄厚，其人均工业增加值一直遥遥领先，上海稳居全国第一位，天津稳居第二位。东北地区作为156项工程的重点布局区域，借助于其良好的工业基础，东北三省的人均工业增加值始终稳居全国前列，始终居于前六位，仅1961年吉林稍微下滑一名（居第七位）。在此期间，内陆（除东北的黑龙江和吉林外）有新疆、重庆、内蒙古、山西等省区先后多次挤入前十行列，表明这些地区的工业建设在156项工程建设期间有一定幅度的提升。如表8-17所示，人均GDP后五行列中除广西外均属于内陆，特别是四川和安徽，分别承担实际开工150项工程的1项和4项，但其人均工业增加值相对于全国水平来说并没有显著提升。

表8-17　1952~1962年人均工业增加值前十位与后五位的省份变化情况

年份	1952	1953	1954	1955	1956	1957	1958	1959	1960	1961	1962
前十位（前→后）	上海	上海	上海	上海	上海	上海	上海	上海	上海	上海	上海
	天津	天津	天津	天津	天津	天津	天津	天津	天津	天津	天津
	辽宁	北京	北京	北京	辽宁	北京	辽宁	辽宁	北京	北京	北京
	黑龙江	辽宁	辽宁	辽宁	北京	辽宁	北京	北京	辽宁	辽宁	辽宁
	北京	黑龙江	黑龙江	黑龙江	黑龙江	黑龙江	黑龙江	黑龙江	黑龙江	黑龙江	黑龙江

续表

年份	1952	1953	1954	1955	1956	1957	1958	1959	1960	1961	1962
前十位（前→后）	吉林	吉林	吉林	吉林	吉林	吉林	吉林	吉林	吉林	新疆	吉林
	新疆	新疆	新疆	新疆	内蒙古	重庆	内蒙古	山西	山西	吉林	新疆
	河北	重庆	重庆	重庆	重庆	山西	山西	内蒙古	新疆	山西	山西
	江苏	广东	内蒙古	山西	山西	内蒙古	重庆	新疆	内蒙古	重庆	广东
	重庆	江苏	山西	内蒙古	新疆	广东	江苏	重庆	重庆	青海	重庆
后五位（前→后）	青海	青海	青海	四川	四川	贵州	宁夏	广西	贵州	甘肃	安徽
	安徽	四川	四川	贵州	贵州	四川	贵州	贵州	河南	贵州	河南
	四川	安徽	宁夏	宁夏	安徽	河南	河南	河南	广西	河南	贵州
	宁夏	宁夏	安徽	安徽	宁夏	宁夏	四川	四川	西藏	四川	四川
	西藏	西藏	西藏	西藏	西藏	西藏	西藏	西藏	四川	西藏	西藏

资料来源：笔者整理。

综上所述，旨在改变我国工业布局不合理状况的 156 项工程，虽然在其建设过程与投产后对内陆工业的发展做出了历史性的贡献，并在一定程度上改变沿海与内陆极不均衡的工业空间格局。1952~1962 年，内陆大部分省份以高于全国水平的工业增速带动了内陆工业崛起与发展，然而，由于在 156 项工程之前，内陆工业基础极其薄弱，因而在 156 项建设过程中，内陆工业建设所获取的速度优势并不能显著弥补其基础劣势。

1952~1962 年，沿海与内陆的工业差距呈现缓慢缩小态势（见图 8-6），两者工业占比差距最小时（1961 年）仅为 61.51 : 38.49。在此期间，虽然 156 项工程奠定了内陆工业化的坚实基础，但并未显著提升内陆各省区市的工业生产能力。由此可见，在沿海地区工业发展优势突出的情况下，内陆工业的崛起是异常艰难的。

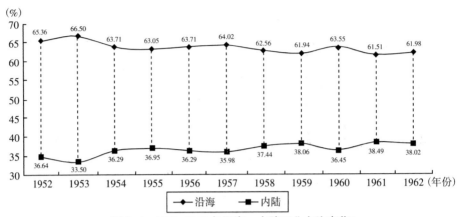

图 8-6　1952~1962 年沿海—内陆工业占比变化

资料来源：笔者绘制。

第九章 腹地工业再次崛起

三线建设以抓战备的方式，使西部地区第一次在国家计划中占有空前的重要位置（陈东林，2009）。在 70 年工业化历程中，三线建设是继"一五"计划以来中国生产力布局第二次大举向内陆（主要是向西部地区）推进，显著推动了西部地区经济发展和现代化的进程（徐天春，2002），大规模的三线建设在我国内陆建立起宏大的现代化工业基础（李彩华，2005）。

第一节 背景：备战与工业发展

一、三线建设确定过程

1964 年 5 月 27 日，毛泽东与刘少奇、周恩来、邓小平等商谈"三五"计划安排时指出，"第三个五年计划，原计划在二线打圈子，对基础的三线注意不够，现在要补上，后六年要把西南打下基础""在西南形成冶金、国防、石油、铁路、煤、机械工业基地"，并强调"三五"计划要考虑解决全国工业布局不平衡的问题，要搞一、二、三线的战略布局，加强三线建设，防备敌人的入侵（金冲及，1998）。第二天下午，刘少奇主持召开中央工作会议小组会议，传达毛泽东关于建立第三线的指示（陈东林，

2003）。"三五"计划在逐步解决吃穿用问题的同时，注重加强三线基础工业的建设，不久后，迅速开展三线建设，加强战备成为"三五"时期发展的核心主题。

1964 年 8 月中旬，中央书记处开会讨论三线建设问题，毛泽东在 17 日、18 日两次讲话中强调：要准备帝国主义随时可能发动侵略战争；工厂集中在大城市和沿海地区的局面不利于备战，要抓紧内迁；各省都要建立自己的战略后方，工业交通要搬，科研院所也要搬。根据毛泽东的讲话精神，三线建设成为国家发展的核心战略，集中力量建设三线：新建项目都要布局在三线，勘查设计工作马上就启动；有计划有步骤调整一、二线的工业企业。由此，三线建设进入初期部署和实施阶段（陈东林，2009）。

二、三线建设实施过程

从 1964 年下半年起，在既考虑国防安全又兼顾经济发展长期需要的前提下，刚进入国家战略规划序列的三线建设就已大规模开工建设。1965 年拉开三线建设大会战的序幕，1966 年在更大的规模上展开（汪海波，2017）。

从 1964 年开始，东部沿海地区大量的工厂、工人、干部、资金、设备等涌向了中西部地区，并形成了 1965 年前后三线建设的第一次高潮（徐有威、陈熙，2015）。据不完全统计，仅 1964 年下半年到 1965 年，便在西南、西北部署了新建、扩建和续建的大中型项目达 300 余项，一线搬迁到三线的工厂约 400 个（薄一波，2008）。

1964 年 10 月 30 日，中央批准并下发了国家计委提出的《1965 年计划纲要（草案）》，指出要"争取时间，积极建设三线战略后方，防备帝国主义发展侵略战争"，并将三线建设的总目标定为"要争取多快好省的方法，在纵深地区建立起一个工农业结合的、为国防和农业服务的比较完整的战略后方基地"（孙东升，1995）。1965 年 2 月 26 日，中共中央、国务院作出《关于西南三线建设体制的决定》，决定成立西南三线建设委员会；3 月

29 日，中央宣布西南三线总指挥部人员组成；4 月，中共中央、国务院再次决定成立国家建委，其主要任务之一就是：切实抓好西南、西北战略基地和一、二线后方基地的建设及重点项目的建设（孙东升，1995）。

　　1965 年 9 月 2 日，根据毛泽东、周恩来意见修改，国家计委拟定的《关于第三个五年计划安排情况的汇报提纲（草案）》提出：第三个五年计划必须立足于战争，从准备大打、早打出发，积极备战，把国防建设放在第一位，加快三线建设，逐步改变工业布局（孙东升，1998）。

　　1967 年和 1968 年，"文化大革命"波及全国，生产停顿、交通堵塞，工程建设甚至无法正常进行，三线地区除少数项目还在坚持施工外，多半处于停工或半停工状态。1969 年，中苏边境冲突再次将三线建设提上战略高度，并对重点建设的基地和项目实行军事管理，三线建设在 1969~1971 年掀起了第二次建设高潮。1969 年全国的基本建设投资额骤增至 200.83 亿元，较上年增长了 77.6%，1970 年进一步增长到 312.55 亿元，在 1969 年的基础上又增长了 55.6%，1971 年达到 340.84 亿元。

　　三线建设的方式主要包括迁建、包建、新建。迁建① 是从一线往内陆搬迁一批工厂，整个工厂包括设备、技术力量、工程管理技术人员全部都搬到内陆。1964 年立即动手从一线迁往三线的共 29 个项目，到 1965 年上半年，已搬迁完 51 个项目。迁建是三线建设的主要形式，迁建项目一律实行大分散、小集中的原则，靠山、分散、隐蔽配置。包建是由一线有关企业、部门包设计、包设备、包安装、包人员、包生产出产品，最典型也是最成功的包建企业是攀枝花钢铁公司（主要由鞍钢包建）。新建多见于核工业、航天工业的企事业单位（肖敏、孔繁敏，1989）。

---

① 1965 年全国迁建工作会议确定的迁建原则为：国防尖端工厂、重要的军工厂及其必要的协作配套工厂，基础工业的骨干工厂，生产全国短线产品和三线缺门产品的重要工厂，全国独一无二的重要工厂和关键设备，以及为国防尖端服务的科研机构和高等院校的少数机密专业，应当根据需要和可能，积极采取措施、分期分批搬到内陆。

第二节 布局：工业向腹地推进

1964~1980 年，在中国中西部的 13 个省（区）① 进行了一场以战备为指导思想的大规模国防、科技、工业和交通基础设施建设，史称三线建设。三线建设是中国历史上一个规模空前的重要经济建设战略；三线建设期间，国家在主要的 13 个省份的中西部地区投入了 2052.68 亿元巨资。②

三线建设分布的地区，开始时重点是西南的四川、贵州、云南和西北的陕西、甘肃，以后逐渐扩展至中部的河南、湖北、湖南（见表 9-1）。在三线建设重大项目的实施中，经中共中央和国务院批准，分别成立了一些工作小组或指挥部，如三线建设支援和检查小组、四川攀枝花钢铁基地建设筹备小组、西南铁路指挥部等。

表 9-1 1964~1978 年三线建设主要省份和部分沿海省（市）固定资产投资规模

单位：亿元

年份	全国	三线建设主要省份				部分沿海省（市）			
		四川	贵州	云南	陕西	北京	上海	江苏	浙江
1964	144.12	7.60	3.62	4.01	3.02	5.90	4.69	4.72	2.54
1965	179.61	19.80	8.95	8.03	5.39	8.43	3.89	4.77	2.60
1966	209.42	33.19	10.10	10.77	7.18	5.90	4.77	4.10	2.64
1967	140.17	19.45	6.11	7.91	4.00	4.11	2.80	3.09	2.01
1968	113.06	10.58	5.27	3.94	3.05	3.55	3.20	3.28	1.60
1969	200.83	28.48	6.23	9.08	7.21	6.89	5.39	3.72	2.72
1970	312.55	40.83	12.74	9.54	18.83	8.56	7.54	6.19	3.49
1971	340.84	37.04	16.53	9.23	20.87	7.85	7.34	7.62	5.18

---

① 因当时重庆尚未从四川分离出来，因而此处的 13 个省（区）是不包括重庆的。
② 占同期全国基建总投资的 39.01%，超过 1953~1964 年全国全民企业基金投资的总和。

续表

年份	全国	三线建设主要省份				部分沿海省（市）			
		四川	贵州	云南	陕西	北京	上海	江苏	浙江
1972	327.98	28.44	11.56	9.26	20.81	7.82	6.25	9.22	5.56
1973	338.10	22.55	7.61	9.30	16.82	10.45	8.43	10.06	4.86
1974	347.71	20.47	5.90	9.15	14.23	14.25	12.58	9.38	4.74
1975	409.32	27.86	7.30	9.42	13.89	19.43	21.30	10.88	5.20
1976	376.44	19.80	6.29	8.53	11.87	13.89	13.82	12.64	5.08
1977	382.37	19.05	6.63	8.29	12.01	14.55	8.57	12.97	6.49
1978	500.99	28.37	9.28	11.77	15.99	20.43	14.62	18.26	10.10

资料来源：徐有威、陈熙：《三线建设对中国工业经济及城市化的影响》，《当代中国史研究》2015 年第 4 期。

从三线建设主要省份和部分沿海省（市）固定资产投资规模来看（见表 9-1），1964 年以来，国家逐渐增加对三线地区主要省份的固定资产投资，1969~1973 年，三线建设主要省份四川、贵州、云南、陕西四省的固定资产投资规模远高于北京、上海、江苏、浙江等沿海省市固定资产投资规模，特别是在三线建设的第二个高潮期（1969~1971 年），四川一省的固定资产投资规模就超过北京、上海、江苏、浙江四省市之和。

从三线地区基本建设投资情况来看，三线建设期间，尤其是"三五"时期，国家对三线地区的基本建设投资占到全国的近一半，虽然在"四五"和"五五"时期有所下降，但整体仍然保持了比较高的投资比例。如表 9-2 所示，三线建设期间，四川①是基本建设投资的重点，基本建设投资共计 414.03 亿元，为全国之最，其次是湖北，基本建设投资共计 317.13 亿元，河南与陕西的基本建设投资也处于全国领先行列，其基本建设投资均超过 200 亿元。

① 此处四川的数据包括了重庆。

表 9-2 三线地区基本建设投资情况

单位：亿元

地区	三线建设时期				
	1965 年	"三五"时期	"四五"时期	"五五"时期	小计
四川	19.80	132.53	136.36	125.34	414.03
贵州	8.95	40.45	48.90	48.89	147.19
云南	8.03	41.25	46.36	55.31	150.95
陕西	5.39	40.27	86.62	76.10	208.38
甘肃	9.03	43.96	54.34	48.20	155.53
河南	6.65	38.88	75.03	96.22	216.78
湖北	5.62	54.45	103.77	153.29	317.13
湖南	5.77	35.55	65.92	67.64	174.88
山西	5.43	32.39	57.20	74.52	169.54
青海	1.98	12.16	12.29	32.95	59.38
宁夏	1.48	10.55	17.12	17.74	46.89
三线地区合计	78.13	482.44	703.91	796.20	2060.68
全国总计	179.61	976.03	1763.95	2342.17	5261.76
三线地区占全国的比例（%）	43.50	49.43	39.91	34.00	39.16

资料来源：周明长：《三线建设与中国内地城市发展（1964-1980 年)》，《中国经济史研究》2014 年第 1 期。

三线建设之初的 1965 年，国家将超过 40% 的基本建设投资都布局在三线地区，这一年全国基本建设投资总额为 179.61 亿元，而三线地区就有 78.13 亿元，占当年基本建设投资总额的 43.50%。"三五"时期，国家对三线地区基本建设投资更是达到了史无前例的倾斜投入，将接近一半（49.43%）的基本建设投资布局在三线地区（见表 9-2）。

第三节 变局：腹地工业崛起

一、腹地工业基础进一步夯实

三线建设的开展，初步改变了我国内陆基础工业薄弱、交通落后、资源开发水平低下的工业布局不合理状况，初步建立起具有相当规模、门类齐全、科研和生产结合的战略大后方工业交通体系，给内陆建设带来了发展机遇，为我国区域经济的进一步协调发展创造了必要的条件（范肇臻，2011），在相当程度上改变了我国工业的不合理布局，促进了内陆经济的繁荣和社会进步，使我国的战略后方在交通、能源、国防科技、机械、轻纺、电子方面都取得了很大的发展（孙东升，1995）。

虽然基于当时特定环境所采取的"靠山、分散、隐蔽"和进洞的选址原则给后来企业的经营和发展造成了严重的浪费和不便，但在短短十几年间，上千个大中型工矿企业、科研单位星罗棋布于中西部地区，成为推动中国西部工业化的"加速器"，初步改变了中国东西部经济发展不平衡的布局，极大地促进了腹地工业的崛起。

经过十多年的三线建设，三线地区工业占比有了明显提升，三线建设前的1963年，三线地区14个省份（包括重庆）的工业占比仅为26.80%，在三线建设的第一次投资高潮期间，三线地区的工业占比不断攀升，并于1967年上升至30.00%（见图9-1）。然而，由于三线地区的工业基础不够扎实，在"文化大革命"的冲击下，三线地区的工业生产以明显快于全国其他省区市的速度大幅减产，以至于到1968年其工业占比下降至26.43%，还不及三线建设之前1963年的水平。在随之而来的第二次投资高潮期间，三线地区的工业生产能力加速恢复，工业占比更是一路攀升，并于1972

年达到31.26%，相比1963年和1967年均有显著提升。虽然三线地区的工业生产在"文化大革命"末期再次经历了小幅动荡，但其工业占比整体上还是高于三线建设前的水平，并在"文化大革命"之后的"洋跃进"时期快速攀升，于1978年达到历史新高（32.25%）。

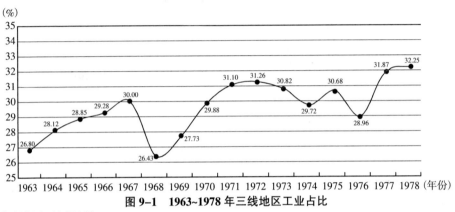

图9-1　1963~1978年三线地区工业占比

资料来源：笔者绘制。

可见，从工业占比的变化来看，三线建设对三线地区的工业建设起了极大的促进作用，不仅促进了这些地区的工业生产能力的提升，同时还为这些地区布局了较为完整的工业经济体系，进一步夯实了腹地的工业基础。

二、新兴工业城市在三线地区崛起

三线建设是20世纪六七十年代中国工业建设的重心，不仅在很大程度上改变了东西部地区工业生产布局和产业结构，而且也深刻地影响了中国城市化进程。为实现三线建设的既定目标，国家在1965~1980年对11个省区进行了高倾斜投资和高强度开发。大量工厂、工人的内迁以及新的工业项目的投入，给内陆带来了一次重要的发展机遇，也由此带来内陆重工业尤其是国防工业的发展，并带来一批新兴工业城市的快速崛起（徐有威，2015）。

三线地区建成了门类比较齐全的工业体系和以大中城市为核心的 8 大新工业区（林凌、李树桂，1992；周明长，2014）：以成都、重庆为中心的成渝工业区；以渡口、六盘水、贵阳、昆明为中心的川黔滇工业区；以西安、咸阳、宝鸡为中心的关中工业区；以兰州、天水、金昌为中心的兰州—天水工业区；以武汉、大冶为中心的武汉—大冶工业区；以十堰、襄樊、宜昌、枝城为中心的鄂西工业区；以洛阳、平顶山、焦作为中心的豫西工业区；以长沙、株洲、湘潭为中心的湘中工业区。

三、三线地区工业高速增长

三线建设以来，三线地区的工业建设很快进入加速发展通道，在全国全力支持三线建设的大潮中，三线地区各省区市的工业经济迎来了一个高速发展期。如前所述，三线建设经历了 1964~1966 年、1969~1971 年两拨建设高潮，三线建设高潮期间，由于国家对三线地区进行重点投资和建设，这些地区的工业增速在此期间也有相应提升，并形成了两个短暂的工业加速发展期。

1964 年，工业增速超过全国水平的 12 个省份中只有甘肃、湖北、湖南、河南、河北、重庆 6 个省（市）属于三线建设地区；1965 年，三线建设地区有甘肃、山西、四川、贵州、湖南、河南、宁夏、陕西、广西 9 个省（区）的工业增速超过全国平均水平；1966 年，三线建设地区有陕西、宁夏、河南、湖北、青海、山西、湖南 7 个省（区）的工业增速超过全国平均水平（见表 9-3）。

1969 年，三线建设开始进入第二次投资高潮，三线建设核心地区的云南、重庆、贵州、青海、甘肃等省（市）在 1969~1970 年的工业增速快速攀升，以显著高于全国平均水平的速度高速发展（见图 9-2）。1969 年，云南以 180.39% 的工业增长引领了"文化大革命"以来的工业增速，不仅成为三线建设地区工业增长最突出的省份，也在这一年创下全国工业增速之最；陕西和重庆也在这一年进入工业高速发展通道，分别实现了 122.48%

表9-3 1964~1978年工业经济增速高于全国平均值的省区市

年份	1964	1965	1966	1967	1968	1969	1970	1971	1972	1973	1974	1975	1976	1977	1978
工业经济增速（高→低）	甘肃	西藏	陕西	西藏	上海	云南	西藏	西藏	浙江	西藏	宁夏	贵州	新疆	湖北	福建
	湖北	甘肃	宁夏	四川	江西	陕西	贵州	广西	西藏	内蒙古	甘肃	山东	四川	贵州	贵州
	江苏	江西	河南	山东	四川	广西	青海	青海	云南	福建	北京	湖北	山东	云南	湖北
	湖南	安徽	北京	青海	河北	辽宁	山西	湖北	宁夏	广东	四川	重庆	河北	河南	内蒙古
	河南	山西	新疆	宁夏	山东	北京	湖南	重庆	福建	青海	河北	吉林	江苏	浙江	山西
	安徽	四川	湖北	广东	甘肃	重庆	甘肃	内蒙古	湖南	湖北	西藏	新疆	安徽	江西	浙江
	福建	贵州	青海	河北	宁夏	福建	重庆	陕西	北京	云南	天津	甘肃	北京	青海	陕西
	河北	辽宁	西藏	甘肃	天津	山西	河南	宁夏	广西	广西	辽宁	广东	辽宁	山西	重庆
	重庆	福建	福建	浙江	江苏	安徽	山东	江苏	四川	江苏	新疆	湖南	广西	河北	云南
	天津	湖南	黑龙江	黑龙江	内蒙古	天津	北京	安徽	河南	湖南	广西	内蒙古	浙江	湖南	四川
	山东	河南	山东	新疆	黑龙江	浙江	云南	新疆	江苏	四川	广东	宁夏	黑龙江	江苏	山东
	浙江	宁夏	广东	河南	北京	吉林	江苏	甘肃	湖北	浙江	黑龙江		西藏	新疆	广东
		黑龙江	江苏	福建	青海		新疆	江西	安徽	辽宁	青海		甘肃	陕西	天津
		陕西	山西	湖南			安徽	贵州	江西	河北	上海			福建	江苏
		广西	安徽	云南			吉林	山东	辽宁	山西	河南				青海
		江苏	天津	贵州			河北	四川		安徽	福建				湖南
			湖南	上海			宁夏	河北		江西	吉林				
								辽宁		黑龙江	云南				
								吉林			陕西				
								福建			江苏				

资料来源：笔者整理。

和 50.88% 的超高速增长。1970 年，贵州、青海和甘肃的工业经济分别实现了 131.00%、75.65%、42.83% 的超高速增长。

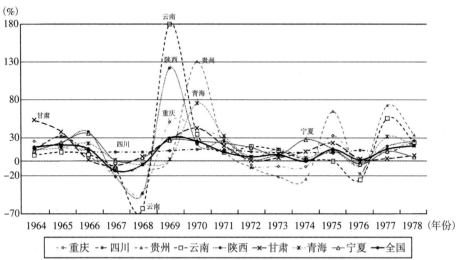

图 9-2　1964~1978 年三线地区工业增速（一）

资料来源：笔者绘制。

如图 9-3 所示，三线建设期间，三线建设核心地区的大部分省区市均实现了高于全国平均增速的工业增长。1972 年、1973 年之后，随着国家对三线建设投资的逐渐减少，这些省区市的工业增速也逐渐回归全国平均水平，也有部分省份（如贵州、重庆）在减少"输血"之后其工业增速显著滑坡，直到 1975 年才再次回归高速增长态势。

图 9-3 展示了以腹地工业建设而纳入三线地区的 6 个省（区）工业增速变化情况，在三线建设期间，这些三线建设腹地地区的工业增长态势并不如三线建设核心地区显著，但三线建设也为这些地区的工业经济发展带来了历史性的机遇。在三线建设刚启动的第一次投资高潮期间，多数省（区）都实现了高于全国均速的增长，1964 年有湖北、湖南、河南、河北，1965 年有山西、湖南、河南、广西，1966 年有河南、湖北、湖南。到 1969~1971 年的第二次投资高潮，三线建设腹地地区更是迎来了一波高速，甚至是超高速的工业增长期。1969 年，广西实现了 68.55% 的工业经

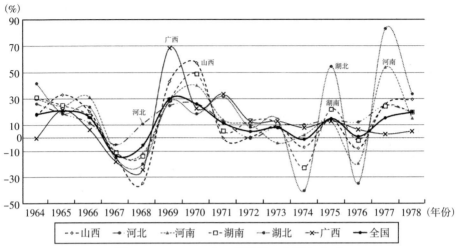

图 9-3 1964~1978 年三线地区工业增速（二）

资料来源：笔者绘制。

济增长，仅次于云南和陕西；1970 年山西、湖南、河南也实现了高速的工业经济增长，其工业增速分别高达 57.30%、48.68%、39.92%。1971 年，广西与湖北进入工业经济高速增长期，分别实现 33.40% 和 31.57% 的高速增长。

此外，对比图 9-2 与图 9-3，均有一个十分明显的特征，那就是自 1973 年之后，在国家对三线建设的支援力度逐渐减小之时，三线地区工业建设呈现波动发展，且其增长态势起伏不定，如图 9-2 中的贵州、云南、重庆，以及图 9-3 中的湖北、湖南、河南。说明这一时期三线建设的问题开始集中暴露，并严重影响了三线地区工业经济的持续增长。由此也表明，三线地区工业经济增速过度依赖于全国的支援建设和投资，"输血式"的三线建设虽然在一定程度上促进了中西部地区（特别是西南地区、西北地区）工业经济的发展，并再次夯实了内陆大部分省份的工业基础，但并未显著提升三线地区的工业生产能力。

从三线建设两次投资高潮期间的工业迁移轨迹来看，向三线地区倾斜的工业建设确实促进了沿海工业向内陆转移，并壮大了内陆的工业经济实力，如图 9-4 所示，工业重心轨迹在三线建设的两次投资高潮期间均有明显西移，1964~1967 年的工业重心轨迹西移正好对应三线建设的第一次投资高潮，1968~1971 年的工业重心轨迹转移正好对应三线建设的第二次投资高潮。然而，同时也有一个显著问题，那就是 1967 年后，三线建设受到了严重干扰，三线地区的工业生产能力显著下滑，以至于 1967~1968 年工业重心迅速东移，且其东移幅度超过了 1964~1967 年的西移，直到进入第二次投资高潮期，工业重心才恢复西移趋势。

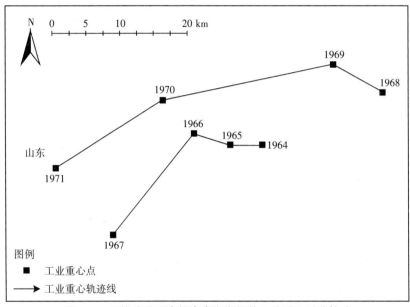

图 9-4　三线建设两次投资高潮期间的工业重心迁移轨迹
资料来源：笔者绘制。

从图 9-4 可以看出，两次三线建设高潮期间，工业重心轨迹线向西迁移的幅度并不大，也意味着三线地区虽然在此期间实现了工业经济的快速增长，但由于起点较低，速度优势并未能实质性地转化为体量优势。由此也表明，三线地区工业建设并没有形成强劲的内生动力，其工业增长基本依靠援建和投资驱动，工业生产的"造血"功能并未形成。

四、开展三线建设调整改造工作

根据毛泽东提出的"大分散、小集中"和"依山傍水扎大营"的指示，为使三线工业特别是国防科技工业适应现代化战争的要求，远离大城市分散布局，三线建设在生产布局和厂址选择过程中执行"靠山、分散、隐蔽"（山、散、洞）的方针，因而企业在选址中缺少必要的工程地质勘探与经济效益分析，从而使得三线建设项目的整体布局趋于偏僻，远离城市，不仅给职工生活带来诸多不便，也给工业生产带来严重的不便。同时，在具体实施和操作中由于缺乏科学论证和考察，出现了许多失误，存在着规模过大、战线过长、布点过散、国家投入过多造成财力紧张，削弱了一、二线经济发展速度快的地区的发展力度（范肇臻，2011）。

虽然一线地区为三线建设提供了资金、技术、人才等方面的援助，但建设规模铺得过大，战线拉得太长，超过了国家财力、物力的承受能力（李彩华，2002）。三线建设虽然极大地促进了三线地区工业经济的增长，但这种增长极为有限，且难以成为推动三线地区工业经济增长的持续动力。以至于从 20 世纪 80 年代开始，三线建设进入调整改造的新阶段。1983 年 10 月，国务院正式做出决定，按照"调整改造，发挥作用"的方针，全面开展三线建设的调整改造工作（何郝炬等，2003）。

1983 年底，新成立的国务院三线建设调整规划办公室会同有关部门、省、市、区多次研究三线企业布局调整问题，从此拉开了三线建设调整改造工作的帷幕。三线企业的调整，主要是解决三线建设中的一些遗留问题，搬迁到大中城市郊县和中小城市的只能是少数自然灾害严重、钻山太深、布局过散、就地难以生存的企业及科研单位，大部分企业依然留在偏远山区。但这些留在三线地区的企业通过在沿海城市和内陆中心城市兴办"窗口"企业的方法，为三线建设调整改造工作提供了便捷、高效的解决方案（何郝炬等，2003）。

第四篇
改革开放以来中国工业经济发展空间格局演变

改革开放以来，随着中国经济逐渐融入世界经济体系，以及市场化改革不断深化，中国工业经济空间格局在市场化和全球化力量的共同影响下发生了深刻变化，市场化改革与对外开放是引致产业空间格局变化的主导因素，两者的合力引导着产业区位逐步与具有比较优势的地理格局相匹配，劳动力素质与成本、自然资源等由此成为影响各产业地区分布主要区位因素（吴三忙、李善同，2010）

改革开放40年来，中国工业化进程的巨大成就在世界历史上是史无前例的，高速增长的工业经济持续推动着中国综合实力的稳步提升，占世界20%的人口在几十年的时间内进入工业化时代，中国工业化的地区差异和地区递进也由此形成了一个非常独特的"中国特色"现象。大多数工业化国家在工业化进程中产生的空间不平衡现象主要表现为国家之间的不平衡。中国由于人口众多且地域空间广阔，工业化进程中的空间不平衡很难转移到外部空间，只能在国家内部缓慢消化，这使得国内区间经济发展不平衡的现象更加突出（金碚，2017）。广阔的地域空间不仅为工业经济的区域递进发展提供了腾挪空间，也为区域经济发展差距提供了多类型的表现方式。

第十章　省际差距非均衡演进

在中国工业化进程中，由于不同地区之间经济发展基础和地理位置的差异显著，我国工业化在全国推进的过程就是以非均衡的空间格局演进的。尽管156项工程期间工业项目大多布置在内陆，且三线建设期间大量工业企业由沿海迁往内陆，并在内陆新建、扩建了一批工业企业，同时也不断加大对内陆的投资力度，从而极大促进了内陆工业的快速发展，也显著改善了工业过于集中在沿海地区的局面。

然而，内陆工业发展的比较优势并未奠定，相比于沿海地区还存在诸多不足，沿海地区工业发展的比较优势依然显著。改革开放以来，沿海地区工业经济取得了举世瞩目的成就，不仅带动中国经济发展走出了低水平的"均衡"发展，逐步接轨世界经济体系，中国成为世界第二大经济体，沿海地区还通过逐步向中西部地区进行产业转移，推动着中西部地区在21世纪以来进入高速增长时期。

然而，由于区域发展比较优势差异显著，尽管近10多年来中西部地区工业经济增长率明显高于沿海地区，"东快西慢"的工业化推进格局逐步向"西快东慢"转变，与此相伴相随的是"北弱南强"的空间格局逐步得到强化，区域间工业经济发展平衡的问题也日益突出。

从各省份的情况来看，省际工业发展差距整体呈现缩小态势，与各省份的经济发展差异基本保持相同演变态势，具体表现为图10-1中的省际GDP占比极差与省际工业占比极差均在1985年之后呈现极为相似的演化路径，唯一不同的是省际工业发展差距比省际经济发展差距要大（相对百分比），特别是在改革开放的前6年（1978~1983年），省际工业占比极差保持在 10%以上，而省际 GDP 占比极差均保持在 8.0%以下。

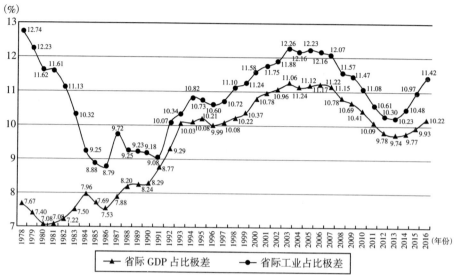

图 10-1　1978~2016 年省际 GDP 占比极差与省际工业占比极差对比

注：极差 = 最大值 − 最小值。

资料来源：笔者绘制。

省际工业经济发展差距呈"缩小（1978~1986 年）—扩大（1987~2003年）—缩小（2004~2013 年）—扩大（2014~2016 年）"的趋势。改革开放之初，即使在此之前的三线建设在一定程度上促进了中西部地区的工业发展，但并未有效改变地区之间巨大的工业发展差距。1978 年，省际工业全国占比极差为 12.74%，工业占比最大的上海占到全国工业增加值的 12.78%，直逼西部 12 省份工业占比之和（16.38%），中部六省之和也仅为 16.68%。2016 年，省际工业全国占比极差为 11.42%，工业占比最大的广东占到全国工业增加值的 11.45%，此时上海的工业全国占比已下降到 2.60%。

第一节　缩小：1978~1986 年

1978~1986 年，省际工业发展差距呈现逐年缩小态势，省际工业占比极差由 1978 年的 12.74% 下降为 1986 年的 8.79%。增幅最大的 5 个省为浙江、江苏、湖北、河南、安徽，其工业全国占比分别增加 2.50%、1.61%、1.09%、0.91%、0.83%；降幅最大的 5 个省（市）依次为上海、黑龙江、辽宁、甘肃、北京，其工业全国占比分别降低 4.45%、1.31%、1.05%、0.67%、0.64%（见图 10-2）。至此，上海作为中国第一大工业省（市）的地位不再，让位于江苏。1986 年，江苏的工业全国占比为 8.86%，高出上海 0.5 个百分点，工业全国占比前五位由 1978 年的上海（12.78%）、辽宁（9.56%）、江苏（7.21%）、山东（6.68%）、黑龙江（6.20%）演变为 1986 年的江苏（8.82%）、辽宁（8.51%）、上海（8.32%）、山东（7.17%）、广东（5.44%）。

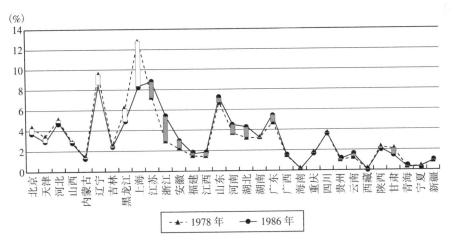

图 10-2　1978~1986 年各省份工业全国占比增减变化情况

注：实心涨/跌柱表示 1978~1986 年为增长态势，其高低表示增长值；空心涨/跌柱表示 1978~1986 年为下降态势，其高低表示下降值。

资料来源：笔者绘制。

在此期间，工业过于集中在个别省区市的态势得到了一定程度的缓解，中西部地区大部分省区市的工业发展状况有所改观，但省际工业发展依然存在较大差距，工业发展落后地区的工业经济依然没有得到有效改善：1978 年，工业全国占比前五位之和为 42.42%，到 1986 年下降为 38.27%，工业全国占比后五位之和由 1978 年的 1.80% 下降到 1986 年的 1.71%。工业最不发达地区依然是新疆、青海、宁夏、海南、西藏这 5 省（区），长期"稳居末位"，其工业全国占比之和始终在 2.0% 以下（见表 10-1）。

表 10-1　1978~1986 年工业全国占比前五位与后五位变化情况

年份		1978	1979	1980	1981	1982	1983	1984	1985	1986
前五位（高↓低）	1	上海	上海	上海	上海	上海	上海	上海	上海	江苏
	2	辽宁	辽宁	辽宁	辽宁	辽宁	辽宁	辽宁	江苏	辽宁
	3	江苏	江苏	江苏	江苏	江苏	江苏	江苏	辽宁	上海
	4	山东	山东	山东	山东	山东	山东	山东	山东	山东
	5	黑龙江	黑龙江	黑龙江	黑龙江	黑龙江	黑龙江	黑龙江	广东	广东
	合计（%）	42.42	40.94	41.31	40.9	40.29	39.35	38.94	39.05	38.27
后五位（高↓低）	1	新疆	新疆	新疆	新疆	新疆	新疆	新疆	新疆	新疆
	2	宁夏	宁夏	宁夏	宁夏	宁夏	青海	宁夏	宁夏	青海
	3	青海	青海	青海	青海	青海	宁夏	青海	青海	宁夏
	4	海南	海南	海南	海南	海南	海南	海南	海南	海南
	5	西藏	西藏	西藏	西藏	西藏	西藏	西藏	西藏	西藏
	合计（%）	1.80	1.85	1.67	1.58	1.57	1.71	1.62	1.65	1.71

资料来源：笔者绘制。

第二节　扩大：1987~2003 年

1987~2003 年，省际工业发展差距在轻微的波动中表现为扩大态势，

在此期间，省际工业差距一度逼近 1978 年时的差距，于 2003 年时达到
12.26%。增幅最大的五省为广东、山东、浙江、福建、江苏，其工业全国
占比分别增加 6.27%、2.68%、2.47%、1.86%、0.97%；降幅最大的五省
（市）为辽宁、上海、黑龙江、湖北、北京，其工业全国占比分别降低
3.70%、2.15%、1.75%、1.34%、1.21%（见图 10-3）。1996 年，江苏作为
中国第一大工业省的地位不再，让位于广东，此时广东的工业全国占比为
10.65%，高于江苏的 10.29%，自此以后，广东成为中国工业第一大省，
江苏退居第二位。在此期间，东北三省（辽宁、吉林、黑龙江）的工业地
位呈现急速下滑趋势，三省的工业全国占比下降了 6.5%，其中以辽宁为
最，下降了 3.7%。随着中国市场经济体制改革的逐步深入，东北工业老
基地与市场经济接轨过程的不适应症状日益显著。

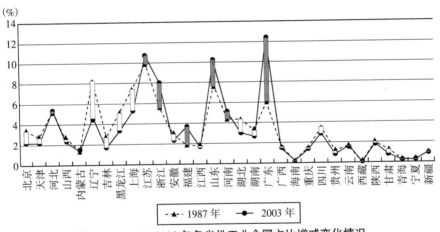

图 10-3 1987~2003 年各省份工业全国占比增减变化情况

注：实心涨/跌柱表示 1987~2003 年为增长态势，其高低表示增长值；空心涨/跌柱表示 1987~2003 年
　　为下降态势，其高低表示下降值。

资料来源：笔者绘制。

得益于 1980 年设立深圳特区所带来的开放效应，广东的工业经济取
得了突飞猛进的发展，一跃成为中国第一工业大省，且"稳坐"至今。曾
经盛极一时的工业大省（市），如上海、辽宁，逐步退出工业大省行列。
1987~2003 年，工业全国占比前五位由 1987 年的江苏（9.74%）、辽宁

（8.26%）、山东（7.50%）、上海（7.40%）、广东（6.02%）演变为广东
（12.29%）、江苏（10.71%）、山东（10.18%）、浙江（7.96%）、河北
（5.37%）。

与此同时，省际工业发展的集聚态势进一步强化，如表10-2所示，
工业全国占比前五位省区市之和由1987年的38.92%增至2003年的
46.51%，而后五位省区市之和依然保持在2.0%以内，可见，省际工业发
展差距再次扩大，其差距甚至已超过改革开放之前，1978年工业占比前
五位省区市之和仅为42.42%。由此表明，随着改革开放的渐次深入，沿
海地区工业经济发展的比较优势逐渐凸显，极大地促进了沿海工业大发
展，同时也快速拉大了省际工业发展差距，东部沿海地区工业经济的快速
发展，也在一定程度上挤压了中西部地区的工业发展，形成了典型的"东
快西慢"工业经济发展空间格局。

表10-2　1987~2003年工业全国占比前五位与后五位变化情况

年份	1987	1988	1989	1990	1991	1992	1993	1994	1995
前五位合计（%）	38.92	38.60	38.63	38.89	38.97	40.69	41.67	42.82	43.42
后五位合计（%）	1.64	1.73	1.77	1.87	1.86	1.83	1.77	1.70	1.62
年份	1996	1997	1998	1999	2000	2001	2002	2003	
前五位合计（%）	43.15	43.31	43.85	44.06	44.53	44.75	45.43	46.51	
后五位合计（%）	1.50	1.47	1.51	1.53	1.52	1.57	1.57	1.54	

资料来源：笔者绘制。

第三节　缩小：2004~2013年

2004~2013年，省际工业发展差距再一次呈现缩小态势，省际工业占
比极差于2013年缩小至10.23%。得益于西部大开发与中部崛起等一系列
旨在促进中西部地区快速发展的国家战略，东部沿海工业开始逐步向中西

部地区转移，中西部地区大部分省份的工业经济取得了前所未有的高速增长，"东快西慢"的工业经济发展空间格局逐渐向"西快东慢"的空间格局转变。

如图 10-4 所示，增幅最大的五个省（区）为内蒙古、四川、安徽、湖南、湖北，其工业全国占比分别增加 1.51%、1.43%、1.20%、1.12%、1.08%；降幅最大的五个省（市）依次为上海、广东、山东、浙江、黑龙江，其工业全国占比分别降低 2.46%、1.93%、1.83%、1.77%、1.32%。2004~2013 年，工业增长中心由东部沿海地区向中西部地区转移的趋势依然显著，工业全国占比提升最多的五省（区）均在中西部地区，可见这些年来中西部地区的工业经济确实取得了突出的成就，但这并未有效改变地区工业发展差距较大的现实，东部沿海地区依然是我国工业发展最好的地区，工业占比前五位依然是以东部沿海的省份为主导，中西部地区只有河南于 2005 年跻身前五名，工业占比后五位除海南确实是出于地理条件原因不适应发展工业外，其余均在西部地区。

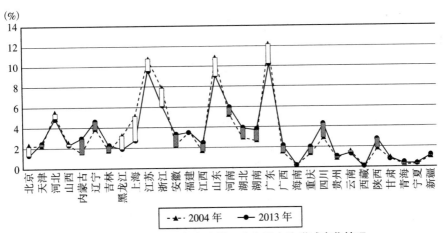

图 10-4　2004~2013 年各省份工业全国占比增减变化情况

注：实心涨/跌柱表示 2004~2013 年为增长态势，其高低表示增长值；空心涨/跌柱表示 2004~2013 年
　为下降态势，其高低表示下降值。
资料来源：笔者绘制。

在此期间，尽管东部沿海各省区市由于资源要素成本、人力资源成本

等方面的压力，开始有序地将一部分工业企业向中西部地区转移，从而促进了中西部地区工业经济的快速增长，与此同时，广东、山东、浙江等地的工业全国占比降幅也较为显著，但这些地区的工业经济优势并未明显改变。产业转移以及"西快东慢"经济增长格局的形成，反过来也对东部沿海地区产业结构转型升级起到了一定的推动作用。

中西部地区，尤其是中部地区工业经济的快速发展在一定程度上缩小了省际工业发展差距。单一省份工业全国占比的最大值下降了近 2 个百分点，由 2004 年的 12.19% 下降到 2013 年的 10.25%，从而显著缩小了地区工业发展差距。同时，工业全国占比前五位省区市的份额也出现明显下滑，由 2004 年的 47.22% 下降到 2013 年的 40.97%，且后五位省区市的份额也有小幅提升，由 2004 年的 1.57% 上升至 2013 年的 1.78%（见表 10-3），表明工业全国占比的份额比以往更加均匀地向中西部地区移动，东部沿海地区与中西部地区的工业发展差距呈现良好改善的态势，工业经济过于集聚东部沿海地区的态势有所缓解。

表 10-3　2004~2013 年工业全国占比前五位与后五位变化情况

	年份	2004	2005	2006	2007	2008	2009	2010	2011	2012	2013
前五位（高↓低）	1	广东	广东	广东	广东	广东	广东	广东	广东	广东	广东
	2	山东	山东	山东	山东	山东	山东	江苏	江苏	江苏	江苏
	3	江苏	江苏	江苏	江苏	江苏	江苏	山东	山东	山东	山东
	4	浙江	浙江	浙江	浙江	浙江	浙江	浙江	浙江	浙江	浙江
	5	河北	河南	河南	河南	河南	河南	河南	河南	河南	河南
	合计（%）	47.22	47.50	47.54	46.98	45.89	45.63	43.56	41.76	41.16	40.97
后五位（高↓低）	1	甘肃	甘肃	贵州	贵州	甘肃	甘肃	贵州	贵州	甘肃	甘肃
	2	宁夏	宁夏	宁夏	宁夏	宁夏	宁夏	宁夏	宁夏	青海	青海
	3	青海	青海	青海	青海	青海	青海	青海	青海	宁夏	宁夏
	4	海南	海南	海南	海南	海南	海南	海南	海南	海南	海南
	5	西藏	西藏	西藏	西藏	西藏	西藏	西藏	西藏	西藏	西藏
	合计（%）	1.57	1.52	1.61	1.65	1.68	1.61	1.65	1.72	1.77	1.78

资料来源：笔者绘制。

第四节　扩大：2014~2016 年

2013 年以后，中国经济进入新常态，产业结构优化升级与经济增长方式转型压力逐渐增大，经济发展条件相对较好地区的比较优势再次凸显，在"转型"期间依然保持良好发展态势，而发展基础较差的地区则未能实现平稳"转型"，以至于这些地区的工业增幅有所下滑，从而使得省际工业发展差距再次演变为扩大态势。2014 年以来，各工业大省的工业发展都较为乐观，大部分地区的工业全国占比都有小幅提升（见图 10-5），江苏、广东、山东、浙江等地增长最为显著，分别提升 0.96%、0.94%、0.54%、0.49%。中西部地区的湖北、重庆、河南、广西等地也有较为明显的提升，其工业全国占比均提升 0.2% 以上。

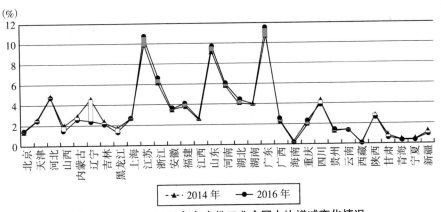

图 10-5　2014~2016 年各省份工业全国占比增减变化情况

注：实心涨/跌柱表示 2014~2016 年为增长态势，其高低表示增长值；空心涨/跌柱表示 2014~2016 年为下降态势，其高低表示下降值。

资料来源：笔者绘制。

虽然在上一阶段（2004~2013 年）东北三省的工业全国占比有小幅回升，但自中国经济进入新常态以来，东北地区的工业经济以塌方的方式沦陷,"东北塌陷"已然成为东北地区工业经济发展的主要特征。2014~2016年,东北三省工业全国占比下降了2.81%,其中辽宁下降了2.17%,其下降幅度居全国之最。至此,东北三省的工业全国占比之和由改革开放初期1978年的18.24%下降到2016年的5.8%,其工业增加值基本与河南一省持平。

经济新常态以来,随着产业结构调整与经济增长方式转型的深入,工业经济发展的省际差距再次扩大,工业全国占比前五位省区市之和呈现较快上涨态势,由2014年的41.12%快速上升至2016年的44.32%,而工业全国占比后五位省(区、市)之和却呈现下滑态势,但其下降幅度之和远低于前五位省区市上升之和(见表10-4),表明工业向部分省份(尤其是广东、江苏、山东、浙江、河南)集聚的态势有所强化。工业经济发展较好的地区依然保持了较好增长态势,广东、江苏、山东、浙江等地更为显著,产业结构调整以及随之而来的供给侧结构性改革,使这些地区的工业经济发展优势再次凸显出来,而广大中西部地区由于在工业产业结构上相比于东部沿海地区存在一定差距,以至于部分省区市工业经济的发展在进入经济新常态以来趋于疲软。

表10-4　2014~2016年工业全国占比前五位与后五位变化情况

年份		2014	2015	2016	年份		2014	2015	2016
前五位(高↓低)	1	广东	广东	广东	后五位(高↓低)	1	甘肃	甘肃	甘肃
	2	江苏	江苏	江苏		2	宁夏	宁夏	宁夏
	3	山东	山东	山东		3	青海	青海	青海
	4	浙江	浙江	浙江		4	海南	海南	海南
	5	河南	河南	河南		5	西藏	西藏	西藏
合计(%)		41.12	42.60	44.32	合计(%)		1.72	1.53	1.50

资料来源:笔者绘制。

第五节　工业南移：南强北弱格局初成

改革开放以来，中国工业化进程中的区域版图发生了显著变化，北方各省区市在全国的工业份额（工业全国占比）下滑明显，北京、天津、河北、山西、辽宁、吉林、黑龙江等省（市）均有不同程度的下滑，1978~2016年，北方八省区市的工业全国占比下降18.25%。在此期间，南部各省区市的工业全国占比均获得了提升，尤其是广东、江苏、浙江等地的外向型工业经济快速发展，其工业全国占比持续攀升，这使中国的工业经济增长重心逐渐向南迁移。上海经过一段时间的快速工业化历程后，其工业经济逐步向长三角地区转移，不仅很好地实现了自身经济的转型发展，还很好地带动了周边地区经济的发展，推动了江苏、浙江等地工业经济的快速增长。作为"共和国长子"的东北三省，长期以资源型、重工业和国企为主支撑经济增长，自改革开放以来便面临日益严重的发展困局，随着社会主义市场经济体制的建立与完善，东北地区转型难的问题日益凸显，近年来更是遭遇了断崖式下滑。

改革开放以来中国工业经济版图由北向南变迁：1978~2016年，工业全国占比下滑的省区市基本都分布在全国地理版图靠北的地方（上海除外），而工业全国占比上升较为显著的省区市均分布在东南沿海或中部地区，如图10-6所示。

将1978~2016年各省份GDP全国占比变化情况与工业全国占比变化情况进行对比（见图10-7）可以发现：工业全国占比下降的省区市，其GDP全国占比基本都有相应幅度的下降，尤其是上海、东北三省和甘肃等地，其工业经济份额与GDP全国份额几乎保持同步下滑态势。

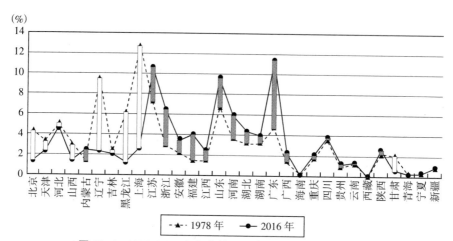

图 10-6　1978~2016 年各省份工业全国占比增减变化情况

注：实心涨/跌柱表示 1978~2016 年为增长态势，其高低表示增长值；空心涨/跌柱表示 1978~2016 年
为下降态势，其高低表示下降值。

资料来源：笔者绘制。

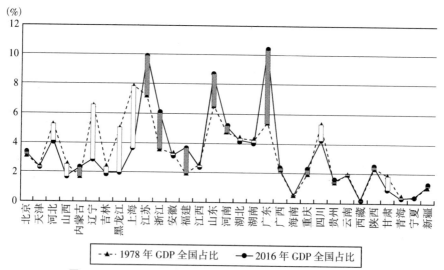

图 10-7　1978~2016 年各省份 GDP 全国占比增减变化情况

注：实心涨/跌柱表示 1978~2016 年为增长态势，其高低表示增长值；空心涨/跌柱表示 1978~2016 年
为下降态势，其高低表示下降值。

资料来源：笔者绘制。

从全国范围来看，中国工业经济发展在地理空间上已呈现显著的南强北弱格局。1978 年，工业全国占比在 6%以上的省区市均为上海以北的地区，而到 2016 年，工业全国占比超过 6%的区域集中在广东、江苏、山东、浙江等地，已由改革开放之初集中在上海以北演变为集中在广东和上海周边的长三角地区。

第十一章 "塌陷"现象与地区崛起

改革开放以来，中国工业经济发展的区域版图发生了显著变化，基本可以概括为四种典型类型（见表11-1）：第一种类型为衰退型塌陷，以东北三省（辽宁、黑龙江、吉林）和甘肃为典型代表，这些地区工业基础相对较好，且在改革开放之前经济增长较快，但在改革开放过程中未能实现顺利转型，不仅其工业经济发展陷入低水平增长的窘境，整个区域的经济发展状况也不容乐观。第二种类型为发展型塌陷，以上海和京津冀地区的北京、天津为代表，这些地区工业发展好、工业基础扎实，且能适时顺应改革开放的大潮，及时调整经济发展战略，适时融入世界经济体系，从而较好地实现了转型发展，尽管其工业经济份额（工业全国占比）呈现显著下滑态势，但其经济体量持续增长，发展势头稳定向好，并成功跨入工业化后期阶段。第三种类型为开放型崛起，以广东为主要代表，尽管其工业基础不那么好，或者其工业发展优势并不十分突出，但能积极追逐改革开放浪潮，对接、融入世界经济体系，通过承接国际产业转移，以外向型经济为主导推动本地工业经济快速发展，实现了工业经济较快较好的发展。第四种类型为承接型崛起，以中部地区为代表，尤其是河南，这类地区工业基础不理想、工业发展优势不显著，由于地处内陆，未能抓住改革开放前期的发展机遇，但锐意进取，积极对接东部沿海地区，紧抓西部大开发、中部崛起等战略性机遇，在新一轮国内产业转移进程中积极发挥优势，承接东部沿海产业，加快对外开放步伐，促使其工业经济快速发展。

表 11-1　改革开放中国工业经济发展的典型区域特征

区域分类		代表区域/地区	主要特征
区域性塌陷	衰退型塌陷	东北三省、甘肃	工业全国占比急速下滑，经济增长缓慢，甚至有趋于停滞的态势，GDP 全国占比大幅下滑；人均 GDP 相对较低
	发展型塌陷	上海、京津冀（北京、天津）	工业全国占比急速下滑，经济增长动力强劲，且第三产业已成为主导产业，GDP 全国占比有一定幅度的下滑或有小幅提升；人均 GDP 较高
地区崛起	开放型崛起	广东、江苏、浙江	工业全国占比快速增长，经济增长动力强劲，第三产业快速发展；GDP 全国占比有显著提升
	承接型崛起	中部地区（山西除外）	工业全国占比缓慢增长，经济增长动力不断强化；GDP 全国占比下降或小幅提升

注：此处的"塌陷"是指原本是工业经济高地变为工业经济"洼地"，从而体现出来的一种类似塌陷的形态，工业经济"塌陷"并不意味该地区经济增长停滞，也有可能意味着该地区已进入工业化中期或后期阶段，如上海、北京。

资料来源：笔者整理。

　　经过 30 多年的快速工业化进程，以及近几年来的工业化蓄势奋进期，中国工业经济的地理版图由改革开放初期显著的"东西分异"转向"东西、南北分异"的空间格局。整体来说，在中国工业经济发展的地理版图变迁过程中，区域性塌陷与地区崛起并存。

第一节　衰退型塌陷

　　东北老工业基地是中国工业的摇篮，为建成独立、完整的工业体系和国民经济体系，为国家的改革开放和现代化建设做出了历史性的重大贡献（关伟，2004）。然而 20 世纪 90 年代以来，随着社会主义市场经济体制的逐步建立与完善，东北地区由于体制性和结构性矛盾日趋显现，加之老工业基地企业设备的技术更新滞后，其工业竞争力与日下滑，与东部沿海各地区的发展差距呈现出扩大态势。

　　改革开放初期，辽宁的工业增加值位居全国第二，仅次于上海。1978

年，东北三省的工业全国占比为 18.24%，比中部六省之和（16.68%）或西部 12 个省区市之和（16.38%）还要高，仅辽宁一省的工业增加值就是广东的两倍多，相当于福建、广西、江西、内蒙古、云南、贵州、新疆、宁夏、青海、海南、西藏 11 个省区市之和。2016 年，辽宁的工业增加值仅占全国的 2.39%，还不及广东的 1/10，远低于全国平均值（3.26%），与广西相当，从改革开放初期的第二号工业大省滑落到工业增加值排名第 16 位。

1978~2016 年，东北地区工业全国占比呈现显著下滑态势，尤其是进入经济新常态以来，其工业全国占比更是加速下滑。截至 2016 年，东北三省的工业全国占比仅为 5.80%，甚至低于河南的工业全国占比（5.98%）。如图 11-1 所示，东北地区工业发展具有较为显著的阶段性特征，因而其衰退型塌陷可以划分为三个阶段。

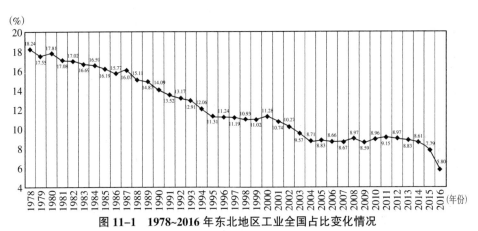

图 11-1　1978~2016 年东北地区工业全国占比变化情况

资料来源：笔者绘制。

第一阶段为 1978~2004 年。这一阶段东北地区工业实力逐年下降，东北三省的全国占比之和年均下滑 0.37 个百分点，其下滑态势一直较为平稳。第二阶段为 2004~2013 年。2003 年，国家明确提出振兴东北战略，支持东北地区等老工业基地加快调整和改造，在此期间，东北地区工业下滑态势得到了暂时遏制，其工业全国占比相对稳定，基本保持在 8.9%±

0.25%，且不同年份之间的变动幅度较小。第三阶段为2013~2016年。随着中国经济步入新常态，新旧动能转换之际东北地区增长乏力，其工业全国占比年均下降1.01个百分点，呈现断崖式下滑，使得整个东北地区的经济发展陷入几乎停滞的状态。

一、辽宁

改革开放之初，辽宁长期稳坐中国第二号工业大省的位置，尽管其工业全国占比呈现下滑态势，但辽宁的工业经济体量基本还能保持前十的位置（见表11-2）。但到了2016年，由于在供给侧结构性改革过程中新旧动能转换遇阻，其工业经济产值出现了断崖式下滑，仅2016年其工业全国占比便下滑了1.71%（见图11-2）。

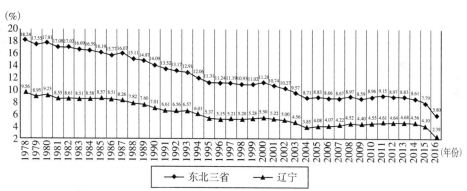

图11-2 1978~2016年辽宁与东北三省工业全国占比变化情况
资料来源：笔者绘制。

依据图11-2可知，辽宁工业全国占比变化趋势与东北三省的变化趋势极为相似，且其工业增加值基本保持东北三省一半左右的体量，表明辽宁始终都是东北三省工业经济发展的主力，且其工业经济体量下滑的态势基本可代表东北三省的工业经济发展态势。

1978年，辽宁的工业增加值全国排名第二位、GDP全国排名第三位、人均GDP全国排名第四位（见表11-2），是国内发展相对较好的工业大省，其工业增加值在国内占接近 10% 的份额，仅次于上海。改革开放以来，随着东部沿海地区积极融入国际产业分工体系，对东北地区工业经济发展形成了日益强劲的冲击；尤其是党的十四届三中全会提出建立社会主义市场经济体制以来，东北地区的工业经济发展在较长一段时期内有轻微加速下滑的态势；直到中央推出振兴东北老工业基地战略，以辽宁为代表的东北地区工业经济发展在国家政策的"庇护"之下止跌，并时有小幅波动或回升，但整体并没有显著提升。然而，东北振兴战略并未能带来东北地区工业经济发展的复兴，进入经济新常态以来，辽宁虽然在一定时期内保持了其工业增加值、GDP，以及人均 GDP 在国内的排名，但 2016 年的断崖式下滑不可避免地给大众留下了"东北塌陷"的印象。

表 11-2　1978~2016 年辽宁 GDP 与工业增加值全国排名位次变化

年份	1978	1979	1980	1981	1982	1983	1984	1985	1986	1987	1988	1989	1990
GDP 排名	3	4	4	5	5	4	4	4	4	4	4	4	4
工业增加值排名	2	2	2	2	2	2	2	3	2	2	2	3	4
人均 GDP 排名	4	4	4	4	4	4	4	4	4	4	4	4	4

年份	1991	1992	1993	1994	1995	1996	1997	1998	1999	2000	2001	2002	2003
GDP 排名	4	4	4	5	7	7	7	7	8	8	8	8	8
工业增加值排名	4	4	4	4	5	6	6	6	6	6	6	6	8
人均 GDP 排名	4	5	5	6	7	7	8	8	8	8	7	7	8

年份	2004	2005	2006	2007	2008	2009	2010	2011	2012	2013	2014	2015	2016
GDP 排名	8	8	8	8	8	8	7	7	7	7	7	10	14
工业增加值排名	8	8	8	8	7	7	7	7	7	7	8	8	16
人均 GDP 排名	9	8	8	9	9	9	8	8	7	7	7	9	14

资料来源：笔者整理。

2017 年全年辽宁 GDP 为 23942.0 亿元，比上年增长 4.2%。其中，第一产业增加值为 2182.1 亿元，增长 3.6%；第二产业增加值为 9397.8 亿元，增长 3.2%；第三产业增加值为 12362.1 亿元，增长 5.0%。全年人均

GDP 为 54745 元，比上年增长 4.3%。全年规模以上[1]工业增加值比上年增长 4.4%。其中，国有控股企业增加值增长 5.0%，集体企业增加值增长 16.3%，股份制企业增加值增长 3.1%，外商及港澳台商投资企业增加值增长 7.4%。[2]

二、黑龙江

黑龙江是东北地区第二工业大省，其工业增加值在改革开放的前几年一直处于全国第五的位置，相比于其 GDP 全国排名，其工业增加值排名要相对靠前（见表 11-3）。然而，伴随着改革开放日渐深入，黑龙江经济发展活力不足的被动局面开始显现，特别是 1983 年以后，其 GDP 全国排名跌出前十行列，且其下滑态势在东北振兴战略推出以来也未见明显好转，2016 年，其经济总量（GDP）已跌至后十位行列，位居第 21 名。相比于整体经济的下滑，黑龙江工业经济的发展更不容乐观，在改革开放的短短 40 年间，黑龙江不仅工业全国占比显著下滑，由 1978 年的 6.20%下跌至 2016 年的 1.28%，不及全国平均值的一半；其工业增加值排名也急速滑落，由 1978 年的第 5 名滑落至 2016 年的第 25 名，已经落后于贵州和云南等地。此外，黑龙江的人均 GDP 排名一直保持下滑态势，尽管在 2003 年前基本稳定在前十，但随后的十年间增长缓慢，以至于到 2016 年其人均 GDP 已跌至第 22 名。

表 11-3 1978~2016 年黑龙江 GDP 与工业增加值全国排名位次变化

年份	1978	1979	1980	1981	1982	1983	1984	1985	1986	1987	1988	1989	1990
GDP 排名	8	10	8	8	9	9	11	11	11	12	12	12	12
工业增加值排名	5	5	5	5	5	5	5	6	7	7	8	8	8
人均 GDP 排名	5	5	5	5	5	5	5	6	7	8	8	8	8

---

[1] 规模以上工业统计范围为年主营业务收入 2000 万元及以上的工业法人单位。
[2] 辽宁省统计局：《二〇一七年辽宁省国民经济和社会发展统计公报》，http://www.ln.stats.gov.cn/tjsj/tjgb/ndtjgb/201802/t20180226_3173558.html，2018 年 2 月 26 日。

年份	1991	1992	1993	1994	1995	1996	1997	1998	1999	2000	2001	2002	2003
GDP 排名	12	12	12	13	13	13	13	13	13	14	14	14	14
工业增加值排名	8	9	9	9	9	9	9	9	9	9	9	10	10
人均 GDP 排名	8	9	10	11	10	10	10	10	10	10	10	10	10

年份	2004	2005	2006	2007	2008	2009	2010	2011	2012	2013	2014	2015	2016
GDP 排名	15	14	14	15	15	16	16	16	17	17	20	21	21
工业增加值排名	10	10	11	13	13	16	16	17	21	22	22	22	25
人均 GDP 排名	12	12	12	13	15	16	17	17	17	20	21	22

资料来源：笔者整理。

2016 年，黑龙江全年全部工业企业实现增加值 3686.1 亿元[1]，按可比价格计算比上年增长 2.1%，增加值占 GDP 的 24.0%。其中，规模以上工业企业（年主营业务收入 2000 万元及以上，下同）实现增加值 2994.2 亿元，增长 2.0%。其中，国有及国有控股企业实现增加值 1578.2 亿元，下降 0.5%；集体企业实现增加值 11.9 亿元，下降 12.4%。从轻重工业看，轻工业实现增加值 973.8 亿元，增长 2.9%；重工业实现增加值 2020.4 亿元，增长 1.6%。从企业规模看，大中型企业实现增加值 2024.0 亿元，下降 0.2%；小型企业实现增加值 941.5 亿元，增长 6.7%。[2] 可见，在深入推进供给侧结构性改革的进程中，黑龙江以重工业为主导的工业产业结构调整乏力，且增长动能已明显不足。

从工业增加值占 GDP 比重变化的情况来看，在改革开放初期，黑龙江工业增加值占据经济发展的半壁江山，1978 年，黑龙江工业对经济发展的贡献为 57.55%，且其工业增加值在全国也是极为靠前的，是名副其实的工业大省。然而，与改革开放相伴相随的是其工业增加值占 GDP 比

---

[1] 统计公报数据与 2017 年国家统计年鉴数据存在小幅出入，年鉴数据为 3647.14 亿元，因而其后续数据也有些许出入。

[2] 黑龙江省统计局：《2016 年黑龙江省国民经济和社会发展统计公报》，http: //www.hlj.gov.cn/sq/ system/2017/06/01/010830519.shtml，2018 年 5 月 16 日。

重持续下滑，以及相对人均 GDP 的显著下滑。2016 年，黑龙江工业增加值占 GDP 比重下降到 23.7%，与此同时，其第三产业产值占 GDP 比重由 1978 年的 15.56% 上升到 54.04%（见图 11-3），成为黑龙江经济发展的主导产业，这种工业增加值比重下降、第三产业产值比重上升的经济发展态势明显符合工业化国家的发展规律，似乎表明黑龙江已经进入工业化阶段，但其不断下滑的人均 GDP 排名却揭示了黑龙江经济增速的显著下滑。整体来看，改革开放以来，黑龙江进入了工业发展（相对）与人均 GDP 双下滑的衰退通道，工业经济规模的急速萎缩使得黑龙江在全国的经济份额显著下降，于 2016 年跌至第 21 位。

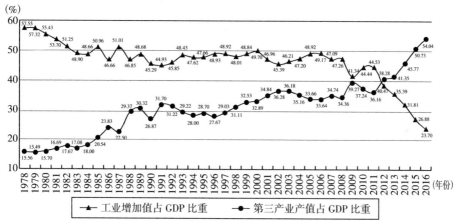

图 11-3　1978~2016 年黑龙江工业增加值比重与第三产业产值比重变化情况
资料来源：笔者绘制。

三、吉林

在东北地区，吉林并不是典型的工业大省。改革开放 40 年来，尽管吉林的工业地位有所下降，但其下降幅度并不如东北地区的辽宁和黑龙江显著，仅下滑了 4 个名次，其工业增加值排名从 1978 年的第 16 名下降到 2016 年的第 20 名（见表 11-4）。与此同时，其人均 GDP 排名相比于工业增加值排名和 GDP 排名都更为靠前，表明虽然吉林工业经济不显著，经

济基础与发展趋势相对稳定向好。改革开放40年，是中国经济快速发展、
蜕变的40年，也是东北地区以工业经济衰退为典型特征的经济滑落过程，
吉林却相对例外，由于其工业基础较为薄弱，工业增加值全国占比较低，
所以改革开放以来的吉林并没有明显的"塌陷"，其工业全国占比也未出
现大幅波动，保持在1.57%~2.73%，即使在其工业全国占比最好的年景也
只有2.73%（1988年），相比于全国平均水平还有一定的差距。

表11-4　1978~2016年吉林GDP与工业增加值全国排名位次变化

年份	1978	1979	1980	1981	1982	1983	1984	1985	1986	1987	1988	1989	1990
GDP排名	18	19	18	18	18	16	16	18	17	15	16	16	20
工业增加值排名	16	16	16	16	16	17	17	17	17	16	15	16	17
人均GDP排名	8	8	11	10	11	8	10	11	9	9	9	9	11
年份	1991	1992	1993	1994	1995	1996	1997	1998	1999	2000	2001	2002	2003
GDP排名	21	19	19	19	19	19	20	20	19	19	19	18	19
工业增加值排名	17	17	16	19	20	20	20	20	19	19	19	19	19
人均GDP排名	12	13	13	13	14	13	13	13	13	13	13	12	13
年份	2004	2005	2006	2007	2008	2009	2010	2011	2012	2013	2014	2015	2016
GDP排名	20	22	22	21	21	22	22	22	22	21	22	22	23
工业增加值排名	19	21	21	20	20	20	20	20	19	18	18	19	20
人均GDP排名	13	13	13	12	11	11	11	11	11	11	11	12	12

资料来源：笔者整理。

　　细观改革开放以来吉林经济发展历程，从全国来看，吉林并不是经济
大省，其工业基础也并不是十分深厚，尽管156项工程曾在吉林布局10
项，在改革开放之初，吉林的经济实力相当于安徽的水平，然而不同的是
吉林和安徽在改革开放进程中呈现为两种不同的发展路径，到1983年，
安徽工业全国占比便已超过吉林，且其工业经济保持了较为稳定的增长态
势，到2016年，安徽工业全国占比为3.53%，高于吉林1.4个百分点。

　　由图11-4可知，在改革开放前期，吉林在全国的工业经济份额相对
稳定，但进入20世纪90年代以来，吉林的工业经济份额呈现明显下滑态

势，由最高点跌至最低点用了不到 10 年时间（1989~1998 年）。在经历多年的低位发展后，随着东北振兴战略的政策效应得到进一步释放，吉林的工业经济得到一定程度的恢复发展，其工业全国占比由 2005 年的 1.59%提升到了 2014 年的 2.32%。随后，与东北地区的辽宁、黑龙江一样，工业经济再次走向缓慢增长。

图 11-4　1978~2016 年吉林工业全国占比变化情况

资料来源：笔者绘制。

四、甘肃

甘肃的工业基础得益于"一五"期间的 156 项工程，其中 8 项布局在甘肃：兰州炼油厂、兰州氮肥厂、兰州石油机械厂、白银有色金属公司、兰州合成橡胶厂、兰州热电站、兰州炼油化工机械厂，以及 1 项军用项目——甘肃 805 厂。改革开放初期，由于中国轻、重工业比例严重失调，轻工业发展相对滞后，并不能很好地支持重工业发展，于是改革开放第一阶段的主要任务之一就是矫正重工业倾斜发展战略，解决轻、重工业失衡问题。

由于甘肃的工业结构是以重化工为主导，因而在改革开放初期的轻、重工业调整过程中，甘肃工业增加值全国占比加速下滑，从 1978 年的 2.13%下降到 1981 年的 1.54%。图 11-5 为 1978~2016 年甘肃工业全国占比变化情况，可以看出，改革开放以来，甘肃的工业经济份额不断下滑，西部大开发战略对甘肃工业经济发展的作用微乎其微，并没有将甘肃的工业发展扶上良性发展轨道，仅在一定程度上平抑了其产值全国占比的下滑态势。2000年以来，甘肃的工业全国占比基本保持在0.85%左右，然而进入经济新常态后，在新发展理念的推动下，甘肃的重化工产业进一步收窄，从而使其工业经济份额急剧下滑，直降到2016年的0.62%。

图11-5　1978~2016年甘肃工业全国占比变化情况

资料来源：笔者绘制。

甘肃一直都是经济欠发达地区，由于有"一五"以来构建的重化工业基础，改革开放初期，其人均GDP位于全国中等水平，1978年全国排名第14位。但随着改革开放的渐次深入，以及对重工业倾斜政策的矫正，甘肃经济长期处于低位运行状态，尤其是进入21世纪以来，甘肃的人均GDP已滑落至全国末位行列（见表11-5）。

表11-5　1978~2016年甘肃GDP与工业增加值全国排名位次变化

年份	1978	1979	1980	1981	1982	1983	1984	1985	1986	1987	1988	1989	1990
GDP排名	24	24	24	25	26	25	26	26	25	26	27	27	27
工业增加值排名	19	19	19	22	22	23	23	23	24	24	26	25	25
人均GDP排名	14	16	18	23	23	22	23	23	24	24	25	27	27

续表

年份	1991	1992	1993	1994	1995	1996	1997	1998	1999	2000	2001	2002	2003
GDP 排名	27	27	27	27	27	27	27	26	26	26	27	27	27
工业增加值排名	25	25	26	26	25	25	26	25	25	27	27	27	27
人均 GDP 排名	28	30	30	30	30	29	29	30	30	30	30	30	30
年份	2004	2005	2006	2007	2008	2009	2010	2011	2012	2013	2014	2015	2016
GDP 排名	26	27	26	27	27	27	27	27	27	27	27	27	27
工业增加值排名	27	27	26	26	27	27	26	26	27	27	27	27	27
人均 GDP 排名	30	30	30	30	30	30	29	29	30	30	31	31	31

资料来源：笔者整理。

工业份额持续下滑与人均 GDP 垫底，清晰刻画了改革开放以来甘肃工业经济的衰退型塌陷。甘肃在工业经济萎缩的同时未能实现转型发展，由于其原有经济基础过度依赖重化工业，以至于在其工业产业收窄之际，人均 GDP 以更快的速度滑落，直至全国垫底（见图 11-6）。

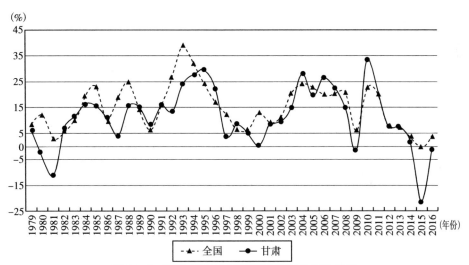

图 11-6 1979~2016 年甘肃与全国工业年均增速

资料来源：笔者绘制。

第二节 发展型塌陷

改革开放之初，上海、天津、北京是名副其实的工业大省（市）。1978年，工业对经济发展贡献率超过60%的省区市也只有上海、辽宁、天津、北京，其中以上海为最，其工业贡献率为76.05%，是改革开放以来全国唯一一个工业增加值占GDP比重超过70%的省级行政区，也是全国唯一一个工业贡献率长期（1978~1990年）超过60%的省级行政区（见表11-6）。

表11-6 改革开放以来工业增加值占GDP比重超过60%的省（市）

单位：%

年份	1978	1979	1980	1981	1982	1983	1984	1985	1986	1987	1988	1989	1990
北京	64.52	64.42	62.52	59.44	57.64	53.93	52.62	50.81	49.56	47.29	46.19	46.68	43.78
天津	65.81	65.60	65.18	65.82	63.36	62.14	59.63	59.62	57.46	56.81	56.50	56.70	53.25
辽宁	67.71	64.49	65.02	60.29	58.90	55.55	55.52	57.69	53.86	52.23	50.44	49.07	45.44
上海	76.05	75.63	74.02	73.01	71.42	70.00	67.34	66.66	64.97	61.70	61.63	62.15	60.11

资料来源：笔者整理。

一、上海

"文化大革命"使上海工业遭受了巨大损失。粉碎"四人帮"以后，上海工业百废待兴，从1976年10月到1978年底，上海对工业企业进行了全面整顿，上海工业得到了恢复性发展。尽管1978~1983年，上海工业增加值占比始终保持在70%以上，但其工业增速明显低于国内平均水平，其最高增速也只有6.58%（1980年），仅为全国增速的一半左右（见图11-7）。1985~1990年是中国市场取向全面展开阶段，上海工业发展也经历了艰难的阵痛期，逐步从计划经济体制转向市场取向，在此期间工业增长明显减速，由 1985 年的 18.21%下降到 1990 年的 8.53%。

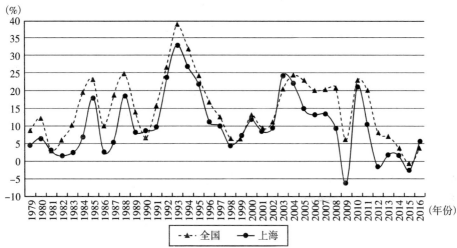

图 11-7 1979~2016 年上海工业增速与全国增速

资料来源：笔者绘制。

纵观改革开放以来上海工业增速的变化情况（见图 11-7），可以发现上海工业增速变化是中国工业经济发展的晴雨表，尽管自改革开放以来，上海在全国的工业份额持续下滑，但其工业发展态势不仅与全国工业发展态势极为一致，且与中国改革开放 40 年来的经济发展状况极为吻合。

在过去的 40 年中，上海工业经济经历了一段跌宕起伏的发展历程，在全国经济过热的时点，上海工业经济与全国过热的经济形势基本保持一致——呈现超高速增长，在工业增速上表现为一个波峰。整体来看，上海工业经济增速在绝大部分年份都是低于全国水平的，这也从另一个侧面说明，改革开放以来，上海的工业经济发展处于逐步萎缩状态，这一点主要体现在工业经济规模上。

随着全国工业经济进入加速发展期，上海适时引领改革开放新潮流，由工业经济主导的经济发展模式逐渐转向第三产业，其工业经济增速逐步放缓，且工业经济的相对规模呈现直线下滑的态势（见图 11-8），从 1978年的 12.78%直接下降到 2015 年的 2.60%，随后在 2016 年略有提升，为2.65%。单就改革开放以来上海工业增加值全国占比的变化来看，上海的工业经济发展也是一种典型的"塌陷"，其工业增加值排名从 1978 年的第 1 名滑落到 2015 年的第 15 名，到 2016 年略微有所提升，上升至第 13 名。

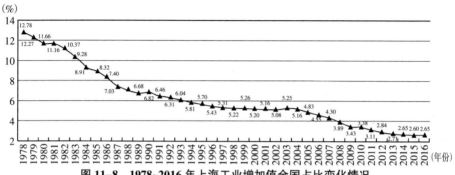

图 11-8　1978~2016 年上海工业增加值全国占比变化情况

资料来源：笔者绘制。

然而，与衰退型塌陷地区不同的是，上海尽管在工业增加值排名和工业增加值全国占比方面均有大幅下降，但其经济发展水平在全国来看依然位于前列。1978~2010 年，上海的人均 GDP 始终处于全国第 1 位，2010 年后也能稳定在第 2 或第 3 名的位置（见表 11-7）。表明工业的"塌陷"并没有拖累上海的经济发展，反而是上海良好的经济发展势头推动了上海工业经济的转型发展，同时也推动了上海工业向周边的江苏、浙江等地转移。

表 11-7　1978~2016 年上海 GDP 与工业增加值全国排名位次变化

年份	1978	1979	1980	1981	1982	1983	1984	1985	1986	1987	1988	1989	1990
GDP 排名	1	2	2	3	4	5	5	5	7	7	9	10	10
工业增加值排名	1	1	1	1	1	1	1	1	3	4	4	5	5
人均 GDP 排名	1	1	1	1	1	1	1	1	1	1	1	1	1
年份	1991	1992	1993	1994	1995	1996	1997	1998	1999	2000	2001	2002	2003
GDP 排名	10	9	8	9	8	8	8	8	7	7	7	7	7
工业增加值排名	5	5	6	6	5	7	7	7	7	8	8	7	6
人均 GDP 排名	1	1	1	1	1	1	1	1	1	1	1	1	1

年份	2004	2005	2006	2007	2008	2009	2010	2011	2012	2013	2014	2015	2016
GDP 排名	7	7	7	7	7	8	9	11	11	12	12	12	11
工业增加值排名	7	7	7	7	8	9	10	12	14	15	15	15	13
人均 GDP 排名	1	1	1	1	1	1	1	2	3	3	3	3	2

资料来源：笔者整理。

整体来看，改革开放以来上海的工业发展是一种典型的发展型塌陷，地区经济发展与工业经济"塌陷"并存，其工业经济是在转型升级与产业转移的过程中"塌陷"的，并推动着上海加速步入后工业化社会。

二、北京

中华人民共和国成立以来，在国家优先发展重工业战略要求下，北京实施了"由消费城市向生产城市转变"的战略，大力发展重工业，通过基础设施投资和大型项目的建设，基本形成了以化工、机械、冶金为支柱的国家重型工业基地，率先完成了城市重工业化的进程。

1978 年，北京是一座以工业托起的城市，其工业增加值占 GDP 的 64.52%，仅次于天津，全国排名第 4 位；尽管北京的工业增加值排名并不靠前，仅居第 8 位，但北京却有极高的人均 GDP，为 1257 元，低于上海，略高于天津（见表 11-8）。

表 11-8 1978~2016 年北京 GDP 与工业增加值全国排名位次变化

年份	1978	1979	1980	1981	1982	1983	1984	1985	1986	1987	1988	1989	1990
GDP 排名	14	14	14	14	14	14	14	14	14	14	14	15	15
工业增加值排名	8	8	8	9	8	10	11	11	11	12	13	12	14
人均 GDP 排名	2	2	2	2	2	2	2	2	2	2	2	2	2
年份	1991	1992	1993	1994	1995	1996	1997	1998	1999	2000	2001	2002	2003
GDP 排名	15	15	15	16	15	15	15	15	13	13	13	11	10
工业增加值排名	12	13	15	15	15	16	16	16	15	15	15	15	16
人均 GDP 排名	2	2	2	2	2	2	2	2	2	2	2	2	2

续表

年份	2004	2005	2006	2007	2008	2009	2010	2011	2012	2013	2014	2015	2016
GDP 排名	10	10	10	10	13	13	13	13	13	13	13	13	12
工业增加值排名	15	17	19	22	22	23	23	23	24	24	24	24	22
人均 GDP 排名	2	2	2	2	2	2	3	2	2	2	2	1

资料来源：笔者整理。

改革开放的进程也是北京工业经济加速"塌陷"的过程，其工业增加值全国占比随着改革开放深入逐渐减少。1978年，北京的工业增加值位于全国前十行列，到2015年已经下降到第24名，尽管2016年略有回升，依然无法挤进前20名。但北京的人均GDP始终稳居高位，并于2016年荣升为全国榜首，人均GDP高达118198元，高出上海1636元。

从北京工业增加值的全国占比来看（见图11-9），其工业经济的"塌陷"并不显著：1978年其工业全国占比为4.32%，到2011年其工业全国占比降到最低点1.31%，随后回升至2016年的1.41%。北京工业经济发展有两个典型的下降区间：1978~1998年、2001~2011年和两个缓慢回弹区间：1998~2001年、2011~2016年。

图11-9　1978~2016年北京工业增加值全国占比变化情况
资料来源：笔者绘制。

北京工业经济"塌陷"的同时，第三产业取得了长足的发展，其全国占比有较为显著的提升，从1978年的3.92%提升到2016年的5.38%。与此同时，第三产业迅速成为北京的主导产业，对经济发展的贡献率由

1978 年的 23.69%蹿升到 2016 年的 80.23%（见图 11-10），北京成为全国第三产业占比最大的地区，2016 年第三产业占比比全国平均值 49.05%高 30 多个百分点。

图 11-10　1978~2016 年北京第三产业占 GDP 比重变化情况

资料来源：笔者绘制。

　　然而，北京工业经济的"塌陷"并不是像上海那样通过向周边地区辐射与转移来实现的。尽管改革开放 40 年来，北京也有部分工业向河北转移，如首钢迁移到河北唐山，但北京工业经济"塌陷"的内在动力更多地源于环保意识对重工业发展空间的挤压，快速发展的第三产业以更加高效、节能的方式取代了传统的重工业发展模式，鳞次栉比的写字楼取代了昔日的黑烟囱。

　　京津冀协同发展战略推出以来，北京加快非首都功能疏解步伐，越来越多的工业企业迁移至天津或河北。

三、天津

　　天津是传统的工业城市，是中国的老工业基地之一。中华人民共和国成立后，天津利用已有的工业基础，获得了较快的发展，天津工业由以食品、纺织为主，发展成轻、重工业大体相等，部门比较齐全的综合性工业城市。作为北方最早的开放城市和近代工业发源地，天津为近代中国贡献了多个第一，加上地处首都门户和濒临渤海的优越位置，天津成为中国汲取世界近代文明最理想的窗口（李英华，2008）。中国的第一辆自行车、第一只手表、第一架照相机、第一台电视、第一台6000吨水压机、第一台模拟电子计算机等工业产品相继在天津问世，使天津成为国家重要的工业基地，为中国的经济发展做出了重大贡献（尹平均、赵莉晓，2006）。

改革开放以来，天津工业整体竞争力不断增强，老工业基地的优势和潜能逐年释放，逐渐发展成为现代工业的集聚地。1978年以来，天津工业全国占比首先呈现下降趋势，由1978年的3.35%下降到1993年的2.00%，随后在1993~1997年基本稳定在2.00%左右；1998年由于受亚洲金融危机影响，天津工业全国占比降到历史最低点，为1.94%（见图11-11）。经历过短暂的阵痛后，天津工业产业得到优化升级，逐步建立起适应市场经济发展需要的企业组织结构，其工业化进程再次进入高速发展的快车道。

图11-11 1978~2016年天津工业增加值全国占比变化情况
资料来源：笔者绘制。

随着工业化进程的加快，天津工业呈现出不断发展的态势，成为推动全市经济增长的主导力量。尤其是天津滨海新区的开发纳入国家战略后，天津工业战略加速东移，滨海新区已成为天津工业最大的增长点，天津工业也由此踏上了转型与振兴的道路，天津的工业全国占比逐步回升，并于2015年上升到2.54%。然而遗憾的是，在供给侧结构性改革进程中，天津的工业产业结构受"去产能、去库存、去杠杆、降成本、补短板"的影响，2015 年、2016 年连续出现负增长，同比增速分别为–1.36%、–2.54%，可见，天津的工业发展还有一个艰难的产业结构调整与转型升级过程。

尽管改革开放以来天津的工业全国占比有一定幅度的下降，但其人均生产总值在过去的 40 年中获得了极大的提升，由 1978 年的 1133 元提升到 2016 年的 115053 元，增长超过 100 倍，其人均 GDP 一直稳居全国前三位，甚至一度成为中国人均 GDP 最高的地区（见表 11–9），2011~2015年，天津的人均 GDP 居全国第一位。

表 11–9　1978~2016 年天津 GDP 与工业增加值全国排名位次变化

年份	1978	1979	1980	1981	1982	1983	1984	1985	1986	1987	1988	1989	1990
GDP 排名	17	18	17	19	20	20	21	21	21	22	23	23	23
工业增加值排名	11	11	13	13	13	14	15	14	15	15	16	17	16
人均 GDP 排名	3	3	3	3	3	3	3	3	3	3	3	3	3
年份	1991	1992	1993	1994	1995	1996	1997	1998	1999	2000	2001	2002	2003
GDP 排名	23	24	23	23	23	23	23	23	22	22	22	22	21
工业增加值排名	18	18	19	18	17	17	18	18	18	16	16	17	17
人均 GDP 排名	3	3	3	3	3	3	3	3	3	3	3	3	3
年份	2004	2005	2006	2007	2008	2009	2010	2011	2012	2013	2014	2015	2016
GDP 排名	21	21	21	22	22	20	20	20	20	19	19	19	19
工业增加值排名	16	15	15	17	16	15	18	18	16	16	16	16	18
人均 GDP 排名	3	3	3	3	3	3	3	1	1	1	1	1	3

资料来源：笔者整理。

轻微的工业全国占比滑落，以及常年稳定且较高的人均 GDP，说明改革开放以来，天津的工业经济取得了长足发展，尽管其工业经济规模相对全国来说呈现出"塌陷"的部分特征，但整体来说，改革开放以来天津工业经济为发展型塌陷，"塌陷"的工业经济并未显著影响天津的经济发展。

第三节 开放型崛起

开放型崛起是指这类地区很好地抓住了对外开放的契机，经过改革开放 40 来年的快速工业化进程，其工业经济地位显著提升，且其工业全国占比相比改革开放前大幅提升，其崛起阶段主要在改革开放前期。开放型崛起的代表性地区是广东、江苏、浙江、山东，这些地区以改革开放为契机，紧靠世界经济发展潮流，适时对接国际市场，积极承接国际产业转移或大力发展外向型经济，不仅促进了其工业经济的快速发展，还极大地带动了其经济的发展（见表 11-10）。

表 11-10 1978~2016 年广东、江苏、浙江、山东的工业增加值全国占比变化情况

单位：%

年份	1978	1979	1980	1981	1982	1983	1984	1985	1986	1987	1988	1989	1990
广东	4.69	4.66	4.54	5.09	5.25	5.30	5.44	5.32	5.44	6.02	6.80	7.16	7.60
江苏	7.21	7.15	7.64	7.91	7.79	8.06	8.06	8.82	8.82	9.74	9.28	9.26	9.21
浙江	2.89	3.15	3.72	4.13	4.04	4.32	4.51	5.12	5.39	5.49	5.55	5.35	5.28
山东	6.68	6.49	6.59	6.78	6.82	6.70	7.55	7.43	7.17	7.50	7.67	7.93	8.25
合计	21.47	21.46	22.50	23.91	23.90	24.38	25.57	26.69	26.83	28.75	29.29	29.70	30.34
年份	1991	1992	1993	1994	1995	1996	1997	1998	1999	2000	2001	2002	2003
广东	8.47	8.92	9.90	10.09	10.67	10.62	10.75	11.13	11.26	11.61	11.78	11.91	12.29
江苏	9.10	10.09	10.36	10.83	10.75	10.29	10.02	9.86	9.96	10.01	10.18	10.47	10.71
浙江	5.50	5.77	6.25	6.73	7.17	7.41	7.59	7.76	7.88	7.66	7.58	7.81	7.96
山东	8.33	8.82	8.58	9.16	9.14	9.25	9.29	9.40	9.40	9.53	9.54	9.70	10.18
合计	31.41	33.59	35.09	36.81	37.72	37.56	37.66	38.15	38.49	38.80	39.08	39.89	41.14
年份	2004	2005	2006	2007	2008	2009	2010	2011	2012	2013	2014	2015	2016
广东	12.19	12.26	12.18	12.09	11.59	11.49	11.10	10.63	10.33	10.25	10.51	11.00	11.45
江苏	10.79	10.91	10.83	10.55	10.12	10.45	9.97	9.61	9.57	9.57	9.72	10.18	10.68

年份	2004	2005	2006	2007	2008	2009	2010	2011	2012	2013	2014	2015	2016
浙江	7.89	7.42	7.40	7.37	6.96	6.68	6.55	6.33	6.14	6.12	6.05	6.26	6.54
山东	10.88	11.19	11.26	10.87	10.81	10.73	9.76	9.18	9.12	9.05	9.14	9.42	9.67
合计	41.74	41.78	41.66	40.89	39.48	39.35	37.38	35.75	35.15	35.00	35.42	36.85	38.34

注：表中的合计指广东、江苏、浙江、山东四省之和；因数据保留 2 位小数时采用四舍五入，合计
　　数据与各省（区、市）数据之和略有差异。
资料来源：笔者整理。

1978 年，除了江苏和山东的工业经济在国内具有显著优势外，广东和浙江的工业经济规模相对偏小，尤其是浙江的工业增加值还不及全国平均水平，仅为 2.89%。然而经过近 40 年的快速工业化进程后，广东、江苏、浙江、山东四省的工业增加值已超过全国的 1/3，广东更是跃居国内工业第一大省，其工业增加值全国占比为 11.45%，直逼改革开放前的上海（1978 年上海工业全国占比为 12.78%）。与此同时，江苏、浙江、山东的工业增加值全国占比也有显著提升，分别提升至 2016 年的 10.68%、6.54%、9.67%。

一、广东

改革开放以来，广东工业经济建设充分利用改革开放先走一步的有利条件，坚持改革开放，积极利用外资，坚持企业技术进步，引进国外先进设备和技术，大力发展以公有制为主体的多种所有制经济，培育了一批支柱产业、重点企业和名牌产品，使广东工业经济取得了前所未有的丰硕成果（钟启权，2000）。

改革开放伊始，广东的工业经济很快就步入高速增长通道。经过短暂的调整后随即在 1981 年开始了高速增长，1981 年工业经济同比增长 15.27%，远高于当年的全国平均值 2.86%。在接下来的经济发展过程中，广东常年保持高于全国水平的超高速增长，特别是在全国经济形势过热的 1988 年和 1993 年，广东的工业经济实现了近乎疯狂的增长，1988 年同比

增长 41.12%，1993 年更是"火箭式"地蹿到了 54.22%（见图 11-12）。超高速增长的工业经济，以最快的速度为广东完成了工业积累，并于 1993 年超越江苏一跃成为国内第一工业大省，由 1978 年的工业排名第七位晋升为全国第一位，并一直稳居国内第一工业大省的宝座至今。

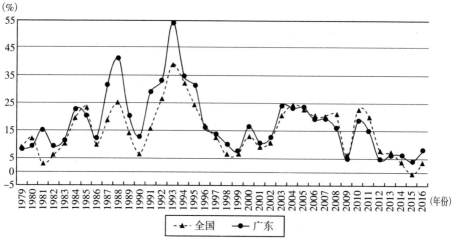

图 11-12 1979~2016 年广东工业增速与全国增速

资料来源：笔者绘制。

在经历 10 多年的高速、超高速发展后，广东的工业经济逐步回归常态，并在 1995 年后基本保持了与全国平均水平相当或略高的增速。党的十八大以来，广东工业保持中高速增长，总量不断扩大，规模持续扩张。2013~2016 年，广东工业增加值年均增长 7.3%；其中规模以上工业年均增速高于全部工业增加值增速 0.4 个百分点。2015 年广东工业增加值突破 3 万亿元，2016 年达到 3.15 万亿元；2013 年以来，广东工业对经济的贡献稳定在 40% 左右。2017 年，随着供给侧结构性改革稳步推进，工业生产增长动力逐步增强，稳中向好的态势更加明显。1~8 月广东规模以上工业增加值同比增长 6.7%，增幅比上年同期提高 0.1 个百分点。①

---

① 《党的十八大以来广东工业经济发展成就》，http://www.gdstats.gov.cn/tjzl/tjkx/201710/t20171009_ 374346.html，2018 年 5 月 17 日。

1978~2016 年，广东的工业全国占比增长了 6.76%，伴随着工业经济的超高速发展，广东的工业全国占比由 1978 年的 4.69% 上升到 2005 年的 12.26%，尽管随后略有下降，但始终保持在 10% 以上，2016 年为 11.45%。工业经济的超高速发展使广东跻身于全国头号经济大省，并于 1989 年成为中国第一经济大省（见表 11-11）。由于广东人口众多，尽管坐拥第一经济大省地位，其人均 GDP 并不十分靠前，相比于改革开放初期，并没有显著提升，虽然在绝对值上不如北京、天津，但其增幅是史无前例的，从 1978 年的 370 元增加到 2016 年的 74016 元，相当于原来的 200 倍，以每年增加五倍的速度增长。

表 11-11 1978~2016 年广东 GDP 与工业增加值全国排名位次变化

年份	1978	1979	1980	1981	1982	1983	1984	1985	1986	1987	1988	1989	1990
GDP 排名	5	5	5	4	3	3	3	3	3	3	2	1	1
工业增加值排名	7	7	7	6	6	6	6	5	5	5	5	4	3
人均 GDP 排名	10	11	7	8	7	7	7	8	8	7	7	5	5
年份	1991	1992	1993	1994	1995	1996	1997	1998	1999	2000	2001	2002	2003
GDP 排名	1	1	1	1	1	1	1	1	1	1	1	1	1
工业增加值排名	2	2	2	2	2	1	1	1	1	1	1	1	1
人均 GDP 排名	5	4	4	4	5	5	5	5	5	5	5	5	5
年份	2004	2005	2006	2007	2008	2009	2010	2011	2012	2013	2014	2015	2016
GDP 排名	1	1	1	1	1	1	1	1	1	1	1	1	1
工业增加值排名	1	1	1	1	1	1	1	1	1	1	1	1	1
人均 GDP 排名	5	6	6	6	6	7	7	7	8	8	9	8	7

资料来源：笔者整理。

随着产业结构的不断优化和转型升级的持续推进，广东工业经济增长的动能发生积极变化，传统产业对工业经济增长贡献趋于下降。2016 年，先进制造业对广东规模以上工业增加值增长的贡献率超过六成，比 2012 年提高 21.1 个百分点；高技术制造业对广东规模以上工业增加值增长的贡献率比 2012 年提高 16.5 个百分点。传统产业和高耗能产业对工业增长的贡献率下降，2016 年，纺织服装、食品饮料、家具制造业、建筑材料、金属制品业、家用电力器具制造业六大传统产业对广东规模以上工业增加值增长的贡献率比 2012 年下降 15.9 个百分点；六大高耗能行业贡献率比 2012 年下降 4.9 个百分点。[①]

二、江苏

中华人民共和国成立以来，尤其是改革开放以来，江苏用占全国 1% 的土地，养活了占全国 6% 的人口，创造了占全国 10% 的国民财富，书写了改革开放以来的工业发展新奇迹。改革开放以来，江苏工业成功地抓住了从社队企业到乡镇企业，再到民营经济和外资经济并重，并通过上市公司资本平台等重大机遇，江苏工业增加值在国民经济体系中的比重不断上升，综合实力不断增强（刘志彪、吴福象，2009）。

江苏工业经济的蓬勃发展在很大程度上得益于"草根经济"（乡镇企业）的茁壮成长，工业经济的快速壮大也带动了江苏经济的快速发展，1986 年，江苏成为中国第一工业大省、第一经济大省（见表 11-12）。特别是 1992 年 10 月上海浦东新区成立以后，江苏南部的苏州、无锡等地以最快度的速度对接浦东新区的新机制，在竞争中走出了一条以吸收外商直接投资进行加工贸易的国际化道路，吸引外商在苏南投资办厂或新建生产基地。

表 11-12　1978~2016 年江苏 GDP 与工业增加值全国排名位次变化

年份	1978	1979	1980	1981	1982	1983	1984	1985	1986	1987	1988	1989	1990
GDP 排名	2	1	1	1	2	2	2	2	1	1	1	2	3
工业增加值排名	3	3	3	3	3	3	3	2	1	1	1	1	1
人均 GDP 排名	6	6	6	6	6	6	6	7	6	6	6	6	7

[①]《党的十八大以来广东工业转型升级成效》，http://www.gdstats.gov.cn/tjzl/tjkx/201710/t20171009_374347.html，2018 年 5 月 17 日。

年份	1991	1992	1993	1994	1995	1996	1997	1998	1999	2000	2001	2002	2003
GDP 排名	3	3	2	2	2	2	2	2	2	2	2	2	2
工业增加值排名	1	1	1	1	1	2	2	2	2	2	2	2	2
人均 GDP 排名	7	7	7	7	6	6	6	6	6	6	6	6	6
年份	2004	2005	2006	2007	2008	2009	2010	2011	2012	2013	2014	2015	2016
GDP 排名	3	3	3	3	3	2	2	2	2	2	2	2	2
工业增加值排名	3	3	3	3	3	3	2	2	2	2	2	2	2
人均 GDP 排名	6	5	5	5	5	4	4	4	4	4	4	4	4

资料来源：笔者整理。

与广东不同的是，在改革开放之初，江苏的工业基础和规模具有明显优势，其工业经济对国民经济的贡献显著优于广东，尽管广东在1983年就超越江苏成为第一工业大省，但相比于江苏，广东的工业经济对国民经济所做的贡献还有一定差距。1978年江苏工业全国占比高达7.21%，仅次于上海和辽宁，经过改革开放不到10年的时间，江苏的工业经济规模超过上海成为中国第一工业大省，且其工业经济对国民经济的贡献始终保持在40%以上，仅在2015年、2016年才略微下降到40%以下（见图11-13）。

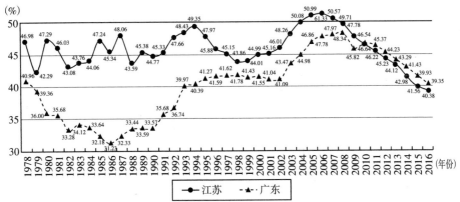

图11-13 1978~2016年江苏与广东工业增加值占当地 GDP 比重

资料来源：笔者绘制。

改革开放以来，江苏的工业经济取得了长足发展，尽管其工业全国占比的上升幅度不如广东显著，但江苏顺应改革开放的时代需求，以锐意改革和开放包容的姿态推动了其工业经济的强劲发展。如图11-14所示，1979~2016年，江苏工业经济增速基本保持了在好的年份高于全国水平，即使在坏的年份也与全国水平基本持平。1995年以后，江苏工业发展增速相对有所滑落，逐渐回归到全国水平；1985年，广东超过江苏成为中国第一工业大省。进入经济新常态以来，江苏工业经济再次表现出强劲的发展动力，运行质态和质量效益显著趋好，竞争力和影响力大幅提升，已经到了"由大变强"的关键时刻。

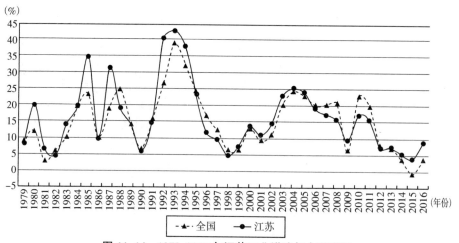

图11-14   1979~2016年江苏工业增速与全国增速

资料来源：笔者绘制。

三、浙江

浙江是中国近代工业萌芽较早的省份之一。19世纪80年代后期开始，杭州、宁波先后建起了一些工厂，主要是以农产品为原料的轻纺、食品、制革等行业。1978年，浙江非国有工业占全部工业增加值的38.7%，比全国平均水平高16.3个百分点，居全国之首。改革开放以来，浙江经济经历了几起几落的景气循环和循序渐进的发展阶段,但工业化始终是浙江经济运行轨迹的主线,是摆脱贫穷落后面貌、建成经济发达省份的根本途径。浙江紧紧抓住改革开放带来的机遇,积极推进工业改革和制度创新,实现了从农业社会到工业化社会的历史性跨越,从工业小省到工业大省的历史性跃迁,形成了空间布局合理、产业特色鲜明、经营机制灵活、多种经济成分竞相发展的工业化新格局。

浙江在党的十一届三中全会精神的指引下,依托沿海区位条件,凭借"轻、小、集、加"的结构特点,利用较为活跃的市场因素,顺应农村大量剩余劳动力向非农产业转移的迫切需要,调整工业发展思路,着力推进农村工业化。改革开放之初,浙江是名副其实的工业小省,其工业全国占比仅为2.89%,还不及全国平均水平,其工业增加值在全国也仅相当于中等规模。

1983~1989年,根据改革进程和市场环境的变化,浙江及时调整单纯依靠传统轻纺工业增长的倾斜战略,将工业发展立足于省内、省外两种资源、两个市场的循环,形成以市场为导向的加工型产业结构,1988年进一步扩展为"国际大循环"的外向型发展战略。在经历了1982年的短暂低谷(3.72%)之后,浙江工业增长速度迅速回升,1985年增长率高达39.69%,形成改革开放以来的第二个高峰。高增长之后,浙江工业增长速度在1986年快速回落到15.65%,但此时仍高出全国平均水平5.92个百分点(见图11-15)。

1991年,浙江工业在全国工业尚未回升的状况下先期增长,工业增加值增长率升至20.45%。浙江工业经受住了改革开放以来第一次较大的考验,工业经济总量在全国的位次从1978年的第15位提高到20世纪90年代初的第6位,农村工业增加值占浙江工业增加值的比重从1978年的16%上升至1991年的48.3%,接近半壁江山。

1992年,邓小平同志发表南方谈话,党的十四大确立了社会主义市场经济体制的改革目标,对改革开放和经济发展产生了巨大的推动作用。浙江再次掀起工业化高潮,工业经济进入一个新的发展阶段,规模、结构、

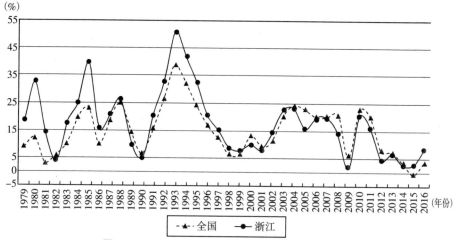

图 11-15　1979~2016 年浙江工业增速与全国增速

资料来源：笔者绘制。

素质上了一个新的台阶。农村工业化高涨促进了浙江工业跳跃式增长，
1993 年浙江工业增长突破 50%，创下了改革开放以来新的增长纪录。

1994 年，浙江工业总量在全国的位次上升到第 4 位，全国市场占有率
达 6.73%（见表 11-13）。即使在 1998 年面临亚洲金融危机冲击和国内有
效需求不足的艰难时刻，浙江应对挑战，把握转机，迎难而上，实现了工
业增长目标。中国加入 WTO 以后，浙江工业化进入一个新的阶段，做出
了建设先进制造业基地、走有浙江特色新型工业化道路的战略决策，推动
着浙江工业经济平稳有序发展。

表 11-13　1978~2016 年浙江 GDP 与工业增加值全国排名位次变化

年份	1978	1979	1980	1981	1982	1983	1984	1985	1986	1987	1988	1989	1990
GDP 排名	12	12	12	12	11	12	10	7	6	6	5	6	6
工业增加值排名	15	15	11	8	10	7	8	7	6	6	6	6	6
人均 GDP 排名	16	9	9	9	8	9	8	5	5	5	7	7	6
年份	1991	1992	1993	1994	1995	1996	1997	1998	1999	2000	2001	2002	2003
GDP 排名	5	5	5	4	4	4	4	4	4	4	4	4	4
工业增加值排名	6	6	5	4	4	4	4	4	4	4	4	4	4
人均 GDP 排名	6	6	6	5	4	4	4	4	4	4	4	4	4

续表

年份	2004	2005	2006	2007	2008	2009	2010	2011	2012	2013	2014	2015	2016
GDP 排名	4	4	4	4	4	4	4	4	4	4	4	4	4
工业增加值排名	4	4	4	4	4	4	4	4	4	4	4	4	4
人均 GDP 排名	4	4	4	4	4	5	5	5	6	5	5	5	5

资料来源:笔者整理。

从工业全国占比的变化情况来看(见图 11-16),改革开放以来,浙江的工业经济经历了一个波动上升与缓慢下滑的过程。从 1978 年到 2003 年,浙江工业经济在全国的份额不断提升,尽管其中有波动下降,但其上升态势直到 2003 年以后才开始转变。2003 年以后,伴随着西部大开发与中部崛起等国家战略的作用日渐显现,中西部地区的大部分省区市迎来工业经济快速发展的黄金十年。在此期间,东部沿海各主要工业大省的工业经济份额逐渐缩小,取而代之的是中部地区工业经济份额缓步提升。浙江也不例外,大概在 2003 年前后,其工业经济开始进入低速增长轨道,以低于全国平均水平的速度增长,与此同时,浙江的工业全国占比也呈现下滑态势。直到中国经济进入新常态,伴随着新发展理念逐步深入,在供给侧结构性改革的推动下,浙江工业发生小幅反弹,工业增速与工业全国占比都有所改善。

图 11-16 1978~2016 年浙江工业增加值全国占比变化情况

资料来源:笔者绘制。

改革开放以来，浙江的农村工业化和外向型经济蓬勃兴起，深刻改变了城乡工业布局，形成了沿海带动腹地、城乡工业共同发展的新格局，环杭州湾、温台沿海、金衢丽三大工业产业基本形成，工业区域发展的协调性有所增强。浙江工业保持了快速发展的势头，尤其在改革开放的前 25 年里，浙江工业以接近超高速的增长实现了从工业小省到工业大省的历史性跨越，推动了工业经济总量的不断扩张，一跃成为工业较为发达的省份。2016 年，浙江工业增加值 18655.12 亿元，占全国工业增加值的 6.54%，比 1978 年的 2.89% 提高 3.65 个百分点。与此同时，浙江的人均 GDP 也有了很大飞跃，1978 年，浙江人均 GDP 仅为 331 元，与当年的湖北相当，排名第 16 位；1995 年，浙江人均 GDP 跃升为 8149 元，跻身全国第 4 位；尽管随后浙江的人均 GDP 排名有所下降，到 2016 年为第 5 名，但其人均 GDP 已提升到 84916 元，低于江苏，但远高于工业第一大省广东。

四、山东

山东是我国重要的工业省份，工业经济在山东的国民经济体系中具有举足轻重的地位。改革开放以来，山东工业经济经历了承包制、厂长负责制、第一和第二步利改税、国有企业改革、建立现代企业制度、放开搞活民营经济、全方位招商引资、国际化和对外开放、发展县域经济、实施大企业大集团战略、产业结构调整等一系列重点阶段，由一个农业工业经济省份发展成为全国的工业大省。

经过改革开放以来的发展，山东已形成了基础雄厚、门类齐全的制造业体系，成为山东国民经济的重要支柱。2016 年，山东工业生产总值达到 2.76 万亿元，占全省生产总值的 40.56%。无论规模总量还是经济效益，均居全国第三位。1989 年，山东超越辽宁，成为中国第二号工业大省，随后不久在 1991 年被广东超越，成为第三号工业大省（见表 11-14）。

表 11-14　1978~2016 年山东 GDP 与工业增加值全国排名位次变化

年份	1978	1979	1980	1981	1982	1983	1984	1985	1986	1987	1988	1989	1990
GDP 排名	4	3	3	2	1	1	1	1	2	2	3	3	2
工业增加值排名	4	4	4	4	4	4	4	4	4	3	3	2	2
人均 GDP 排名	18	18	17	12	12	10	9	10	10	10	10	10	9
年份	1991	1992	1993	1994	1995	1996	1997	1998	1999	2000	2001	2002	2003
GDP 排名	2	2	3	3	3	3	3	3	3	3	3	3	3
工业增加值排名	3	3	3	3	3	3	3	3	3	3	3	3	3
人均 GDP 排名	9	11	11	10	9	9	9	9	9	9	9	9	9
年份	2004	2005	2006	2007	2008	2009	2010	2011	2012	2013	2014	2015	2016
GDP 排名	2	2	2	2	2	3	3	3	3	3	3	3	3
工业增加值排名	2	2	2	2	2	2	3	3	3	3	3	3	3
人均 GDP 排名	7	7	7	7	7	8	9	10	10	10	10	10	9

资料来源：笔者整理。

　　进入 21 世纪后，山东工业经济迎来了新一轮发展机遇，山东工业经济再次进入一个高速发展期（见图 11-17），工业经济规模稳步提升，并于 2004 年超越江苏成为仅次于广东的第二号工业大省。工业经济规模的快速壮大，也为山东的经济发展做出了巨大贡献，同样在 2004 年，山东

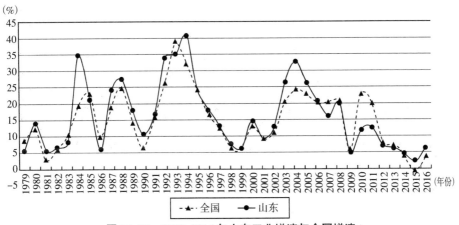

图 11-17　1979~2016 年山东工业增速与全国增速

资料来源：笔者绘制。

成为中国第二经济大省。

　　快速增长的工业经济显著提升了山东工业在全国市场的份额。2000年，山东工业增加值为 3665.74 亿元，占全国工业增加值的 9.53%，到2006 年，山东工业增加值达到 11555.99 亿元，其全国占比提升至11.26%。随后，与东部沿海各省区市的工业发展路径类似，山东工业经济的全国份额转入下行通道，并于 2013 年降至 9.05%（见图 11-18）。进入经济新常态以后，山东工业经济表现出了强劲的动力，其工业经济顶住了"三去一降一补"的压力，其工业经济全国占比小幅回弹。

图 11-18　1978~2016 年山东工业增加值全国占比变化情况
资料来源：笔者绘制。

　　尽管山东的工业经济取得了显著进展，且已跨入工业大省行列，但山东的经济发展还是高度依赖工业。1978 年，山东工业经济占地区生产总值的 48.14%，2016 年工业经济在其国民经济体系中的比重依然高达40.56%（见图 11-19）。可见，快速发展的工业经济并未助力山东经济转型，依然是工业与第三产业并驾齐驱的工业大省。

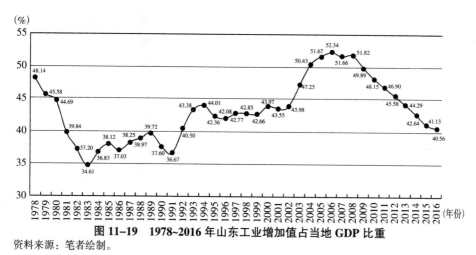

图 11-19　1978~2016 年山东工业增加值占当地 GDP 比重

资料来源：笔者绘制。

第四节　承接型崛起

与开放型崛起不同的是，承接型崛起地区的工业经济普遍在进入 21 世纪后才步入快速发展轨道，其时间点基本与西部大开发、中部崛起的政策起点，以及中国加入 WTO 相吻合，也就是说，中部五省（河南、安徽、湖北、湖南、江西，除山西外）是在进入 21 世纪之后才步入工业经济快速发展阶段的。

改革开放初期，中部五省的工业经济份额相对较小，1978 年，中部五省的工业全国占比之和仅为 13.72%，比当时的工业第一大省（市）上海略高不到 1 个百分点，可见在改革开放之初，中部五省的工业基础相对薄弱。经过 20 多年的改革开放，中部五省的工业经济并未取得理想的业绩，直到 2000 年，中部五省的工业全国占比之和才达到 15.00%，此时中国第一工业大省广东的工业经济全国占比为 11.61%。进入 21 世纪，尤其是 2003 年以后，东部沿海地区经过 20 多年的快速奔跑后，深刻感受到发展中的"制约之痛"，体会到耕地锐减、环境污染、能源困局、成本攀升等

"成长中的烦恼"，亟须向中西部地区进行产业转移以实现"腾笼换鸟"。东部沿海地区将不再具有比较优势的传统产业转移到中西部地区，以期通过"腾笼换鸟"的方式达到经济转型、产业升级的目的，与此同时，西部大开发、中部崛起等政策的影响开始显现，中部五省搭乘产业转移的东风步入了工业经济发展的快车道。

2003 年以来，中部五省工业经济迎来了新的发展契机，工业全国占比不断攀升，表现出十分强劲的发展势头，由 2004 年的 14.48%提升至 2016 年的 20.41%（见图 11-20）。尤其是进入经济新常态以来，中部五省不但工业经济规模持续扩张，且其工业经济份额也稳中有增。

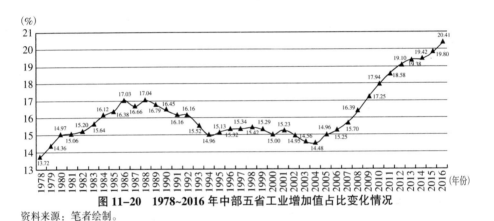

图 11-20　1978~2016 年中部五省工业增加值占比变化情况
资料来源：笔者绘制。

尽管改革开放以来中部五省的工业经济取得了长足进步，特别是 21 世纪以来通过积极承接东部沿海地区的产业转移，极大地推动了中部地区工业经济的发展。然而，中部各省的经济实力还不是很强，无论从经济体量还是 GDP 来看，中部各省的经济发展潜能还有待进一步挖掘，特别是其工业经济依然有较大的增长空间（见表 11-15）。

同时，我们也要看到，纵使改革开放以来中部五省通过积极承接东部沿海的产业转移推动了工业经济的加速发展，但截至 2016 年，中西部地区承接产业转移的成效并不十分显著。

表 11-15　1978~2016 年中部五省 GDP、工业增加值、人均 GDP 排名变化情况

年份		1978	1979	1980	1981	1982	1983	1984	1985	1986	1987	1988	1989	1990
GDP 排名	安徽	13	13	13	13	13	13	13	13	13	13	13	13	13
	江西	16	16	15	16	16	17	17	16	16	17	17	18	19
	河南	9	8	7	6	7	6	6	6	5	5	6	5	5
	湖北	10	9	10	10	10	10	9	10	9	10	10	9	9
	湖南	11	11	11	11	12	11	12	12	12	11	11	11	11
工业增加值排名	安徽	18	17	17	17	17	16	16	16	14	14	14	14	12
	江西	23	21	21	21	23	21	19	19	19	20	20	21	21
	河南	10	9	9	10	9	9	10	10	9	10	9	9	9
	湖北	12	13	10	11	11	12	9	9	10	9	10	10	10
	湖南	13	12	14	14	14	13	13	13	13	13	12	13	13
人均 GDP 排名	安徽	27	27	28	26	27	24	21	21	21	21	20	20	24
	江西	23	23	23	22	22	25	26	25	25	26	26	24	26
	河南	28	28	27	27	29	23	28	26	27	25	24	25	28
	湖北	15	12	14	13	15	14	13	16	15	13	17	16	15
	湖南	22	20	19	21	21	21	22	22	22	22	22	22	22
年份		1991	1992	1993	1994	1995	1996	1997	1998	1999	2000	2001	2002	2003
GDP 排名	安徽	13	13	14	14	14	14	14	14	14	15	15	15	15
	江西	18	18	18	18	18	18	18	18	18	18	17	17	18
	河南	7	6	7	6	5	5	5	5	5	5	5	5	6
	湖北	9	10	10	10	11	11	11	11	11	12	11	12	12
	湖南	11	11	11	11	10	10	12	12	12	11	12	13	13
工业增加值排名	安徽	13	12	13	14	14	14	14	14	14	14	14	14	15
	江西	21	21	22	23	23	23	23	22	22	22	22	21	21
	河南	9	8	8	7	6	5	6	6	8	7	7	6	7
	湖北	11	10	11	12	12	12	12	12	11	11	11	11	11
	湖南	14	14	12	13	13	13	13	13	13	13	13	13	13
人均 GDP 排名	安徽	30	29	28	28	25	26	25	26	25	26	26	27	27
	江西	25	26	27	26	28	27	27	27	28	25	27	26	25
	河南	29	28	25	24	23	19	20	20	21	19	21	21	21
	湖北	15	15	17	16	16	16	16	16	16	16	16	16	17
	湖南	23	21	21	22	21	20	19	19	19	20	19	19	20

年份		2004	2005	2006	2007	2008	2009	2010	2011	2012	2013	2014	2015	2016
GDP 排名	安徽	14	15	15	14	14	14	14	14	14	14	14	14	13
	江西	17	18	19	19	20	19	19	19	19	20	18	18	16
	河南	5	5	5	5	5	5	5	5	5	5	5	5	5
	湖北	13	12	12	12	10	11	11	10	9	9	9	8	7
	湖南	12	13	13	13	11	10	10	9	10	10	10	9	9
工业增加值排名	安徽	17	16	16	15	17	14	14	14	12	12	12	12	11
	江西	20	20	20	19	19	19	19	19	18	17	17	17	15
	河南	6	5	5	5	5	5	5	5	5	5	5	5	5
	湖北	12	12	12	11	11	10	9	9	9	9	9	7	7
	湖南	13	13	13	12	12	12	12	10	10	10	10	10	9
人均 GDP 排名	安徽	27	28	28	28	27	26	27	26	26	25	26	25	25
	江西	25	24	24	25	26	25	25	24	25	26	25	24	23
	河南	19	17	17	17	17	19	20	23	23	23	22	22	20
	湖北	17	16	16	16	16	14	13	13	13	14	13	13	11
	湖南	21	20	21	22	21	20	21	20	20	19	17	16	16

资料来源：笔者整理。

（1）中部五省的工业增加值虽然都有所提升，但排名均相对不是特别靠前，仅河南的工业增加值排名提升较为显著，湖北与湖南也在奋力追赶。1978 年，中部五省的工业增加值排名由前到后依次是河南、湖北、湖南、安徽、江西，其排名依次为第 10 位、第 12 位、第 13 位、第 18 位、第 23 位，其工业全国占比依次为 3.65%、3.21%、3.20%、2.24%、1.43%；2016 年，中部五省的工业增加值排名均有不同幅度的提升，由前到后依然是河南、湖北、湖南、安徽、江西，其排名依次为第 5、第 7、第 9、第 11、第 15 位，其工业全国占比依次为 5.98%、4.40%、3.98%、3.53%、2.53%。

（2）人均 GDP 稳步提升，但仍有较大上升空间。1978 年，中部五省安徽、江西、河南、湖北、湖南的人均 GDP 排名依次为第 27、第 23、第

28、第 15、第 22 位，到 2016 年分别提升至第 25、第 23、第 20、第 11、第 16 位，无一进入前十行列。

（3）中部五省的工业增加值全国占比之和提升幅度较小，与东部沿海各省（市）相比依然有较大差距。2016 年，中部五省的工业增加值全国占比之和只有 20.41%，不及广东与江苏两省之和。

第十二章 大国工业的经济版图演变

中华人民共和国成立初期，为了尽可能迅速地实现工业化、缩小与发达国家之间的发展差距，我国制定和实施了以建设 156 项工程为核心的第一个五年计划。中国大规模的工业化起步最主要的标志就是第一个五年计划规定以 156 项工程为中心的工业化建设，并因此成为中国工业化的奠基石与里程碑（胡伟、陈竹，2018）。中国工业经济发展空间格局在"一五"期间初步形成：为了改变初期工业布局不合理的状况，促进区域经济均衡发展，在充分考虑国防需要的基础上，我国政府将 156 项工程中相当大一部分布置在工业基础薄弱的内陆，主要分布在西安、兴平、哈尔滨、富拉尔基、鹤岗、抚顺、沈阳、阜新、太原、兰州、成都、包头、株洲、武汉、洛阳、吉林等城市，改变了中华人民共和国成立初期 70%左右的工业企业集中在沿海的布局。

156 项工程初步改变了中国工业布局不合理的状况，促进了区域间工业经济的平衡发展。三线建设是我国沿海地区工业生产能力向腹地的一次大推移，在工业与管理经验上，是继"一五"时期之后，又一次全国性的传播与扩散。1964 年 8 月，国家建委召开一、二线搬迁会议，提出要大分散、小集中，少数国防尖端项目要"靠山、分散、隐蔽"（简称"山、散、洞"），突出国防建设，在工业布局上突出大三线建设，三线建设再次将工业化推进腹地。三线地区在较短的时间内，建成了一批重要项目，形成了若干新的工业中心，三线地区的某些省份一跃成为工业门类齐全、机械装备程度较高的地区，整个三线地区工业生产能力在全国占有很大比重。

改革开放以来，各地区的工业化进程分异显著，中国工业经济空间格局发生了很大变化。传统的工业中心有的加速实现工业化，进入后工业化社会，有的趋于衰落，成为由盛转衰的典型；新兴工业中心不断崛起，东部沿海部分地区以改革开放为契机，成为新兴工业经济中心；中西部地区以区域协调发展和经济全球化为机遇，竭力打造全方位的内陆开放型经济新体系，并积极承接东部沿海的产业转移，逐步涌现一批新兴工业中心。

1999 年，中国进入区域协调发展战略全面实施阶段，此后的几年间，中国工业发展的区域格局再次发生重大变化，区域产业转移逐渐演变为社会主义市场经济条件下普遍的经济活动，成为影响中国区域产业重新布局以及产业结构调整的重要因素（胡伟、张玉杰，2015）。工业由东部地区向中西部地区迁移的轨迹与趋势日渐清晰，中西部地区承接东部地区工业转移渐成气候。

进入经济新常态，工业经济发展的动力机制急速转变，传统由要素驱动的工业经济体系逐步向由创新驱动的工业经济体系转变，中国工业经济空间格局再次进入重大调整阶段。

第一节 工业重心演化路径：向南向西又向南

通过构建各省区市 GDP、人口与工业增加值的重心轨迹线，清晰刻画了改革开放以来中国工业经济空间格局演化的内在规律。

改革开放之初，经济实力强劲的地区主要集中在东部沿海地区。尽管156 项工程和三线建设极大地促进了内陆工业的发展，拉近了沿海与内陆的工业经济发展差距，但大量工业经济集聚在沿海地区的现况并未得到根本改变。1952 年，69.4% 的工业集中在沿海地区，只有 30.6% 的工业分布在内陆；"一五"后期，到 1957 年，内陆工业得到了显著提升，工业全国占比提升到了 34.1%；伴随着"三五""四五"时期三线建设对内陆工业的倾斜，内陆工业再次获得了快速发展，到 1978 年，全国工业已有 39.1%

分布在内陆（见表 12-1）。工业 70% 集中在沿海的局面得到很大程度的改善，"三七分"的内陆与沿海工业布局演变为"四六分"，区域间工业经济发展逐渐趋向均衡。

表 12-1　1952~1978 年工业总产值的沿海和内陆构成比重

单位：%

年份	工业总产值		轻工业		重工业	
	沿海	内陆	沿海	内陆	沿海	内陆
1952	69.4	30.6	71.5	28.5	65.5	34.5
1957	65.9	34.1	66.3	33.7	65.6	34.4
1962	63.8	36.2	66.6	33.4	61.3	39.7
1965	63.1	36.9	67.3	32.7	58.8	41.2
1970	63.1	36.9	68.2	31.8	59.3	40.7
1975	61.0	39.0	64.1	35.9	58.6	41.4
1978	60.9	39.1	64.5	35.5	58.2	41.8

注：此表数据为工业总产值数据，与工业增加值数据存在出入。
资料来源：国家统计局工业交通物资统计司：《中国工业经济统计资料（1949—1984）》，中国统计出版社 1985 年版，第 139 页。

从轻、重工业的地区分布来看，相比于重工业，轻工业更多地分布在沿海地区。1952 年，71.5% 的轻工业分布在沿海地区，65.5% 的重工业分布在沿海地区。1978 年，内陆工业取得长足发展，工业全国占比显著提升，35.5% 的轻工业、41.8% 的重工业分布在内陆，高于内陆 39.1% 的工业全国占比。可见，在 156 项工程和三线建设的助力之下，内陆重工业的增长显著优于轻工业，从而也为内陆轻、重工业发展失调埋下了伏笔。

1978 年，沿海地区工业产值占全国的 60.9%，而地域更加广阔的内陆地区仅为 39.1%，改革开放的前几年中，由于侧重于调整轻、重工业之间的比例关系，沿海地区工业经济在轻、重工业结构调整中出现小幅波动，1984 年，沿海地区工业增加值全国占比略有下降，下降至 59.8%，与此同时，内陆地区工业全国占比提升至 40.2%。整体来看，沿海与内陆的工业经济实力并未发生实质性转变，工业经济依然主要集中在沿海地区，近

60%的工业依然布局在沿海地区；内陆表现出明显的重工业化趋势：重工业比重逐年提升，由1978年的41.8%提升到1984年的45.2%，轻工业比重却略微下滑，由1978年的35.5%下降到1984年的35.1%（见表12-2）。

表12-2　1978~1984年工业总产值的沿海和内陆构成比重

单位：%

年份	工业总产值		轻工业		重工业	
	沿海	内陆	沿海	内陆	沿海	内陆
1978	60.9	39.1	64.5	35.5	58.2	41.8
1979	60.6	39.4	64.7	35.3	57.6	42.4
1980	61.5	38.5	65.2	34.8	58.2	41.8
1981	60.5	39.5	64.5	35.5	56.1	43.9
1982	59.8	40.2	64.1	35.9	55.4	44.6
1983	59.7	40.3	64.3	35.7	54.7	45.3
1984	59.8	40.2	64.9	35.1	54.8	45.2

注：此表数据为工业总产值数据，与工业增加值数据存在出入。
资料来源：国家统计局工业交通物资统计司：《中国工业经济统计资料（1949—1984)》，中国统计出版社1985年版，第139页。

依据重心模型，人口、GDP及工业重心均显著偏向东部地区，由东向西依次为工业重心轨迹线、GDP重心轨迹线、人口重心轨迹线，且在1978~2016年，三大重心轨迹线均呈现显著西移迹象。改革开放40年来，虽然中国工业经济发展的空间格局经历了较大的调整与转变，但工业经济主要布局在东部地区的大格局尚未改变，经济活动更多地分布在靠近东部沿海地区的区域经济发展空间格局也未有实质性改变。

将三大重心轨迹线进行放大，得到如图12-1所示的三大重心轨迹线局部图。1978~2016年，工业经济重心整体表现为向南迁移—向西迁移—向南迁移的态势，以向南迁移为主要趋势，由1978年的北纬35°6′9″迁移至2016年的北纬32°26′10″，同时也伴有小幅西移趋势，由1978年的东经116°9′38″迁移至2016年的东经114°44′37″，可见，工业重心南向迁移的趋势十分显著，仅在2003~2013年表现出明显的西移态势。

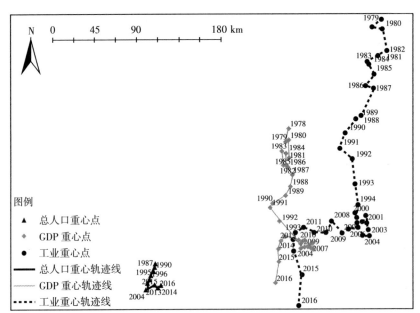

图12-1 1978~2016年人口、GDP、工业重心轨迹线

资料来源：笔者使用Arcgis10.3绘制。

GDP重心轨迹线也表现出与工业重心轨迹线极为相似的演化路径。改革开放40年来，中国经济重心逐渐南移，但其南移幅度不如工业重心显著，且其在1991~2003年有一段逐渐东移的经历，随后在2003~2012年才表现出与工业重心类似的西移轨迹，但其西移幅度相比于工业重心偏小（见图12-2）。1978~2016年，中国经济重心以南移为主，由东经114°53′15″、北纬34°9′47″迁移至东经114°30′9″、北纬32°41′8″，主要表现为GDP重心点纬度的南移，由北纬34°9′47″迁移至北纬32°41′8″，经度的西移很微弱，仅西移了约23′。

人口重心的演变路径则与工业重心表现出极为不一致的发展态势，真实刻画了"孔雀东南飞"的景象：1978~2004年人口重心显著南移，同时伴有轻微西移倾向，2004~2011年则表现出与工业重心截然相反的演变路径，在工业重心和GDP重心均西移之际，人口重心却一路向东，随后在2011年之后向西南方向迁移。1978~2016年，人口重心由东经113°8′52″、

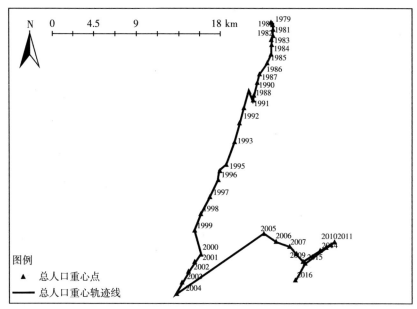

图12-2 1978~2016年总人口重心轨迹线

资料来源：笔者使用 Arcgis10.3 绘制。

北纬 33°0′44" 迁移至东经 113°8′45"、北纬 32°45′32"，在改革开放的前二十几年中，人口重心西移的趋势还是依稀可见的，到 2004 年其重心点位置为东经 113°0′27"、北纬 32°45′26"，但随后人口重心加速东移。可见，在改革开放的 40 年中，尽管经济（GDP）重心和工业重心在显著南移的同时均有不同幅度的西移，但人口重心除了小幅南移之外，还略微东移了一点点。

工业重心的西移并未带动人口重心西移。2003~2013 年，工业重心呈现显著西移态势，然而人口重心却是转向东移（见图12-3），由此表明中西部地区工业经济的承接型崛起并未吸引原本迁移到东部沿海地区的人口回流。与之相反的是，由于东部沿海地区基础设施相对更加完善，且公共服务水平较好，对人口的吸引力还有继续强化的趋势。

纵观改革开放以来中国工业经济空间格局的演变路径，其阶段性特征十分显著，根据工业重心的走向及趋势，可分为以下三个阶段：

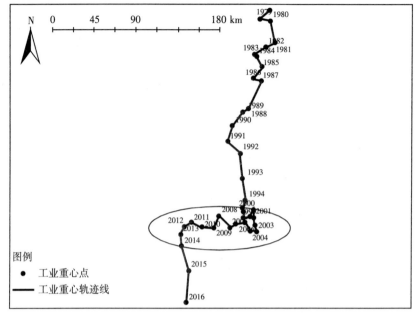

图 12-3　1978~2016 年工业重心轨迹线

资料来源：笔者使用 Arcgis10.3 绘制。

第一阶段：1978~2003 年，由北向南，工业重心向南迁移。这一阶段主要是东北地区工业经济加速滑落和长三角、珠三角地区工业经济快速增长，从而推动工业重心南移。

第二阶段：2003~2013 年，由东向西，工业重心向西迁移。这一阶段主要是在西部大开发与中部崛起等战略的推动下，中西部地区承接东部沿海工业转移逐渐升温，由此中西部地区进入工业经济发展快车道，由此推动工业重心由东向西迁移。

第三阶段：2013~2016 年，由北向南，工业重心再次向南迁移。这一阶段主要是东北工业经济由滑落转向塌陷，与此同时，珠三角地区工业经济活力再次迸发，由此推动着工业重心再次由北向南迁移。

第二节　竞放，向南而生：改革春风吹东岸

1978~2003 年是改革开放的前 25 年，在此期间，中国各项经济建设取得举世瞩目的成就。1978 年，全国 GDP 总量为 3471.92 亿元，人均 GDP 仅为 362 元，1987 年 GDP 总量突破万亿元大关，人均 GDP 提升至千元以上，达到 1064 元，GDP 总量于 2001 年突破 10 万亿元大关，此时人均 GDP 达到 8557 元，到 2003 年，GDP 总量为 13.93 万亿元，人均 GDP 首次突破万元，达 10845 元。[①]

1978~2003 年，各省份的人均 GDP 空间分布格局发生了显著变化。1978 年，有 13 个省份的人均 GDP 超过全国水平，由高到低依次为上海、北京、天津、辽宁、黑龙江、江苏、青海、吉林、西藏、广东、宁夏、山西、河北，上海最高，为 2485 元，贵州最低，为 175 元，上海是贵州的 14.2 倍；2003 年，仅 9 个省份的人均 GDP 超过全国水平，由高到低依次为上海、北京、天津、浙江、广东、江苏、福建、辽宁、山东，上海依然稳居第一位，达到 40130 元，贵州为 3701 元，仅相当于上海 1985 年左右的水平，上海是贵州的 10 倍多。从空间分布来看，1978 年，人均 GDP 在全国平均水平之上的省份主要分布在全国地理版图偏北的地方以及西部地区的个别省区市，南部只有上海、江苏、广东；到 2003 年，人均 GDP 在全国平均水平之上的省份已经没有中西部地区的省份，几乎清一色地分布在东部沿海地区，东北三省也显著下滑，仅辽宁一省的人均 GDP 还在全国平均水平之上。

从各省份人均工业增加值的空间变化来看，1978~2003 年，人均工业增加值的空间格局发生了显著变化，在改革开放的引领下，在"两个大

---

① 此处的数据是各省份数据加总之和计算的，与国家统计局的全国数据略有出入。

局"的统筹下,改革东风劲吹东岸,促使改革开放前一致向北的工业空间格局向东、向南转移。1978 年,人均工业增加值在全国平均水平之上的仅有 9 个省区市,由高到低依次为上海、北京、天津、辽宁、黑龙江、江苏、山西、吉林、甘肃。这些省份主要分布在全国地理版图靠北的位置,地域分布较为广泛,四大板块均有布局,且东北地区具有显著优势,东北三省的人均工业增加值均在全国水平之上。2003 年,这一空间分布格局显著改变,人均工业增加值在全国平均水平之上的省份增加至 11 个,由高到低依次为上海、天津、浙江、北京、江苏、广东、山东、辽宁、福建、黑龙江、河北。显而易见,这 11 个省份除黑龙江和辽宁属东北地区外,其余 9 个省(区、市)均分布在东部沿海地区,且东部 10 个省(市)除海南外,其余各省份的人均工业增加值均高于中西部地区的省份。改革开放以来,东南沿海一带工业经济长足发展,并已形成一条沿海工业经济先发带——"海马带",中西部地区的工业经济在改革开放的前半程发展迟滞,无一省区市的人均工业增加值达到全国平均水平。

1978~2003 年,各省份工业全国占比的变化情况也真实刻画了改革开放前 25 年中国工业经济空间格局的演变。广东、浙江的工业全国占比增加值最大,由 1978 年的 4.69%、2.89%分别提升至 2003 年的 12.29%、7.96%,分别提升了 7.60%、5.07%。江苏、山东、福建三省的工业全国占比也有显著增加,由 1978 年的 7.21%、6.68%、1.47%分别提升至 2003 年的 10.71%、10.18%、3.68%,分别提升了 3.50%、3.50%、2.21%。这五省(广东、浙江、江苏、山东、福建)均是东部沿海省份,且在地理版图上偏南方,位于东南沿海或南部沿海。

与此同时,地理位置偏北的省份,如辽宁、黑龙江、北京等地的工业全国占比显著下滑。辽宁、上海的工业全国占比减少最多,由 1978 年的 9.56%、12.78%分别减少至 2003 年的 4.56%、5.25%,分别减少了 5.00%、7.53%,以上海的减幅为最,辽宁次之。其次是北京和黑龙江也有较大幅度的下降,由 1978 年的 4.32%、6.20%分别下降到 2003 年的 2.18%、3.34%,分别减少了 2.14%、2.85%。从 1978~2003 年工业全国占比的增加情况来看，中部地区仅有靠近沿海地区的河南、安徽、江西三省工业全国占比有所提升，中部地区另外三省山西、湖北、湖南的工业全国占比是下降的；在此期间，西部地区大部分省份的工业全国占比是下降的。

从 1978~2003 年各省份工业全国占比增减情况来看（见表 12-3），占比增加最多的省份无一例外地分布在南部或东南部，占比下降最多的省份基本也都分布在北部（上海除外）。东北地区的工业占比下降较为显著，由 1978 年的 18.24% 下降到 2003 年的 9.57%，即在改革开放的前 25 年中，东北三省的工业全国占比几乎折半，这是导致工业重心南移的重要推力——北弱。

表 12-3　1978~2003 年各省份工业全国占比增减情况

单位：%

增减范围	省份数量	省份名称
5<X	2	广东、浙江
2<X≤5	3	江苏、山东、福建
0<X≤2	8	河南、云南、河北、江西、新疆、海南、内蒙古、广西
−2<X≤0	14	安徽、西藏、宁夏、贵州、青海、湖北、重庆、陕西、湖南、山西、四川、吉林、天津、甘肃
−5<X≤−2	2	北京、黑龙江
X≤−5	2	辽宁、上海

资料来源：笔者整理。

此外，南部诸省如广东、浙江、江苏、福建等的工业全国占比显著上升，是拉动工业重心南移的另一个重要力量——南强。至此，南强北弱的工业经济发展空间格局初步形成，以至于在 1978~2003 年，中国工业经济重心一路南移（见图 12-4），直到 2003 年才进入工业重心西移的拐点。

20 世纪末，党和国家有意识地采取措施推动中西部地区经济发展，并于 2000 年推出西部大开发战略。进入 21 世纪以来，西部大开发掀开了国家发展战略的新篇章，通过积极构建西部政策洼地效应，推动西部地区更快更好发展。在政策的影响下，东部沿海发达地区的人才、资金、产业

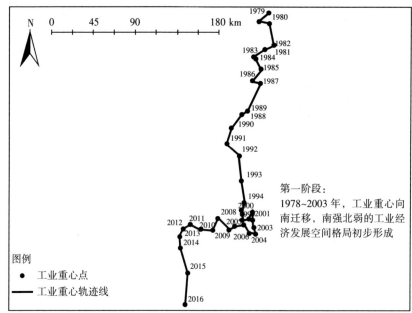

图 12-4　改革开放以来工业重心轨迹迁移第一阶段

资料来源：笔者使用 Arcgis10.3 绘制。

开始流向西部大地。2003 年，中国工业重心轨迹进入特殊拐点期，自此，在随后的十年里，中国工业重心一路西迁。

第三节　转移，西快东慢：区域战略大放异彩

2003~2013 年，是东部沿海产业向中西部转移的十年，也是西部大开发与中部崛起两大战略纵情绽放的十年。在此期间，中西部地区工业经济快速发展，经济实力显著增强。2003 年，全国经济总量为 13.93 万亿元，人均 GDP 为 10845 元，西部地区经济总量为 23702 亿元，占全国总人口 28.36% 的西部地区在全国经济总量上仅占 17.02%，西部地区的经济总量还不及广东和江苏两省之和；西部地区的人均 GDP 仅为 6507 元，还不到

全国平均水平的 60%，比全国平均水平低 4338 元。随后，西部地区人均
GDP 快速攀升，并于 2006 年进入万元时代，人均 GDP 为 10974 元，约为
当年全国人均 GDP 的 61.64%。2013 年，西部地区人均 GDP 达到 34392
元，为全国平均水平的 73.98%（见图 12-5）。

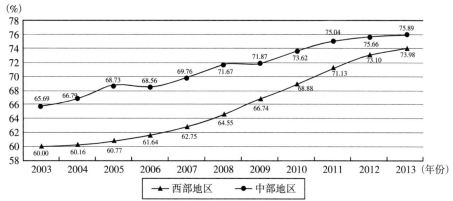

图 12-5 中部、西部地区人均 GDP 与全国平均水平的比值

资料来源：笔者绘制。

2003 年，中部地区经济总量为 25871 亿元，占全国总人口 28.27% 的
中部六省在全国经济总量上仅占 18.57%；中部地区的人均 GDP 仅为 7125
元，略高于西部地区，为全国平均水平的 65.69%。尽管中部地区人均
GDP 上升速度略慢于西部地区，但由于起点比西部地区略好（见图 12-
5），中部地区于 2005 年进入万元时代，为 10576 元，约为当年全国人均
GDP 的 68.73%。2013 年，中部地区人均 GDP 为 35280 元，为全国平均水
平的 75.89%，高出西部地区不到 1000 元。

改革开放初期，中西部地区由于身处内陆，被边缘化的迹象逐渐明
显，"东—西""东—中"发展差距逐渐扩大，中西部地区逐渐沦为中国区域
经济发展的洼地，中西部经济总量在全国的份额持续下滑。2003 年，中
西部地区 GDP 全国占比均下降到改革开放以来的最低点，中部为
18.57%，西部为 17.02%，相比于改革开放前均有不同程度的下降。20 世
纪 90 年代后期以来，党和国家意识到日益加剧的区域经济发展不均衡已

严重影响到中国整体经济实力的提升，先后推出一系列政策措施促进中西部地区经济发展。进入 21 世纪，西部大开发、中部崛起等旨在推动广大内陆地区经济快速发展、缩小区域发展差距的战略举措相继推出并实施，为中西部地区摆脱经济发展"洼地"做出了巨大的贡献。2003 年以来，中西部地区进入高速增长通道，经济实力快速提升，"东—西""东—中"发展差距日趋缩小。图 12-6 中，虚线框所示部分为 2003~2013 年中西部地区 GDP 全国占比的明显提升，十年来，中西部地区基本恢复到其在改革开放前的经济地位，具体表现在 GDP 全国占比已十分接近 1978 年的水平。2013 年，中西部的 GDP 占比分别为 20.21%、20.00%，中部六省的经济实力与西部 12 个省份的经济实力基本相当。十年间，中部与西部的整体经济差距也逐渐缩小，如图 12-6 中虚线框内所示，中部、西部两条折线之间的差距逐渐缩小。

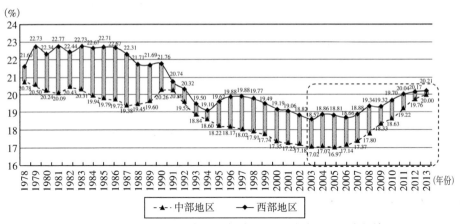

图 12-6　1978~2013 年中部、西部地区 GDP 占全国比重变化情况
资料来源：笔者绘制。

2013 年，全国人均 GDP 为 46489 元，有 11 个省份的人均 GDP 超过全国水平，由高到低依次为天津、北京、上海、江苏、浙江、内蒙古、辽宁、广东、福建、山东、吉林，天津最高，为 100105 元，贵州最低，为 23151 元，不足天津的 1/4。从空间分布来看，2013 年，人均 GDP 超过全国平均水平的省份在 2003 年的基础上增加了内蒙古和吉林，依然以东部沿海的"海马带"为主。

从各省份人均工业增加值的空间变化来看，2003~2013 年，人均工业增加值的空间格局并未发生显著变化，虽然在过去的十年间中西部地区的工业全国占比明显回升，但其人均工业增加值与东部地区相比依然存在较大差距，中西部地区绝大部分省份的人均工业增加值依然在全国平均水平之下。2013 年，全国人均工业增加值为 19740 元，是 2003 年 4365 元的 4 倍多。11 个省份人均工业增加值超过全国平均水平，由高到低依次为天津、江苏、内蒙古、上海、浙江、辽宁、广东、福建、山东、吉林、陕西，与 2003 年相比，减少了北京和黑龙江，增加了内蒙古、吉林和陕西，中部六省无一达到全国平均水平，西部地区也仅有内蒙古和陕西达到全国平均水平。

人均 GDP 与人均工业增加值高于全国平均水平的省份高度重叠，仅北京的人均工业增加值低于全国平均水平，但其人均 GDP 远高于全国平均值；陕西的人均工业增加值略高于全国平均值，人均 GDP 低于全国平均值。表明在过去的十年中，东部沿海地区依然是中国的"发达地区"，中西部地区依然有一段艰难的追赶历程。

虽然在工业经济总量和人均值上与东部地区存在较大差距，但 2003~2013 年，中西部地区工业经济以明显高于全国平均水平、高于东部增速的速度快速增长，并逐步形成了"西快东慢"的工业经济发展空间新格局。如表 12-4 所示，西部大开发、中部崛起、东北振兴等区域战略的成效日益显著：2003 年，12 个省份的工业经济增速高于全国平均值，中西部地区占半席，增速由高到低依次为山西、内蒙古、宁夏、江西、陕西、新疆；2008 年，工业经济增速超过全国平均值的省份上升到 19 个，其中属于中西部的省份为 15 个，增速由高至低依次为内蒙古、重庆、陕西、宁夏、青海、新疆、河南、湖南、安徽、四川、广西、湖北、贵州、山西、江西，至此，中国工业经济已全面进入"西快东慢"时代；2013 年，中西部地区工业经济增速依然保持领先优势，工业经济增速超过全国平均值的 19 个省份中有 13 个在中西部，增速由高至低依次为贵州、安徽、西藏、江西、四川、陕西、湖南、云南、广西、青海、湖北、宁夏、甘肃。在此期间，在东北振兴战略的推动下，东北地区工业经济增速也有所回

表 12-4　2003~2013 年工业经济增速高于全国平均值的省区市

年份	2003	2004	2005	2006	2007	2008	2009	2010	2011	2012	2013
	山西	山东	内蒙古	内蒙古	内蒙古	内蒙古	重庆	新疆	青海	贵州	贵州
	山东	山西	河南	海南	天津	湖北	广西	安徽	陕西	陕西	安徽
	内蒙古	江西	青海	青海	广西	辽宁	内蒙古	江西	湖南	云南	福建
	天津	内蒙古	新疆	新疆	吉林	重庆	安徽	甘肃	陕西	西藏	西藏
工业经济增速（高→低）	宁夏	青海	辽宁	陕西	青海	陕西	江西	安徽	山西	湖北	江西
	上海	宁夏	江西	甘肃	海南	宁夏	四川	山西	四川	安徽	四川
	广东	新疆	陕西	宁夏	重庆	青海	吉林	四川	宁夏	吉林	陕西
	江苏	陕西	山东	广西	西藏	新疆	湖南	湖南	湖北	天津	湖南
	江西	广西	四川	四川	山西	河南	西藏	青海	重庆	湖南	云南
	陕西	甘肃	江苏	西藏	江西	湖南	江苏	陕西	内蒙古	福建	天津
	浙江	天津	山西	江西	安徽	安徽	广西	黑龙江	江西	四川	广西
	新疆	北京	贵州	河南	湖南	四川	福建	湖北	广西	青海	青海
		河南	广东	湖南	辽宁	广西	陕西	吉林	吉林	海南	湖北
		河北		吉林	河南	湖北	青海	海南	新疆	内蒙古	吉林
		四川		天津	四川	吉林	宁夏	辽宁	海南	广西	辽宁
		江苏		山东	甘肃	贵州		重庆	河北	辽宁	宁夏
				重庆	云南	山西		福建	天津	北京	甘肃
				安徽	陕西	河北		内蒙古	辽宁		北京
				湖北	福建	江西		云南	黑龙江		江苏
								宁夏	西藏		
									贵州		
									甘肃		
									福建		

注：表中的增速为同比增速，均为当年价格。
资料来源：笔者整理。

升，尤其是吉林和辽宁的工业增速已逐步提升到全国平均水平之上，2013
年，东北地区仍有吉林和辽宁的工业经济增速高于全国增速。

逐渐提速的中西部工业经济与增速明显下滑的东部沿海工业经济，在
地理空间上形成了鲜明对比，"西快东慢"的工业经济发展空间新格局已
然形成，并深刻影响着东部、中部、西部地区工业布局的空间格局演变。
2003~2013 年，中国工业经济空间格局再次发生重大变化：东部沿海地区
工业全国占比下降，中西部地区工业全国占比上升。

内蒙古、四川、安徽、湖南、陕西的工业全国占比增加值最为显著，
由 2003 年的 1.38%、2.86%、2.24%、2.65%、1.80%分别提升至 2013 年的
2.97%、4.33%、3.34%、3.74%、2.81%，分别提升 1.59%、1.47%、
1.10%、1.09%、1.01%。湖北、江西、河南、广西、重庆、吉林六省的工
业全国占比也有明显提升，分别提升 0.94%、0.87%、0.83%、0.70%、
0.63%、0.59%。工业全国占比下降超过 0.5%的 7 个省（市）除黑龙江位
于东北地区外，其余 6 个省（市）均位于东部地区（见表 12-5）。

表 12-5　2003~2013 年各省份工业全国占比增减情况

单位：%

增减范围	省份数量	省份
1<X	5	内蒙古、四川、安徽、湖南、陕西
0.5<X≤1	6	湖北、江西、河南、广西、重庆、吉林
0<X≤0.5	7	天津、贵州、青海、新疆、辽宁、宁夏、甘肃
−0.5<X≤0	6	西藏、海南、山西、福建、云南、河北
−1<X≤−0.5	1	北京
X≤−1	6	山东、江苏、黑龙江、浙江、广东、上海

资料来源：笔者整理。

根据各省份 2003~2013 年的工业全国占比增减情况来看，占比增加最
多的省份均分布在中西部，占比下降最多的省份分布在东部和东北的黑龙
江。2003~2013 年，东部工业占比下降显著，由 2003 年的 60.02%下降到
2013 年的 50.20%，减少了 9.83%。在区域发展战略纵情绽放的十年里，

东部工业全国占比显著下降，这是导致工业重心西移的重要推力——东降。

此外，中西部地区诸省如内蒙古、四川、安徽、湖南、陕西、湖北、江西、河南、广西、重庆等的工业全国占比明显上升，是拉动工业重心西移的另一个重要力量——西升。至此，西快东慢的工业经济发展新态势塑造了"西升东降"的工业经济发展新格局，以至于在 2003~2013 年，中国工业经济重心几乎一路东移（见图 12-7），并在 2011 年之后表现出较为明显的南移趋势，直到 2013 年才彻底扭转西移态势。

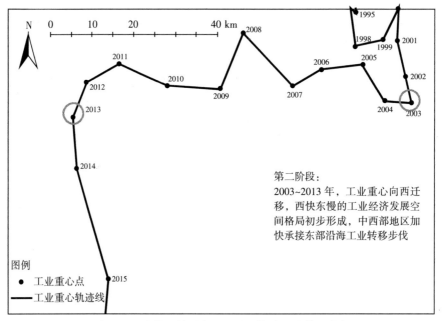

图 12-7 改革开放以来工业重心轨迹迁移第二阶段
资料来源：笔者使用 Arcgis10.3 绘制。

综上所述，2003~2013 年，在西部大开发与中部崛起两大发展战略的推动下，中西部地区通过积极承接东部沿海地区的工业转移，工业经济实现了较快较好的发展，"西快东慢"的工业经济发展空间格局初步形成。

第四节　转型，路向南方：新常态动能转换南北分异

2008 年金融危机以来，全球经济经历了极大的动荡。受全球金融危机的影响，中国经济也出现了增速放缓的现象，国际市场动荡和外需相对收缩对我国经济增长形成了制约。尽管在此过程中，国家从宏观上采取了一系列稳增长的调控政策和措施，但由于固定资产投资增速回落、内需不足的矛盾凸显，以及外部环境带来的不利影响，中国经济下行压力仍然很大。由于总量矛盾与结构性矛盾交织在一起，尤其是改革开放以来 30 多年，经济高速增长过程中长期积累的不平衡、不协调、不可持续的矛盾尚未得到有效化解。

2013 年 10 月，习近平在出席亚太经合组织工商领导人峰会时明确提出："中国经济已经进入新的发展阶段，正在进行深刻的方式转变和结构调整。"随后在 2013 年底召开的中央经济工作会议上，做出了中国经济正处在"三期叠加"阶段的判断。[①] 中国经济发展步入新常态，经济增速从 10% 左右的高速增长转向 7% 左右的中高速增长。从要素结构、产业结构、经济总量等方面来看，中国经济逐步转向中高速是短期需求减弱与中期结构调整叠加的结果，符合经济发展的内在规律（牛犁，2015）。经济发展向新常态的转变，是中国经济从量变到质变长期积累、发展演化的结果。这一方面表明，我国的经济发展取得了巨大的历史成就，达到了新的高度，站上了新的平台；另一方面表明，我国的经济发展还任重道远，现代

---

① "三期叠加"：一是增长速度换挡期，是由经济发展的客观规律所决定的。二是结构调整阵痛期，是加快经济发展方式转变的主动选择。三是前期刺激政策消化期，是化解多年来积累的深层次矛盾的必经阶段。

化还有很长的路要走（张宇，2015）。

进入经济新常态，在经济增长速度换挡期、结构调整阵痛期和前期刺激政策消化期"三期叠加"的宏观背景下，创新驱动发展成为引领发展的第一动力。伴随着新技术创新与应用的步伐逐步加快，世界经济在大调整大变革中出现了一些新的变化趋势，原有的经济增长模式难以为继，这些使我国发展的环境、条件、任务等都发生了新的变化，经济发展进入新常态，转方式、调结构的要求日益迫切。面对新变化新情况，改革开放 30 多年以来所坚持的粗放发展模式、简单追求增长速度的发展道路亟须深刻变革，应以创新发展的理念来引领和推动我国经济继续向前发展，不断开创经济发展新局面。

2016 年，全国人均 GDP 为 56533 元，人均 GDP 超过全国水平的省份由 2013 年的 11 个降至 10 个，由高到低依次为北京、上海、天津、江苏、浙江、福建、广东、内蒙古、山东、重庆，北京最高，为 118198 元，上海次之，为 116562 元，天津由 2013 年的最高下降到第三位，为 115053 元，甘肃最低，为 27643 元。从空间分布来看，2016 年，人均 GDP 超过全国平均水平的省区市除重庆位于西部地区外，其余 6 个省市均在东部沿海，辽宁和吉林也黯然落入全国平均水平之下。

从各省区市人均工业增加值的空间变化来看，2013~2016 年，人均工业增加值的空间格局并未发生显著变化，中西部地区绝大部分省份的人均工业增加值依然在全国平均水平之下，东北地区也仅有吉林的人均工业增加值勉强超过全国平均值。2016 年，全国人均工业增加值为 20667 元，相比于 2013 年的 19740 元略有提升。10 个省份人均工业增加值超过全国平均水平，由高到低依次为天津、江苏、浙江、上海、福建、广东、内蒙古、山东、吉林、湖北，与 2013 年相比，减少了辽宁和陕西，增加了湖北，中部六省仅有湖北超过全国平均水平，西部地区也仅有内蒙古。

2013~2016 年，南部地区工业经济以明显高于全国平均水平、高于北部增速的速度增长，并再次形成了"南强北弱"的工业经济发展空间新格局。如表 12-6 所示，经济新常态下，新旧动能转换南北分异显著：2013

年，工业经济增速超过全国平均值的 19 个省份中有 13 个在中西部，吉林和辽宁的工业经济增势有所回弹，黑龙江的工业经济增速（-2.87%）明显下滑，相比于 2012 年为负增长。2014 年，全国工业经济增速显著下滑，由 2013 年的 7.03% 下降到 3.67%，这一年，仅贵州和福建实现了两位数的工业经济增速，内蒙古、河南、重庆、青海、黑龙江、海南、山西 7 个省（市）工业经济为负增长，中国工业由高速增长期进入低速缓冲期。2015年，全国工业经济增幅继续下滑，改革开放以来首次出现负增长，全国平均增速为 -0.80%，这一年，仅重庆、西藏、贵州、湖北、广西、江苏、广东、福建、浙江、山东、湖南、江西、宁夏、河南 14 个省份工业经济有不同增长，其余 17 个省份均为负增长，其中以辽宁、新疆、黑龙江、山西、甘肃 5 个省（区）工业增速下滑最为严重，均在 -10% 以上，甘肃更是达到了 -21.43%。2016 年，全国工业经济增速明显回升，全国增速达到2014 年水平，为 3.66%，西藏、贵州、重庆、江苏、安徽、湖北、北京、浙江、福建、广东、河南、宁夏、广西、山东、河北、上海、江西 17 个省区市保持了高于全国水平的工业经济增长，这一年，东北地区工业经济塌方式下滑，东北三省均为负增长，以黑龙江和辽宁最为严重，吉林工业经济相比 2015 年减少 10.03%，辽宁则仅相当于 2015 年的 3/5，减少39.50%。

表 12-6　2013~2016 年人均工业增加值分布情况

2013 年		2014 年		2015 年		2016 年	
高于全国均值	负增长	高于全国均值	负增长	高于全国均值	负增长	高于全国均值	负增长
贵州	黑龙江	贵州	内蒙古	重庆	北京	西藏	吉林
安徽		福建	河南	西藏	云南	贵州	海南
福建		西藏	重庆	贵州	天津	重庆	甘肃
西藏		湖南	青海	湖北	安徽	江苏	新疆
江西		吉林	黑龙江	广西	内蒙古	安徽	天津
四川		陕西	海南	江苏	上海	湖北	山西

2013 年		2014 年		2015 年		2016 年	
高于全国均值	负增长	高于全国均值	负增长	高于全国均值	负增长	高于全国均值	负增长
陕西		江西	山西	广东	吉林	北京	内蒙古
湖南		广东		福建	河北	浙江	黑龙江
云南		天津		浙江	海南	福建	辽宁
天津		北京		山东	青海	广东	
广西		安徽		湖南	四川	河南	
青海		广西		江西	陕西	宁夏	
湖北		江苏		宁夏	辽宁	广西	
吉林		新疆		河南	新疆	山东	
辽宁		山东			黑龙江	河北	
宁夏		湖北			山西	上海	
甘肃					甘肃	江西	
北京							
江苏							

注：表中的增速为同比增速，均为当年价格。
资料来源：笔者整理。

逐步调整的南部工业经济与增速急速下滑的东北工业经济，在地理空间上再次形成鲜明对比，"南强北弱"的工业经济发展空间格局再次得到强化，并深刻影响着东部、中部、西部地区工业布局的空间格局演变。2013~2016 年，中国工业经济空间格局再次经历深刻调整：东北地区工业全国占比下降，南部各省区市工业全国占比上升。

广东、江苏的工业全国占比增加最为显著，由 2013 年的 10.25%、9.57%分别提升至 2016 年的 11.45%、10.68%，分别提升 1.20%、1.11%。山东、福建的工业全国占比也有明显提升，分别提升 0.62%、0.57%。东北三省工业全国占比均有不同程度的下降，吉林下降 0.13%，黑龙江下降 0.62%、辽宁下降 2.29%（见表 12-7）。

表 12-7　2013~2016 年各省份工业全国占比增减情况

单位：%

增减范围	省份数量	省份
1<X	2	广东、江苏
0.5<X≤1	2	山东、福建
0<X≤0.5	12	湖北、浙江、贵州、广西、湖南、重庆、安徽、江西、北京、宁夏、河南、西藏
−0.5<X≤0	12	海南、云南、青海、上海、天津、吉林、陕西、新疆、甘肃、河北、内蒙古、四川
−1<X≤−0.5	2	黑龙江、山西
X≤−1	1	辽宁

资料来源：笔者整理。

根据各省份 2013~2016 年的工业全国占比增减情况来看，占比增加最多的省份均分布在全国地理版图偏南的区域，占比下降较多的省份分布在东北地区和全国地理版图偏北的区域。2013~2016 年，东北地区工业占比下降显著，由 2013 年的 8.83% 下降到 2016 年的 5.80%，减少 3.03%，这是导致工业重心南移的重要推力——北弱。

在此期间，南部诸省如广东、江苏、福建等的工业全国占比显著上升，是拉动工业重心南移的另一个重要力量——"南强"。2013~2016 年，中国工业经济重心再次南移（见图 12-8）。至此，"南强北弱"的工业经济发展空间格局再次稳固。

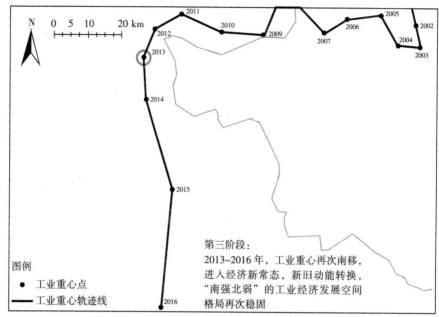

图 12-8　改革开放以来工业重心轨迹迁移第三阶段

资料来源：笔者使用 Arcgis10.3 绘制。

第十三章　腹地工业化新机遇

　　20 世纪 80 年代初期，东部沿海地区率先掀开中国改革开放的大幕。一时间，大量外资蜂拥而至，外向型经济异军突起，先进技术与科学经营管理层出不穷，加工贸易产品远销海外。改革开放以来，工业化的先发地区和经济增长极主要位于东部沿海地区的中心城市圈，内陆地区尽管在近十几年来取得快速进展，但总体上滞后于沿海地区。改革开放初期，地理位置和工业基础依然是工业经济大放异彩的主要因素，东部沿海各省（市）搭乘改革开放的东风，在改革与开放中不断壮大其工业经济，在沿海地区逐步形成了若干具有较大经济实力的工业化前沿地区，如长江三角洲、珠江三角洲、环渤海经济圈等。

　　沿海工业前沿地区（沿海工业中心）中心的形成与壮大，显著提升了沿海各省区市的工业经济实力，但同时拉大了与内陆地区的工业经济差距，东高西低的工业经济发展空间格局在一定时间内并未得到显著改善，尽管近 10 年来，西快东慢的工业经济发展空间新格局逐渐形成，但中西部地区的工业无论是经济规模还是产业附加值与东部沿海地区相比依然有较大差距。经过 10 多年的产业承接与快速工业化进程，中原经济区、重渝经济区、关中—天水经济区等一批内陆工业化地区涌现，成为带动中西部地区经济快速发展的新引擎。

　　然而，在改革开放中快速壮大的东部沿海工业，面临着日益严峻的生态环境保护、比较成本攀升等各种压力，尤其是进入 21 世纪以来，越来越多的东部沿海工业选择向外拓展或向内转移，以实现生产与市场的地区均衡。随着要素成本上升，东部沿海地区的很多产业开始向成本更低的地区转移。近年来，中国工业化推进的空间态势总体上已处于从先发地区向更广阔的腹地空间加速扩散的过程（金碚，2013）。特别是西部大开发与中部崛起战略推出以来，中西部地区承接沿海地区产业转移加速，一批新兴工业中心在内陆地区逐渐涌现，中西部地区的工业经济份额开始稳步提升，其中以中部五省（山西除外）的最为显著。与此同时，东部沿海地区工业经济进入转型升级快车道，发展方式由资源要素投入驱动转向创新驱动，在供给侧结构性改革的推动下，沿海工业有再度焕发活力的迹象，其工业经济增长动力正不断强化。2007 年，长期以来"东快西慢"的区域增长格局发生重大转变，当年西部地区经济增长速度首次超过东部，从 2008 年开始中西部地区增长速度全面超过东部沿海地区。东部沿海地区 GDP 占全国的比重在 2006 年达到 55.65% 的峰值后逐年下降，到 2016 年已降至 52.58%（罗兰，2016）。

从工业经济的全国版图演化来看，东部沿海地区已普遍进入工业化后期阶段，而在地域广阔的中西部地区，由于其工业基础较为薄弱，且在改革开放中未能及时抓住第一波工业经济发展高潮，虽然自 21 世纪以来其工业经济强势推进，在增速和增量上都十分显著，但中西部地区的工业化进程还显著滞后于沿海地区。改革开放 40 年来，东部沿海地区的工业全国占比相比于改革开放初期有所提升，尽管在 2004 年达到峰值 60.56% 后呈现逐年下降的趋势，2013 年降至 50.20%，但这一趋势在进入经济新常态以后开始出现反转，东部沿海地区的工业全国占比再次回升，2016 年已回升至 53.76%。

中国未来工业化的最显著空间特征将是向三大经济腹地快速推进。这三大经济腹地是：沿海腹地、内陆腹地、县域腹地。沿海腹地是指东部沿海区域中的较不发达地区；内陆腹地是指中西部地区；县域腹地是指广大的农村（金碚，2013b）。

如今，越来越多世界 500 强企业落户中西部地区，[①] 国内许多知名品牌也转战内陆，而有着近 3 万家加工贸易企业的广东从 2011 年起就已经启动了新一轮加工贸易转型升级。截至 2015 年，珠三角地区转入粤东、粤西和粤北地区的加工贸易项目累计达 779 个，陆续向中西部转移加工贸易产能近 400 亿美元。

第一节　西部大开发：政策向西、工业西进

从 20 世纪 90 年代末到 21 世纪初，中国工业经济发展的区域差距在改革开放以来经历了短暂的缩小后再次呈现扩大态势。1999 年，工业经济前五名的产值之和已超过全国工业增加值的 44%，而在 1987 年时仅为 38.92%。伴随着区域工业经济发展的持续扩大，区域经济发展差距也加速扩大，1978 年，中部地区 GDP 占全国的 43.62%，而到 1999 年，东部 10 省的 GDP 已超过全国经济总量的一半，占到全国的 52.89%，其余地区的 GDP 之和还不到全国的一半。加快缩小区域经济发展差距，成为 21 世纪的主要任务。

西部地区是中国最辽阔的区域，拥有 2/3 的国土面积和地区中国最长的边境线；西部，曾经是中国最封闭、最落后的地区，相当长一段时期，与东部地区存在明显的差距。西部地区包括四川省、陕西省、甘肃省、青海省、云南省、贵州省、重庆市、广西壮族自治区、内蒙古自治区、宁夏回族自治区、新疆维吾尔自治区、西藏自治区、恩施土家族苗族自治州、湘西土家族苗族自治州、延边朝鲜族自治州。随着改革的深化，西部地区相对落后的经济发展面貌已成为制约中国整体经济实力提升的主要因素之

---

① 曾小青：《超 300 家世界 500 强企业落户四川稳居中西部第一》，http://scnews.newssc.org/system/20160524/000676566.html，2018 年 5 月 12 日。

一。西部开发，不仅关系到西部地区自身经济发展的问题，也关系到整个中国经济腾飞的问题。如何加快西部地区经济发展，越来越成为中央重视的课题。实施西部大开发，是关系国家经济社会发展大局、关系民族团结和边疆稳定的重大战略部署。

1995年，中共十四届五中全会指出要坚持区域经济协调发展，逐步缩小地区发展差距。① 会议还指出坚持区域经济协调发展是今后改革的战略任务，并提出了一系列支持中西部发展的措施，包括中央转移支付、优先安排资源开发和基础设施建设项目，鼓励企业到中西部地区投资。

1996年，八届人大四次会议通过《中华人民共和国国民经济和社会发展"九五"计划和2010年远景目标纲要》，指出要引导地区经济协调发展，形成若干各具特色的经济区域，促进全国经济布局合理化，逐步缩小地区发展差距，并提出具体政策措施，如加快中西部地区改革开放的步伐，引导外资更多地投向中西部地区；加强东部沿海地区与中西部地区的经济联合与技术合作等。②

1999年9月，中共十五届四中全会通过《中共中央关于国有企业改革和发展若干重大问题的决定》，明确提出"国家要实施西部大开发战略。中西部地区要从自身条件出发，发展有比较优势的产业和技术先进的企业，促进产业结构的优化升级。东部地区要在加快改革和发展的同时，本着互惠互利、优势互补、共同发展的原则，通过产业转移、技术转让、对口支援、联合开发等方式，支持和促进中西部地区的经济发展"。③

2000年1月，国务院成立了西部地区开发领导小组。由国务院总理朱镕基担任组长，副总理温家宝担任副组长。经过全国人民代表大会审议通过之后，国务院西部开发办于2000年3月正式开始运作。

---

① 《中国共产党第十四届中央委员会第五次全体会议公报》，http://cpc.people.com.cn/GB/64162/64168/64567/65397/4441773.html，2018年5月12日。
② 《中华人民共和国国民经济和社会发展"九五"计划和2010年远景目标纲要》，http://www.npc.gov.cn/wxzl/gongbao/2001-01/02/content_5003506.htm，2018年5月11日。
③ 《中共中央关于国有企业改革和发展若干重大问题的决定》，http://cpc.people.com.cn/GB/64162/71380/71382/71386/4837883.htm，2018年5月13日。

2000 年 10 月，中共十五届五中全会通过《中共中央关于制定国民经济和社会发展第十个五年计划的建议》，决定发行长期国债 14 亿元，把实施西部大开发、促进地区协调发展作为一项战略任务，强调："实施西部大开发战略、加快中西部地区发展，关系经济发展、民族团结、社会稳定，关系地区协调发展和最终实现共同富裕，是实现第三步战略目标的重大举措。"同月，国务院颁发《关于实施西部大开发若干政策措施的通知》，指出实施西部大开发的重点任务是：加快基础设施建设；加强生态环境保护和建设；巩固农业基础地位，调整工业结构，发展特色旅游业；发展科技教育和文化卫生事业。还从增加资金投入、改善投资环境、扩大对外对内开放、吸收人才和发展科技教育等方面提出政策主张。[①] 2004 年 3 月，《国务院关于进一步推进西部大开发的若干意见》提出进一步推进西部大开发的十条意见。[②]

在一系列强政策的刺激下，西部地区经济发展明显好转，工业经济更是取得了长足进展。2000 年，西部地区的 GDP 才占到全国的 17.35%，到 2016 年，西部地区的 GDP 已提升到全国的 20.10%。工业经济的增长更为显著，西部地区的工业全国占比在 2000 年时为 13.93%，到 2013 年时达到 19.33% 的峰值，进入经济新常态后，西部地区在新旧动能转换进程中遇阻，其工业经济增速下滑，以至于工业全国占比自 2013 年之后有些许下滑（见图 13-1）。

依据图 13-1，西部地区的工业占比在 2000~2003 年有一个短暂下滑的过程，表明在此阶段，西部大开发的政策刺激还处于摩擦期。2003 年之后，西部地区工业经济进入一个前所未有的快速增长期，在短短十年内（2003~2013 年）其工业占比由 2003 年的 13.54% 跃升至 2013 年的 19.33%，极大地加速了西部地区的工业化进程。

① 《国务院关于实施西部大开发若干政策措施的通知》，http://www.gov.cn/gongbao/content/2001/content_60854.htm，2018 年 5 月 11 日。
② 《国务院关于进一步推进西部大开发的若干意见》（国发〔2004〕6 号），http://www.gov.cn/zwgk/2005-08/12/content_21723.htm，2018 年 5 月 11 日。

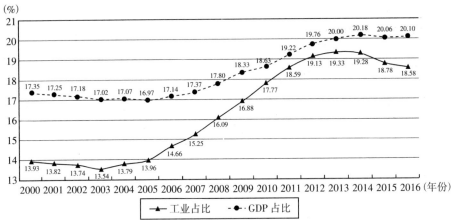

图 13-1　西部大开发以来西部地区工业和 GDP 全国占比变化情况
资料来源：笔者绘制。

当然，也要看到西部地区的整体经济实力还较弱，即使改革开放以来其经济发展取得显著成就，但经济发展还相对落后，与东部地区的绝对差距日益扩大。所幸的是西部大开发战略及时推出，显著改变了"东—西"差距持续扩大的局面。1978 年，东部地区[①]经济总量占全国的 43.62%，而西部地区[②]的经济总量仅占全国的 20.78%，还不及东部地区的一半，东部地区的 GDP 全国占比比西部地区高 22.84%。然而，改革东风最先吹到的沿海地区，随着改革开放的逐渐深入，东部地区与西部地区的经济发展差距持续扩大，并在 2005 年时达到峰值，东部地区的 GDP 全国占比高出西部地区 38.58 个百分点，此时东部地区的经济总量（GDP）占全国的 55.55%，而西部地区的 GDP 占比还不如改革开放初期（1978 年为 20.78%），仅为 16.97%，相比于改革开放前明显下降。

尤其是 20 世纪 90 年代以来，"东—西"经济发展差距呈现加速扩大态势，1990 年，东部地区的 GDP 占比高于西部 25.79 个百分点，随后一

① 1988 年 4 月 13 日，海南行政区从广东省划出，独立建省，海南省和海南经济特区正式成立。因此在 1988 年前东部地区只有 9 个省区市，为研究方便，本书按东部 10 个省区市。
② 1997 年 3 月，八届全国人大五次会议批准设立重庆直辖市。因此 1997 年前，西部地区只有 11 个省区，为研究方便，本书按西部 12 个省区市。

直加速上扬，直到 2005 年，东部地区（10 个省区市）的 GDP 是西部地区
（12 个省区市）的 3.27 倍，达到中国历史上"东—西"差距的高峰。

西部大开发战略的深入推进与实施，极大地改变了"东—西"差距持
续扩大的局面。随着西部大开发系列政策和措施在西部地区落地，西部地
区大部分省区市的经济有了显著好转，"东—西"经济发展差距进入持续
缩小的黄金 10 年。2014 年，"东—西"差距再次到达拐点，"东—西"
GDP 占比之差下降到 30.98%，是西部大开发战略取得的历史性突破，也
是中国区域经济逐渐走向协调发展的关键 10 年。2014 年，东部地区的
GDP 占比依然在 50% 以上，为 51.16%，而西部地区的 GDP 占比还不及改
革开放前的水平，仅占全国的 20.18%。

尽管西部大开发显著改变了西部地区经济发展严重落后的现状，并在
很大程度上弥合了"东—西"发展差距，在改革开放的前 20 多年中，在
"两个大局"战略的指引下，东部地区获得的发展先机是西部地区可望而
不可即的，即使到了西部大开发阶段，东部地区有义务、有责任支持西部
地区实现更快更好的发展，但这种支持是有条件的，也是有限的，不仅没
有填补"东—西"之间的发展沟壑，也没有为西部地区带来持续强劲的发
展动力。进入经济新常态以来，"东—西"发展动能的差距再次显露出来，
西部地区经济总量的全国占比步入下滑通道，由 2014 年的 20.18% 下降到
2016 年的 20.10%，与此同时，东部地区的经济总量全国占比则进入上升
通道，由 2014 年的 51.16% 上升到 2016 年的 52.58%。至此，"东—西"经
济发展差距再次走向扩大。如图 13-2 所示，东部地区与西部地区 GDP 全
国占比之差在 2014 年到达波谷后再次上扬。

相比于"东—西"经济发展差距，"东—西"工业经济差距更显著。
对比图 13-2 与图 13-3，工业经济似乎能更早地感知经济形势的变化：
"东—西"工业经济差距在 1989 年进入差距急速扩大前的波谷（见图 13-
3），而 GDP 则在 1990 年才进入急速扩大前的波谷（见图 13-2），且两者
的"差距"也有较大差异，波谷时，工业经济的"东—西"全国占比之差
为 33.77%（1989 年），GDP"东—西"全国占比之差为 25.79%（1990

年）；"东—西"工业经济差距在 2004 年达到峰值，为 46.77%，而 GDP 差距则在 2005 年达到峰值，为 38.58%；在随后的"东—西"差距缩小进程中，工业经济又是先于 GDP 到达差距最小的拐点（波谷），工业经济在 2013 年时抵达拐点，"东—西"之差为 30.87%，此时，"东—西"工业经济差距得到了历史性的修复，低于 1978 年的 32.32%，GDP 在 2014 年到达拐点，"东—西"之差为 30.98%。

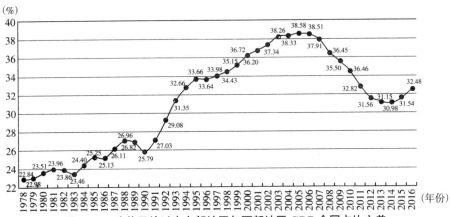

图 13-2　改革开放以来东部地区与西部地区 GDP 全国占比之差

资料来源：笔者绘制。

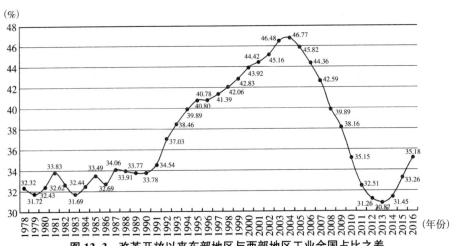

图 13-3　改革开放以来东部地区与西部地区工业全国占比之差

资料来源：笔者绘制。

进入经济新常态，"东—西"工业经济发展的差距再次出现裂缝，随之进入差距扩大新阶段。西部地区依靠东部地区的援助和产业转移构建起来的工业经济体系，基本还处于东部地区过剩产能向内陆转移的阶段，资源密集型、劳动密集型产业在新发展理念下成为被调整、被转型、被升级的主要对象，面临日益严峻的环保压力，西部地区以要素投入驱动的工业经济不得不慢下来，探索新的经济增长方式。

改革开放以来至 2003 年，西部地区工业经济在全国的比重一直处于下滑态势，尽管期间有过几次波动，如 1979 年、1983 年、1986 年、1991 年等有小幅上升，但整体还是趋于下降，2003 年，西部地区工业全国占比已低至 1949 年以来的历史最低点，仅为 13.54%（见图 13-4），当时广东一省的工业全国占比就达 12.29%，可以说，在改革开放的前 25 年（1978~2003 年）中，西部地区的工业经济整体呈现倒退趋势。正是西部大开发战略的强刺激和各级政府的强推动，才促进了西部地区工业经济的恢复性发展，工业经济增速显著提升，并一度超过全国平均水平，在一定时期内形成了"西快东慢"的经济发展空间新格局。

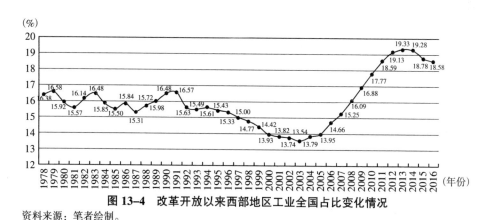

图 13-4　改革开放以来西部地区工业全国占比变化情况
资料来源：笔者绘制。

西部大开发战略虽然最大限度地弥合了改革开放以来"东—西"之间工业经济发展差距，并在 2012~2014 年将其差距缩小至低于改革开放初期的水平。如图 13-3 所示，2012~2014 年的"东—西"工业全国占比之差分别为 31.26%、30.87%、31.45%，均低于 1978 年的 32.32%。然而，西部大开发还只是在工业经济规模上弥合了"东—西"发展差距，更难弥合的是"东—西"在工业产业结构和产出效益方面的差距。东部地区正在进入创新驱动发展阶段，由高速度增长转向高质量发展，而广袤的西部地区在较长一段时间内依然需要高速度的增长来缩短与东部地区之间的发展差距。

西部大开发推动了西部地区工业经济的高速增长，并显著提升了工业化对西部地区经济发展的贡献，工业增加值占 GDP 比重由 2002 年的 30.92% 提升至 2011 年的 43.02%（见图 13-5）。

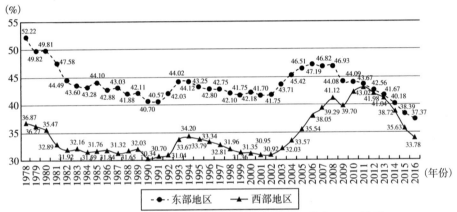

图 13-5 改革开放以来东部地区与西部地区工业占 GDP 比重

资料来源：笔者绘制。

第二节 东北振兴：世易时移、振兴之困

20 世纪 90 年代以前，东北地区作为我国经济相对发达的地区，同时也是我国最重要的工业基地，但相比经济发展更快的其他地区，东北地区经济发展速度已经明显慢下来了，逐渐落后于东部地区。GDP 由改革开放

初（1978 年）的 14.00%逐年下降，到 1998 年已下降到 10%以下，为 9.97%，直至东北振兴战略实施之前，东北地区 GDP 全国占比持续下滑（见图 13-6）。

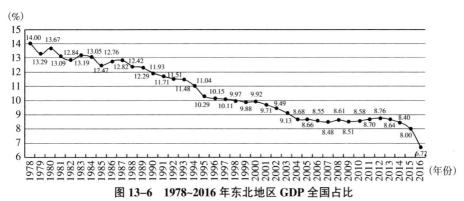

图 13-6　1978~2016 年东北地区 GDP 全国占比

资料来源：笔者绘制。

与之相似的是，1978 年以来，东北地区工业全国占比也一直下滑，到 2003 年已跌落至 10%以下，为 9.57%。面对东北地区持续下行的经济发展态势，东北老工业基地振兴战略的推出，既彰显了党和国家对提振东北经济的魄力与担当，也昭示着老工业巨人重振雄风的气概。

2003 年 10 月，中共中央、国务院发布《关于实施东北地区等老工业基地振兴战略的若干意见》，明确实施东北等老工业基地振兴战略的一系列支持政策和措施。东北地区等老工业基地振兴战略实施以来，东北三省经济增速开始加快，逐步缩小了与全国的发展差距。2008 年东北三省地区生产总值占全国的比重升至 8.61%，比 2007 年高出 0.13 个百分点（见图 13-6），这是进入 21 世纪后东北三省地区生产总值占全国的比重首次止跌回升。

东北振兴战略实施以来，东北地区工业经济增速稳步回升，尤其是吉林和黑龙江的工业经济增速在个别年份超过了全国平均增速。遗憾的是，辽宁的工业近期长期处于低位增长态势，即使在东北振兴战略的推动下，辽宁工业经济增速常年低于全国平均水平，仅 2010 年在全国经济过热中出现一次异常高速增长（见图 13-7）。

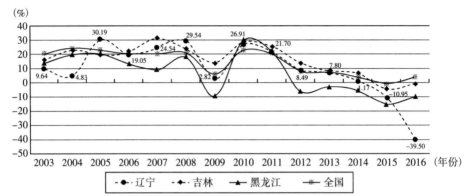

图 13-7　东北振兴战略实施以来东北三省工业增速和全国工业增速
资料来源：笔者绘制。

从 2003 年以来东北地区 GDP 和工业增加值全国占比变化来看，东北振兴并未显著提升东北三省的经济实力（见图 13-8）。东北振兴战略，与其说是东北经济发展的再次提振，不如说是东北地区经济的止跌。2003年以来，东北三省经济下行态势得到了很好控制，但老工业基地的振兴事业依然任重而道远。特别是进入经济新常态以来，东北三省工业经济增速再次跌落，辽宁更是出现断崖式下跌，优势传统产业再次进入"寒冬"，"保增长、促转型、谋升级"的任务异常艰巨。到 2016 年，东北三省的

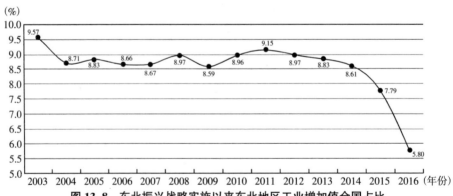

图 13-8　东北振兴战略实施以来东北地区工业增加值全国占比
资料来源：笔者绘制。

GDP 仅占全国的 6.72%，仅相当于改革开放前辽宁的水平，经济总量在全国的占比相当于蒸发了黑龙江和吉林；东北三省工业增加值全国占比下降至 5.80%，还不及改革开放前黑龙江的水平，改革开放 40 年来，东北三省的工业经济相当于蒸发了辽宁和吉林。

东北地区是我国最早建立起来的工业基地，在国家发展中具有举足轻重的地位。然而，改革开放 40 年来，英雄已近暮年，雄风不再。即使在 2003 年推出东北振兴战略，并辅之以一系列政策、措施，东北地区经济仍未如愿复苏。在深入推进供给侧结构性改革的背景下，东北地区经济增速"换挡"过于猛烈，再次陷入"塌陷"困境，新动能、新政策成为东北地区工业经济再次起航的动力之源。

为了推动东北地区经济脱困向好，实现新一轮振兴，国家发展和改革委员会制定新时期东北地区等老工业基地振兴的规划。2016 年 4 月，中共中央、国务院发布《关于全面振兴东北地区等老工业基地的若干意见》，指出当前和今后一段时期是推进老工业基地全面振兴的关键时期。2016 年 11 月 1 日，《东北振兴"十三五"规划》由国务院批复原则同意通过，自 2016 年 11 月 7 日发布之日起实行。随后不久，国务院印发《关于深入推进实施新一轮东北振兴战略加快推动东北地区经济企稳向好若干重要举措的意见》，要求深入推进实施党中央、国务院关于全面振兴东北地区等老工业基地的战略部署，按照立足当前、着眼长远、标本兼治、分类施策的原则，实施若干重要举措，推动东北地区经济企稳向好。至此，新一轮东北振兴战略正高歌北上。然而，东北地区的现实依然是新的增长点尚未形成规模，工业增长转换动力不足。

第三节　中部崛起：蓄势待发、后劲可待

中国中部地区，东接沿海，西接内陆，按自北向南、自东向西排序，

包括山西、河南、安徽、湖北、江西、湖南六个相邻省份。中部地区是我国的人口大区、交通枢纽、经济腹地和重要市场，在中国地域分工中扮演着重要角色。中部地处我国内陆腹地，资源优势和区位优势突出，但是出于种种原因，2004 年之前中部地区在全国经济总量的比重不断下降。1978年，中部地区 GDP 全国占比为 21.60%，到 2003 年，这一比重下降至18.57%（见图 13-9）。

图 13-9 1978~2003 年中部地区 GDP 全国占比

资料来源：笔者绘制。

改革开放以来，中部地区工业经济经历了一段曲折的发展历程，1978~1986 年，中部地区工业全国占比显著提升，由 1978 年的 16.68% 提升至 1986 年的 19.87%。随后，伴随着改革开放的进一步深入，尤其是东部沿海地区工业经济的快速发展，中部地区工业全国占比逐年下滑，到1994 年跌落至改革开放前的水平，仅为 16.84%。1994 年以后，中部地区工业经济滑落态势得到遏制，但并未进入发展快车道，只是在一定时期内稳住了其工业全国占比持续下滑的势头（见图 13-10）。

2004 年《政府工作报告》首先提出"促进中部地区崛起"；2006 年 4月 15 日，中共中央、国务院发出《关于促进中部地区崛起的若干意见》（中发〔2006〕10 号），要求把中部地区建设成全国重要的粮食生产基地、能源原材料基地、现代装备制造及高技术产业基地和综合交通运输枢纽，

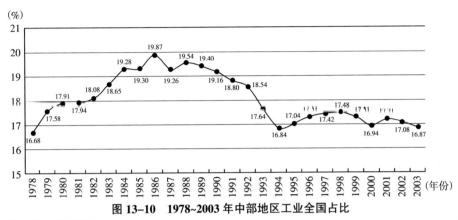

图 13–10　1978~2003 年中部地区工业全国占比

资料来源：笔者绘制。

使中部地区在发挥承东启西和产业发展优势中崛起。自此，中部地区发展进入新时期。

促进中部地区崛起以来，中部地区工业经济得到了显著的恢复性发展，其工业经济增速长期保持在全国平均水平之上。如表 13–1 所示，自2004 年以来，中部六省进入了一个工业经济快速增长的黄金机遇期。2004年，山西、江西、河南三省工业经济增速超过全国增速，2006~2011 年，中部六省工业经济增速显著提升，每年至少有五省的工业经济增速超过全国水平，2008 年更是全面超过全国增速。尽管由于受国际金融危机影响，2009 年中国工业经济增速全线下滑，由 2008 年的 20.72%直降至 2009 年的 5.78%，中部地区依然有安徽、江西、湖北、湖南四省工业增速在 12%以上，湖北更是接近 20%。在随后的 2010 年和 2011 年，中部地区工业经济持续高速增长，仅河南工业经济增速低于全国水平，其余五省均为高速增长。2011 年之后，中国工业经济逐步进入转型发展阶段，工业经济增速开始慢下来，中部地区工业经济增速依然稳健有力，安徽、江西、湖北、湖南的工业经济增势稳定向好。

表 13-1 2003~2016 年中部六省和全国工业经济增速变化情况

单位：%

年份	2003	2004	2005	2006	2007	2008	2009	2010	2011	2012	2013	2014	2015	2016
山西	30.31	32.46	23.75	17.35	26.43	22.02	-8.21	32.37	27.95	1.07	0.16	-9.32	-20.31	-4.83
安徽	12.62	18.56	22.13	20.45	25.66	26.73	16.55	33.03	30.60	13.65	11.24	5.91	-2.02	8.77
江西	22.91	32.05	27.68	24.09	26.11	21.48	15.53	34.11	26.25	7.69	10.40	6.44	1.01	4.35
河南	19.27	26.68	34.34	23.19	24.49	27.14	3.71	20.71	16.72	7.66	6.28	-0.95	0.09	7.71
湖北	14.20	18.15	22.59	20.22	17.84	25.45	19.71	29.76	26.93	14.02	8.18	4.38	4.91	8.71
湖南	17.32	22.84	20.05	23.02	25.31	26.79	12.60	30.83	28.83	12.51	9.44	7.49	1.82	3.58
全国	20.31	24.22	22.83	19.98	20.19	20.72	5.78	22.74	19.95	7.80	7.03	3.67	-0.80	3.66

资料来源：笔者整理。

可见，中部崛起战略不仅很好地发挥了中部地区"承东启西"的重要战略作用，还推动了中部六省工业经济的再次腾飞。尽管 2011 年后，山西工业经济显著下滑，但中部六省的工业经济全国占比依然稳中有升。

与西部地区和东北地区不同的是，进入经济新常态以来，中部地区工业经济发展动力依然强劲，经过 2014 年、2015 年的短暂调整之后，中部地区工业经济在 2016 年很快回稳。如图 13-11 所示，在 2014 年、2015年，西部地区和东北地区的工业全国占比均呈现下滑态势，唯独中部地区在小幅波动后出现迅速回归的增长态势。

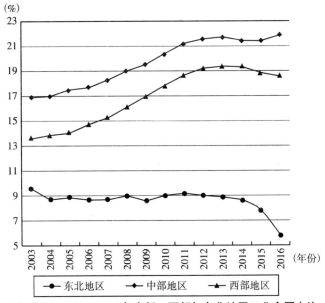

图 13-11 2003~2016 年中部、西部与东北地区工业全国占比

资料来源：笔者绘制。

中部崛起战略不仅促进了中部地区工业经济的"承接型崛起"，也显著加速了中部地区的城镇化进程，并推动了一系列以省会城市为中心的城市群崛起。2010 年，中部地区已经初步形成了以武汉城市圈、中原城市群、长株潭城市群、皖江城市带、环鄱阳湖城市群和太原城市圈六大城市群为主的发展格局。

2012 年，国务院发布《关于大力实施促进中部地区崛起战略的若干意见》（国发〔2012〕43 号），指出随着工业化、城镇化深入发展，中部地区广阔的市场潜力和承东启西的区位优势将进一步得到发挥，中部地区有序承接国内外产业转移。但中部地区经济结构不尽合理、城镇化水平偏低、资源环境约束强化、对外开放程度不高等矛盾和问题仍然突出，转变发展方式任务依然艰巨，促进中部地区崛起任重道远。

2016 年，国家发展改革委印发《促进中部地区崛起"十三五"规划》，指出促进中部地区崛起，是落实四大板块区域布局和"三大战略"的重要内容，是构建全国统一大市场、推动形成东中西区域良性互动协调发展的客观需要，是优化国民经济结构、保持经济持续健康发展的战略举措，是确保如期实现全面建设小康社会目标的必然要求。

然而，"东—中"发展落差并未弥合，在新时代，新发展理念对中部地区工业经济持续向好发展，以及加快转型升级提出了诸多要求，如何在创新驱动发展的新一轮改革浪潮中抓住发展机遇，依然是中部六省促进区域协调发展的历史使命。

第四节　格局再定："四大板块"+"三大战略"

党的十八以来，以习近平同志为核心的党中央高度重视我国区域协调发展问题，明确提出要拓展发展新空间，形成沿海沿江沿线经济带为主纵横经济轴带，培育壮大若干经济区，先后提出一系列新观点和新举措，可概括为"四大板块、三个支撑带和三大经济带"战略。

"四大板块"是指东部、中部、西部和东北，这一区域的划分目的在于调控区域差距，促进区域协调发展。"三个支撑带"是指环渤海、长三角和珠三角，环渤海支撑东北、华北和西北经济带，长三角支撑长江经济带，珠三角支撑西南中南以及华南经济带，这三个支撑带可促进区域间的合作和互助。"三大经济带"是指京津冀经济带、长江经济带和"一带一路"经济带，这三大经济带有助于东中西地区协调发展以及建立面向全球化的开放体系。

"十三五"时期，我国区域协调发展总体思路是：以区域发展总体战略为基础，以"一带一路"建设、京津冀协同发展、长江经济带发展为引领，形成沿海沿江沿线经济带为主的纵向横向经济轴带，塑造要素有序自由流动、主体功能约束有效、基本公共服务均等、资源环境可承载的区域协调发展新格局。这意味着我国区域发展战略走向全局性和整体性（范恒山，2016）。

一、"一带一路"倡议

"一带一路"（The Belt and Road，B&R）是"丝绸之路经济带"[①]和"21世纪海上丝绸之路"的简称（陈积敏，2018）。2013年以来，共建"一带一路"倡议以政策沟通、设施联通、贸易畅通、资金融通和民心相通为主要内容扎实推进，取得明显成效，一批具有标志性的早期成果开始显现，参与各国得到了实实在在的好处，对共建"一带一路"的认同感和参与度不断增强。[②]

2013年9月和10月，中国国家主席习近平在出访哈萨克斯坦和印度尼西亚时先后提出共建"丝绸之路经济带"和"21世纪海上丝绸之路"的重大倡议。中国政府成立了推进"一带一路"建设工作领导小组，并在中国国家发展改革委设立领导小组办公室。2015年3月，国家发展改革

[①] 丝绸之路，简称丝路，是指西汉（公元前202至公元8年）时，由张骞出使西域开辟的以长安（今西安）为起点，经甘肃、新疆，到中亚、西亚，并连接地中海各国的陆上通道。因为这条路上主要贩运的是中国的丝绸，故得此名。其基本走向定于两汉时期，包括南道、中道、北道三条路线。参见：《第一章：是谁发现了丝绸之路》，http://www.cssn.cn/ts/dlz/rwsk/txdysbss/201504/t20150423_1599720.shtml，2015年4月23日。

[②] 受权发布：《共建"一带一路"倡议：进展、贡献与展望》（八语种），ttps://www.yidaiyilu.gov.cn/zchj/qwfb/86697.htm，2019年4月22日。

委、外交部、商务部联合发布《推动共建丝绸之路经济带和 21 世纪海上丝绸之路的愿景与行动》（以下简称《愿景与行动》）。

根据《愿景与行动》，新疆被定位为"丝绸之路经济带核心区"，福建则被定位为"21 世纪海上丝绸之路核心区"。《愿景与行动》提出：[①]

（1）西北、东北地区。发挥新疆独特的区位优势和向西开放重要窗口作用，深化与中亚、南亚、西亚等国家的交流合作，形成丝绸之路经济带上重要的交通枢纽、商贸物流和文化科教中心，打造丝绸之路经济带核心区。发挥陕西、甘肃综合经济文化和宁夏、青海民族人文优势，打造西安内陆型改革开放新高地，加快兰州、西宁开发开放，推进宁夏内陆开放型经济试验区建设，形成面向中亚、南亚、西亚国家的通道、商贸物流枢纽、重要产业和人文交流基地。发挥内蒙古联通俄蒙的区位优势，完善黑龙江对俄铁路通道和区域铁路网，以及黑龙江、吉林、辽宁与俄远东地区陆海联运合作，推进构建北京—莫斯科欧亚高速运输走廊，建设向北开放的重要窗口。

（2）西南地区。发挥广西与东盟国家陆海相邻的独特优势，加快北部湾经济区和珠江—西江经济带开放发展，构建面向东盟区域的国际通道，打造西南、中南地区开放发展新的战略支点，形成 21 世纪海上丝绸之路与丝绸之路经济带有机衔接的重要门户。发挥云南区位优势，推进与周边国家的国际运输通道建设，打造大湄公河次区域经济合作新高地，建设成为面向南亚、东南亚的辐射中心。推进西藏与尼泊尔等国家的边境贸易和旅游文化合作。

（3）沿海和港澳台地区。利用长三角、珠三角、海峡西岸、环渤海等经济区开放程度高、经济实力强、辐射带动作用大的优势，加快推进中国（上海）自由贸易试验区建设，支持福建建设 21 世纪海上丝绸之路核心区。充分发挥深圳前海、广州南沙、珠海横琴、福建平潭等开放合作区的

① 国家发展改革委、外交部、商务部：《推动共建丝绸之路经济带和 21 世纪海上丝绸之路的愿景与行动》，《人民日报》2015 年 3 月 29 日第 4 版。

作用，深化与港澳台合作，打造粤港澳大湾区。推进浙江海洋经济发展示范区、福建海峡蓝色经济试验区和舟山群岛新区建设，加大海南国际旅游岛开发开放力度。加强上海、天津、宁波—舟山、广州、深圳、湛江、汕头、青岛、烟台、大连、福州、厦门、泉州、海口、三亚等沿海城市港口建设，强化上海、广州等国际枢纽机场功能。以扩大开放倒逼深层次改革，创新开放型经济体制机制，加大科技创新力度，形成参与和引领国际合作竞争新优势，成为"一带一路"特别是21世纪海上丝绸之路建设的排头兵和主力军。发挥海外侨胞以及香港、澳门特别行政区独特优势作用，积极参与和助力"一带一路"建设。为台湾地区参与"一带一路"建设做出妥善安排。

（4）内陆地区。利用内陆纵深广阔、人力资源丰富、产业基础较好优势，依托长江中游城市群、成渝城市群、中原城市群、呼包鄂榆城市群、哈长城市群等重点区域，推动区域互动合作和产业集聚发展，打造重庆西部开发开放重要支撑和成都、郑州、武汉、长沙、南昌、合肥等内陆开放型经济高地。加快推动长江中上游地区和俄罗斯伏尔加河沿岸联邦区的合作。建立中欧通道铁路运输、口岸通关协调机制，打造"中欧班列"品牌，建设沟通境内外、连接东中西的运输通道。支持郑州、西安等内陆城市建设航空港、国际陆港，加强内陆口岸与沿海、沿边口岸通关合作，开展跨境贸易电子商务服务试点。优化海关特殊监管区域布局，创新加工贸易模式，深化与沿线国家的产业合作。

2017年5月，首届"一带一路"国际合作高峰论坛在北京成功召开。中国还先后举办了博鳌亚洲论坛年会、上海合作组织青岛峰会、中非合作论坛北京峰会、中国国际进口博览会等。[①] 2018年8月，习近平主席在北京主持召开推进"一带一路"建设工作五周年座谈会，提出"一带一路"建设要从谋篇布局的"大写意"转入精耕细作的"工笔画"，向高质量发

---

① 《授权发布：〈共建"一带一路"倡议：进展、贡献与展望〉（八语种）》，https://www.yidaiyilu.gov.cn/zchj/qwfb/86697.htm，2019年4月22日。

展转变，造福沿线国家人民，推动构建人类命运共同体。2019 年 4 月 22 日，推进"一带一路"建设工作领导小组办公室发布《共建"一带一路"倡议：进展、贡献与展望》报告。

二、长江经济带

长江经济带覆盖上海、江苏、浙江、安徽、江西、湖北、湖南、重庆、四川、云南、贵州 11 个省（市），面积约 205 万平方公里，占全国的 21%，人口和经济总量均超过全国的 40%，生态地位重要、综合实力较强、发展潜力巨大。[①]

2016 年 9 月，《长江经济带发展规划纲要》正式印发，确立了长江经济带"一轴、两翼、三极、多点"的发展新格局。《长江经济带发展规划纲要》指出，要着力构建长江经济带东西双向、海陆统筹的对外开放新格局。立足上中下游地区对外开放的不同基础和优势，因地制宜提升开放型经济发展水平。一是发挥上海及长江三角洲地区的引领作用。加快复制推广上海自贸试验区改革创新经验。二是将云南建设成为面向南亚东南亚的辐射中心。三是加快内陆开放型经济高地建设。推动区域互动合作和产业集聚发展，打造重庆西部开发开放重要支撑和成都、武汉、长沙、南昌、合肥等内陆开放型经济高地。

2018 年 4 月，习近平总书记在深入推动长江经济带座谈会上讲话指出："推动长江经济带高质量发展，建设现代化经济体系，要坚持质量第一、效益优先的要求，推动质量变革、效率变革、动力变革，加快建设实体经济、科技创新、现代金融、人力资源协同发展的产业体系，构建市场机制有效、微观主体有活力、宏观调控有度的经济体制。"[②]

---

① 地区经济司子站：《〈长江经济带发展规划纲要〉正式印发》，http://www.ndrc.gov.cn/fzgggz/dqjj/qygh/201610/t20161011_822279.html，2016 年 10 月 11 日。
② 习近平：《在深入推动长江经济带发展座谈会上的讲话》，http://www.gov.cn/xinwen/2018-06/13/content_5298492.htm，2018 年 6 月 13 日。

2018 年，中共中央、国务院发布《关于建立更加有效的区域协调发展新机制的意见》，明确要求："充分发挥长江经济带横跨东中西三大板块的区位优势，以共抓大保护、不搞大开发为导向，以生态优先、绿色发展为引领，依托长江黄金水道，推动长江上中下游地区协调发展和沿江地区高质量发展。"①

三、京津冀协同发展

京津冀协同发展的动议可溯源至 2004 年的"廊坊共识"，遗憾的是，"廊坊共识"以来，北京、天津与河北三地之间的互动与协同发展一直处于低频、低效状态。直到 2013 年，习近平总书记先后到天津、河北调研，强调要推动京津冀协同发展，京津冀协同发展才逐步上升为国家战略。2014 年 2 月 26 日，习近平总书记在北京考察工作时发表重要讲话，全面深刻阐述了京津冀协同发展战略的重大意义、推进思路和重点任务。推动京津冀协同发展，是适应我国经济发展进入新常态，应对资源环境压力加大、区域发展不平衡矛盾日益突出等挑战，加快转变经济发展方式、培育增长新动力和新的增长极、优化区域发展格局的现实需要，也是探索改革路径、构建区域协调发展体制机制的需要。推动京津冀协同发展，有利于构建开放的区域统一市场，建立区域统筹协调发展新体制，为推动全国区域协同发展探索出一条新路子。②

2014 年 8 月，京津冀协同发展领导小组成立，统筹指导推进京津冀协同发展工作。京津冀协同发展领导小组指导其办公室会同 30 多个部门、三省市和京津冀协同发展专家咨询委员会，多次深入调查研究，反复修改完善，先后七轮征求各方意见，形成《京津冀协同发展规划纲要》稿。2015

① 新华社：《中共中央　国务院关于建立更加有效的区域协调发展新机制的意见》，http://www.gov.cn/zhengce/2018–11/29/content_5344537.htm，2018 年 11 月 29 日。
② 新华社：《京津冀协同发展是大思路大战略》，《经济日报》2015 年 8 月 24 日第 6 版。

年，习近平总书记先后主持召开中央财经领导小组会议和中央政治局会议，审议研究规划纲要并发表重要讲话，进一步明确这项战略的目标、思路和方法；同年 4 月，习近平总书记主持召开中共中央政治局会议审议通过规划纲要，确定了"功能互补、区域联动、轴向集聚、节点支撑"的布局思路，明确了以"一核、双城、三轴、四区、多节点"为骨架，设定了区域功能整体定位和三地功能定位，将京津冀整体定位为"以首都为核心的世界级城市群、区域整体协同发展改革引领区、全国创新驱动经济增长新引擎、生态修复环境改善示范区"（见图 13–12）。

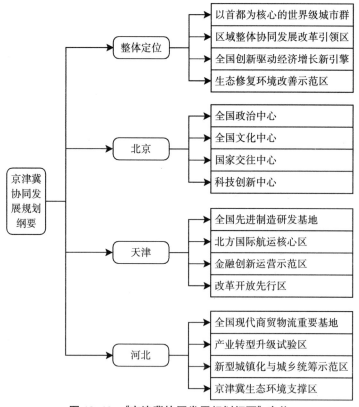

图 13–12　《京津冀协同发展规划纲要》定位

资料来源：笔者根据《京津冀协同发展规划纲要》绘制。

随着京津冀协同发展向纵深推进，京津冀城市群成为我国连接全球经济网络的重要枢纽，但其"跛足"发展的空间结构使京津冀城市群整体实力难以显著提升，人均 GDP 远低于长三角城市群和珠三角城市群，核心城市北京因其极强的"虹吸效应"不仅饱受"大城市病"的困扰，也使其对区域发展的带动作用并不明显。为助力京津冀城市群成为我国参与全球竞争和国际分工中重要的世界级城市群，并探索有效治理"大城市病"的优化开发模式，党中央和国务院将京津冀协同发展战略设定为国家发展战略，并于 2017 年 4 月 1 日以高定位、高标准设立河北雄安新区，[①] 不仅为京津冀城市群跻身于世界级城市群注入了无尽新动能，也为扭转"南强北弱"经济发展空间格局提供了无限可能（见图 13-13）。

2018 年 12 月 25 日，中共中央、国务院批复《河北雄安新区总体规划（2018—2035 年)》；2019 年 1 月 4 日，《北京城市副中心控制性详细规划（街区层面)(2016—2035 年)》正式发布，北京市级行政中心于 1 月 11 日正式迁入北京城市副中心。至此，京津冀协同发展再次迈出坚定步伐，北京新"两翼"——雄安新区和北京城市副中心从顶层设计阶段转向实质性的开工建设阶段，北京非首都功能疏解进入加速阶段，新"两翼"的大规模发展建设将显著加速京津冀协同发展进程，共同托举京津冀省市群跻身于世界级城市群。与此同时，举全省之力全面推进雄安新区规划建设向纵深发展，成为河北省未来近 20 年的核心发展任务。

---

① 《中共中央、国务院决定河北雄安新区设立》，《北京人大》2017 年第 4 期。

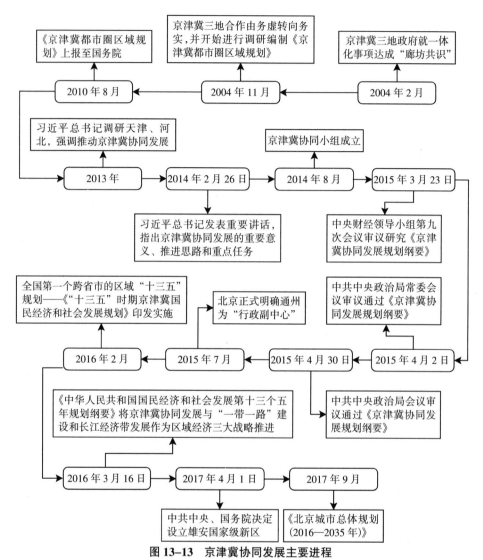

图13–13　京津冀协同发展主要进程

资料来源：笔者整理资料绘制。

第五篇

结　语

第十四章　结论与展望

本书从世界工业经济发展历程与格局演变入手，在对中国经济发展空间格局的演变规律进行分析的基础上，对中国工业经济发展进程及其空间格局演变进行了较为全面的分析。本书以各省区市工业经济发展情况为研究对象，从工业经济的空间格局演变，研究工业化战略与区域发展战略对工业经济空间格局演变所产生的影响，揭示了不同经济发展阶段工业经济空间格局的演变特征，为新时代背景下推进工业经济与信息经济深度融合，以及构建现代产业体系提供实践参考。

计划经济时代的工业进程伴随着政治时局起起落落，但跌宕起伏的工业化进程着实为中国奠定并夯实了工业化基础，为改革开放之后的中国经济腾飞创造了良好的条件。

改革开放以来，"东快西慢"工业经济空间格局助推中国走出了低水平的"均衡"发展，并稳步走向世界，但也带来了区域经济发展不平衡加剧；在区域发展战略的推动下，"东快西慢"的工业化推进格局逐步向"西快东慢"转变；进入经济新常态后，工业经济活动加速向南转移，"南强北弱"的空间格局逐步强化，区域间工业经济发展不平衡的问题也日益突出。1978年以来，省际工业经济发展差距经历了四个阶段：缩小（1978~1986年）—扩大（1987~2003年）—缩小（2004~2013年）—扩大（2014~2016年）。在中国工业经济发展的地理版图变迁过程中，区域性塌陷与地区崛起并存，主要可分为衰退型塌陷、发展型塌陷、开放型崛起、承接型崛起四种典型类型。至此，中国工业经济的地理版图由改革开放初期显著的"东西分异"转向"东西、南北分异"的空间格局。

第一节　主要贡献

本书的主要贡献包括：

第一，论证中国 70 年工业经济空间格局演变，将改革开放前后的工业经济发展空间特征进行概括与理论抽象。

第二，将改革开放以来中国工业经济发展的区域版图变化概括为四种典型类型：第一种类型为衰退型塌陷，以东北三省（辽宁、黑龙江、吉林）和甘肃为典型代表，其工业基础相对较好，但在改革开放过程中未能随市场经济顺利转型，工业经济发展陷入低水平增长的窘境；第二种类型为发展型塌陷，以上海和京津冀地区的北京、天津为代表，这些地区及时调整经济发展战略，较好地实现了转型发展；第三种类型为开放型崛起，以广东为主要代表，还包括江苏、浙江和山东，这些地区积极追逐改革开放浪潮，实现了工业经济较快较好的发展；第四种类型为承接型崛起，以中部地区为代表，尤其是河南，这类地区积极对接东部地区的工业，在新一轮国内产业转移进程中积极发挥优势，工业经济快速发展。

第三，根据工业重心的走向及趋势，将改革开放以来中国工业经济空间格局的演变路径分为三个阶段。第一阶段：1978~2003 年，由北向南，工业重心向南迁移，这一阶段主要是东北地区工业经济加速下滑和长三角、珠三角地区工业经济快速增长，从而推动工业重心南移。第二阶段：2003~2013 年，由东向西，工业重心向西迁移，这一阶段主要是在西部大开发与中部崛起等战略的推动下，中西部地区承接东部沿海工业转移逐渐升温，由此中西部地区进入工业经济发展快车道，由此推动工业重心由东向西迁移。第三阶段：2013~2016 年，由北向南，工业重心再次向南迁移，这一阶段主要是东北工业经济由下滑转向塌陷，与此同时，珠三角地区工业经济活力再次迸发，由此推动工业重心再次由北向南迁移。

第四，论证改革开放以来"东快西慢"的工业化推进格局逐步向"西快东慢"转变，与此相伴相随的是"北弱南强"的空间格局逐步得到强化，区域间工业经济发展不平衡的问题也日益突出。

第二节 本书启示

我国现代化必然是以工业化带动的（刘伟、蔡志洲，2015），我国工业发展面临的不平衡问题既是挑战，也是机遇。通过分析我国工业经济发展的空间格局演化特征，我们认为工业经济活动主要集中在东部沿海地区局面在未来 10~20 年不会有实质性的改变，为进一步促进改变我国工业经济协调发展，可从以下几个方面着手：

一是落实国家区域协调发展战略，推动产业合理有序转移和布局优化调整。积极构建产业对接平台，持续推进中西部地区承接产业转移和跨区域产业协作，打造区域性增长极；中西部地区、东北地区要杜绝以追赶先发地区、跨越发展之名"摊大饼"的行为，减少资源错配和浪费的现象。

二是实施差异化的区域发展战略，加强对产业发展的规范和引导。区域发展战略实施以来，中部崛起与西部大开发对中西部地区工业经济具有显著促进作用，相比之下，东北振兴战略却成效略微（洪俊杰等，2014）。工业化仍是中、西部地区各省份的重要任务（肖金成等，2018），且中西部地区面临着巨大的新旧动能转换压力，亟须与东部地区携手塑造产业链协同发展新平台，以承接东部地区外溢性工业和服务东部地区高附加值工业为着力点，培育能辐射西部地区的新兴增长极。东北地区由于新旧动能转换迟滞凝缓，且发展的路径依赖较为严重，在具体战略选择上不仅要对产业结构调整有所侧重，还要着力改善营商环境。

三是全力推进创新驱动发展，创新地区优势强化自身发展能力，以创新推动"四高"①发展。面对新一轮工业革命的冲击，发达国家纷纷实施"再工业化"战略（杜传忠、杜新建，2017），为我国的工业强国之路新添了不少掣肘。在新时代，随着工业经济，尤其是现代制造业与新一代信息技术深度融合趋势更加明显，创新驱动发展亟待加速推进。此外，尽管中西部地区通过承接产业转移实现了工业经济高速增长，但产业转移不可能是中西部地区工业经济发展的动力之源（罗云毅等，2010）。②经过改革开放 40 年来的粗放式工业化道路，中西部地区的工业经济比东部沿海地区更需要走"高质量、高效益、高科技、高附加值"的"四高"之路，必须利用好地区资源优势，走资源性科技创新之路。

第三节　不足之处

本书对中国工业经济空间格局的研究是一次新的学术尝试，难免有很多思虑不周之处；加之受笔者学术水平和写作时间所限，书中的疏漏和不足之处在所难免。

第一，对改革开放前的工业化过程中工业经济空间格局演变特征分析不够深入，尤其是 156 项工程与三线建设的"变局"有待进一步深入。

第二，对 70 年时间轴的工业经济空间格局演变特征缺少必要的串联，以至于本书的研究中在时间轴上略显割裂，将改革开放前与改革开放后分成了两个截然不同的阶段。

第三，对如何进一步深入推进区域工业经济以及促进区域协调发展的思考不够深入和全面，缺少具体的、实践层面的政策建议。

---

① "四高"指高水平改革开放、高质量发展、高品质生活、高素质队伍。
② 罗云毅，周汉麒：《工业重心东移与"十二五"期间的区域产业转移和承接》，《宏观经济研究》2010 年第 1 期。

第四，由于本书采用的数据来自于多个统计年鉴及相关统计资料，统计口径存在出入或差异，使本书部分图表的数据存在"自相矛盾"之处，部分数据与历年统计年鉴数据存在些许出入；由于在数据展示时采用四舍五入、计算时采用原始数据，因而个别数据会出现"计算误差"。

第四节　研究展望

后续研究工作可从以下几个方面继续开展：

第一，对改革开放前的工业经济空间格局演变特征进行更加深入的分析，尤其是结合沿海与内陆以及不同省份的工业经济发展特征对156项工程、三线建设的"变局"进行深入分析。

第二，对改革开放前30年与改革开放40年的工业经济发展空间演变特征进行对比分析，从而更加深入地推理国家发展战略（如工业化战略、区域经济发展战略）对区域工业经济的影响及其作用机理。

第三，对中国70年的工业经济空间格局演变特征进行多视角分析，以便更精准地研判中国工业经济空间演变规律，为下一步推进区域协调发展提供实证参考。

第四，结合我国已整体步入后工业化社会，以及信息经济在经济社会各领域深度融合的时代特征，分析工业化与信息化相互融合的演进历程，以及空间格局演变特征。

第五，基于70年工业化进程的空间格局演变特征提出促进区域工业经济协调发展的政策建议。

参考文献

H. 钱纳里、S. 鲁宾逊、M. 赛尔奎因：《工业化和经济增长的比较研究》，吴奇、王松宝等译，上海三联书店、上海人民出版社 1989 年版。

西蒙·库兹涅茨：《各国的经济增长》，常勋译，商务印书馆 1999 年版。

约翰·科迪等：《发展中国家的工业发展政策》，张虹译，经济科学出版社 1990 年版。

魏后凯、陈耀：《中国西部工业化与软环境建设》，中国财政经济出版社 2003 年版。

郭克莎：《中国工业化的进程、问题与出路》，《中国社会科学》2000 年第 3 期。

《当代中国》丛书编辑部：《当代中国的机械工业》，中国社会科学出版社 1990 年版。

阿尔弗莱德·韦伯：《工业区位论》，李刚剑、陈志人、张英保译，商务印书馆 2013 年版。

奥古斯特·勒施：《经济空间秩序》，王守礼译，商务印书馆 2013 年版。

克劳斯·施瓦布：《第四次工业革命：转型的力量》，李菁译，中信出版社 2016 年版。

沃尔特·克里斯塔勒：《德国南部中心地原理》，王守礼译，商务印书馆 2010 年版。

霍利斯·钱纳里、谢尔曼·鲁宾逊：《工业化和经济增长的比较研究》，吴奇等译，上海三联书店 1989 年版。

藤田昌久、克鲁格曼、维纳布尔斯：《空间经济学——城市、区域与国际贸易》，梁琦译，中国人民大学出版社 2005 年版。

机械工业信息研究院战略与规划研究所：《德国工业 4.0 战略计划实施建议（摘编）》，《世界制造技术与装备市场》2014 年第 3 期。

新华社：《河北雄安新区设立》，《人民日报》2017 年 4 月 2 日第 1 版。

《列宁选集（第二卷）》，人民出版社 1960 年版。

金冲及：《毛泽东在中央工作会议期间的讲话记录（1964 年 5 月 27 日）》，引自金冲及《周恩来传》，中央文献出版社 1998 年版。

《中共中央、国务院决定河北雄安新区设立》，《北京人大》2017 年第 4 期。

新华社：《中共中央　国务院关于建立更加有效的区域协调发展新机制的意见》，《人民日报》2018 年 11 月 30 日第 1 版。

国家统计局固定资产投资统计司：《中国固定资产投资统计年鉴（1950—1995)》，中国统计出版社 1997 年版。

中共中央文献编辑委员会：《周恩来选集（下卷)》，人民出版社 1984 年版。

安虎森、陈明：《工业化、城市化进程与我国城市化推进的路径选择》，《南开经济研究》2005 年第 1 期。

敖荣军、蒋亮、梅琳、刘巧玉：《湖北省县区工业市场潜力及空间格局》，《经济地理》2016 年第 6 期。

薄一波：《若干重大决策与事件的回顾》，中共中央党校出版社 1993 年版。

鲍振东、李向平、王宝明：《辽宁工业经济史》，社会科学文献出版社 2014 年版。

北京市社会科学院区域经济研究课题组：《我国区域经济发展态势与展望》，《区域经济评论》2016 年第 4 期。

蔡昉、都阳：《中国地区经济增长的趋同与差异》，《经济研究》2000 年第 10 期。

曹玉红、宋艳卿、朱胜清、程先富：《基于点状数据的上海都市型工业空间格局研究》，《地理研究》2015 年第 9 期。

陈东林：《备战：三线建设大揭秘》，《文史博览》2009 年第 6 期。

陈东林：《三线建设与西部大开发》，当代中国出版社 2003 年版。

陈栋生：《论区域协调发展》，《北京社会科学》2005 年第 2 期。

陈红霞、李国平、张丹：《京津冀区域空间格局及其优化整合分析》，《城市
　　发展研究》2011 年第 11 期。

陈积敏：《正确认识"一带一路"》，《商业观察》2018 年第 7 期。

陈佳贵、黄群慧、钟宏武：《中国地区工业化进程的综合评价和特征分析》，
　　《经济研究》2006 年第 6 期。

陈佳贵、黄群慧：《工业发展、国情变化与经济现代化战略——中国成为工
　　业大国的国情分析》，《中国社会科学》2005 年第 4 期。

陈利、朱喜钢、杨阳、褚岩：《基于空间计量的云南省县域经济空间格局演
　　变》，《经济地理》2017 年第 1 期。

陈敏：《江西省工业化进程综合评价和加速工业化进程的对策分析》，《当代
　　财经》2009 年第 8 期。

陈培阳、朱喜钢：《中国区域经济趋同：基于县级尺度的空间马尔可夫链分
　　析》，《地理科学》2013 年第 11 期。

陈夕：《156 项工程与中国工业的现代化》，《党的文献》1999 年第 5 期。

陈雄：《论第二次工业革命的特点》，《郑州大学学报（哲学社会科学版）》
　　1987 年第 5 期。

陈秀山、徐瑛：《中国区域差距影响因素的实证研究》，《中国社会科学》2004
　　年第 5 期。

陈耀：《改革开放 30 年中国工业化区域特征分析》，《西南民族大学学报（人
　　文社科版）》2008 年第 2 期。

陈耀：《我国东北工业发展 60 年：回顾与展望》，《学习与探索》2009 年第
　　5 期。

陈耀：《我国区域发展要主动适应经济"新常态"》，《区域经济评论》2014
　　年第 6 期。

崔向阳：《中国工业化指数的计算与分析》，《经济评论》2003 年第 6 期。

丁新：《京津冀经济发展的空间格局、空间效应与政策效应研究》，《西部论
　　坛》2017 年第 2 期。

董志凯、吴江：《新中国工业的奠基石——156 项建设研究（1950-2000）》广东经济出版社 2004 年版。

董志凯：《"大跃进"运动对中国工业建设作用辨析》,《中共党史研究》1996 年第 2 期。

杜传忠、杜新建：《第四次工业革命背景下全球价值链重构对我国的影响及对策》,《经济纵横》2017 年第 4 期。

杜茂华、杨刚：《基于锡尔系数和基尼系数法的重庆城乡发展差异分析》,《经济地理》2010 年第 5 期。

杜志威、吕拉昌、黄茹：《中国地级以上城市工业创新效率空间格局研究》,《地理科学》2016 年第 3 期。

樊亢、宋则行：《外国经济史（近代　现代）（第一册）》,人民出版社 1980 年版。

范恒山：《促进区域协调发展不能"一刀切"》,《解放日报》2016 年 11 月 22 日。

范家骧、高天虹：《罗斯托经济成长理论（上）》,《经济纵横》1988 年第 9 期。

范家骧、高天虹：《罗斯托经济成长理论（下）》,《经济纵横》1988 年第 10 期。

范肇臻：《三线建设与西部工业化研究》,《长白学刊》2011 年第 5 期。

冯飞、王晓明、王金照：《对我国工业化发展阶段的判断》,《中国发展观察》2012 年第 8 期。

冈察连柯：《中苏分裂的军事因素》,转引自李丹慧《北京与莫斯科：从联盟走向对抗》,广西师范大学出版社 2002 年版。

耿修林：《近年来我国新型工业化进程的测评与分析》,《中国科技论坛》2012 年第 9 期。

顾永红：《论中国新型工业化进程中的产业领先战略》,《天津社会科学》2004 年第 6 期。

关伟：《东北老工业基地经济振兴的基础与路径》,《地理教育》2004 年第 3 期。

郭朝先:《改革开放 40 年中国工业发展主要成就与基本经验》,《北京工业大学学报 (社会科学版)》2018 年第 6 期。

郭克莎:《中国工业化的进程、问题与出路》,《中国社会科学》2000 年第 3 期。

国家发展改革委、外交部、商务部:《推动共建丝绸之路经济带和 21 世纪海上丝绸之路的愿景与行动》,《人民日报》2015 年 3 月 29 日第 4 版。

国家计委投资研究所课题组:《我国工业经济活动空间格局与比较优势研究 二、我国工业经济活动空间格局的宏观考察》,《经济研究参考》1993 年 a 第 5 期。

国家计委投资研究所课题组:《我国工业经济活动空间格局与比较优势研究 一、我国工业布局实践的历史回顾与分析》,《经济研究参考》1993 年 b 第 5 期。

国家统计局工业交通物资统计司:《中国工业经济统计资料 (1949—1984)》,中国统计出版社 1985 年版。

国家统计局国民经济综合统计司:《新中国六十年统计资料汇编》,中国统计出版社 2010 年版。

海军、肖灵机、邹泽清:《工业化阶段的判断标准:霍夫曼系数法的缺陷及其修正——以江西、江苏为例的分析》,《财经论丛》2008 年第 2 期。

韩保江:《将供给侧结构性改革进行到底》,《文汇报》2016 年 12 月 22 日第 1 版。

何郝炬、何仁仲、向佳贵:《三线建设与西部大开发》,当代中国出版社 2003 年版。

何雄浪、李国平:《运输成本、交易成本与交易效率——新古典经济学分析框架的矫正》,《学术月刊》2007 年第 4 期。

何雄浪:《专业化产业集聚、要素流动与区域工业化——克鲁格曼中心—外围模型新发展》,《财经研究》2007 年第 2 期。

何一民、周明长:《156 项工程与新中国工业城市发展 (1949—1957 年)》,《当代中国史研究》2007 年第 2 期。

洪俊杰、刘志强、黄薇：《区域振兴战略与中国工业空间结构变动——对中国工业企业调查数据的实证分析》，《经济研究》2014 年第 8 期。

洪兴建：《中国地区差距、极化与流动性》，《经济研究》2010 年第 12 期。

胡鞍钢：《三大战略保障区域协调发展》，《人民日报》2016 年 9 月 26 日第 19 版。

胡鞍钢：《中国将引领第四次工业革命》，《国情报告第十六卷 2013 年》2015 年版。

胡鞍钢：《中国进入后工业化时代》，《北京交通大学学报（社会科学版）》2017 年第 1 期。

胡鹏、覃成林：《空间外部性、空间依赖与空间外溢之辨析》，《地域研究与开发》2011 年第 1 期。

胡伟、陈竹：《156 项工程：中国工业化的起点与当代启示》，《工业经济论坛》2018 年第 3 期。

胡伟、柯新利：《中国城镇化、工业化协同发展的区域差异及演变路径》，《城市问题》2015 年第 10 期。

胡伟、张玉杰：《中国工业发展的空间格局演变》，《经济地理》2015 年第 7 期。

黄景贵：《罗斯托经济起飞理论述评》，《石油大学学报（社会科学版）》2000 年第 2 期。

黄绍湘：《美国通史简编》，人民出版社 1979 年版。

吉林省统计局：《吉林统计年鉴（1992）》，中国统计出版社 1992 年版。

纪玉山、代栓平：《霍夫曼理论适合中国的工业化模式吗？——兼议新型工业化道路中的重化工业发展路径》，《吉林大学社会科学学报》2007 年第 2 期。

纪玉山、王朔峰、张洋：《谨防"霍夫曼陷阱"走重化工业"轻型化"道路》，《学习与探索》2005 年第 5 期。

蒋天颖、华明浩、张一青：《县域经济差异总体特征与空间格局演化研究——以浙江为实证》，《经济地理》2014 年第 1 期。

金碚、杨宽宽、江源、原磊：《中国工业增长趋势及转型方向研究》，经济管理出版社 2016 年版。

金碚：《WTO 规则下的中国工业经济》，《中国工业经济》2002 年第 5 期。

金碚：《大国筋骨：中国工业化 65 年历程与思考》，广东经济出版社 2015 年版。

金碚：《国运制造——改天换地的中国工业化》，中国社会科学出版社 2013 年版。

金碚：《加快腹地经济发展是中国工业化中期的战略方向》，《区域经济评论》2013 年第 1 期。

金碚：《全球竞争新格局与中国产业发展趋势》，《中国工业经济》2012 年第 5 期。

金碚：《我国区域经济发展空间格局的新态势》，《北京日报》2015 年 6 月 1 日第 8 版。

金碚：《新常态下的区域经济发展战略思维》，《区域经济评论》2015 年第 3 期。

金碚：《中国工业变革振兴 60 年》，《中国工业经济》2009 年第 6 期。

金碚：《中国工业化的道路：奋进与包容》，中国社会科学出版社 2017 年版。

李金华：《德国"工业 4.0"背景下中国制造强国的六大行动路径》，《南京社会科学》2016 年第 1 期。

靳诚、陆玉麒：《基于县域单元的江苏省经济空间格局演化》，《地理学报》2009 年第 6 期。

景普秋、张复明：《工业化与城市化关系研究综述与评价》，《中国人口·资源与环境》2003 年第 3 期。

柯文前、陆玉麒：《基于县域的福建省经济空间格局演化》，《经济地理》2011 年第 7 期。

李彩华：《三线建设调整改造的得与失》，《当代经济研究》2005 年第 6 期。

李彩华：《三线建设调整改造的历史考察》，《当代中国史研究》2002 年第 3 期。

李敦瑞：《产业转移背景下我国工业污染空间格局的演变》，《经济与管理》2016 年第 1 期。

李富森：《论德国第二次工业革命的成就与特点》，《临沂大学学报》2012 年第 3 期。

李国平、王志宝：《中国区域空间结构演化态势研究》，《北京大学学报（哲学社会科学版）》2013 年第 3 期。

李国平、张杰斐：《京津冀制造业空间格局变化特征及其影响因素》，《南开学报（哲学社会科学版）》2015 年第 1 期。

李恒全：《H. 钱纳里等：〈工业化和经济增长的比较研究〉》，《学海》2003 年第 4 期。

李敬、陈澍、万广华、付陈梅：《中国区域经济增长的空间关联及其解释——基于网络分析方法》，《经济研究》2014 年第 11 期。

李兰冰、刘秉镰：《中国区域经济增长绩效、源泉与演化：基于要素分解视角》，《经济研究》2015 年第 8 期。

李妍：《对外开放的酝酿和起步》，中共中央党校博士学位论文，2003 年。

李英华：《近代中国看天津》，天津社会科学出版社 2008 年版。

廉晓梅、吴金华：《东北地区人口与经济空间格局演变分析》，《人口学刊》2018 年第 1 期。

辽宁省统计局：《辽宁工业百年史料》，辽新内资字〔2003〕第 14 号，2003 年。

辽宁省统计局：《辽宁统计年鉴 1997》，中国统计出版社 1997 年版。

林柏：《"文革"时期工业建设中引进技术基础上的创新》，《史学月刊》2010 年第 3 期。

林进成：《论世界经济增长重心的转移》，《世界经济》1994 年第 12 期。

林凌、李树桂：《中国三线生产布局问题研究》，四川科学技术出版社 1992 年版。

林毅夫、刘培林：《中国的经济发展战略与地区收入差距》，《经济研究》2003 年第 3 期。

刘建国、张文忠：《中国区域全要素生产率的空间溢出关联效应研究》，《地理科学》2014 年第 5 期。

刘军、徐康宁：《产业聚集在工业化进程及空间演化中的作用》，《中国工业经济》2008 年第 9 期。

刘伟、蔡志洲：《我国工业化进程中产业结构升级与新常态下的经济增长》，《北京大学学报（哲学社会科学版）》2015 年第 3 期。

刘友金、曾小明：《中国工业空间格局的演变与集聚差异——基于 EDSA 和城市面板数据的空间计量研究》，《区域经济评论》2016 年第 1 期。

刘志彪、吴福象：《新中国 60 年江苏工业发展的基本轨迹和基本经验》，《南京社会科学》2009 年第 12 期。

鲁凤、徐建华：《基于二阶段嵌套锡尔系数分解方法的中国区域经济差异研究》，《地理科学》2005 年第 4 期。

罗兰：《沿海开放创新效应溢全球》，《人民日报（海外版）》2016 年 5 月 24 日第 11 版。

罗文：《德国工业 4.0 战略对我国推进工业转型升级的启示》，《中国电子报》2014 年 8 月 1 日。

罗云毅、周汉麒：《工业重心东移与"十二五"期间的区域产业转移和承接》，《宏观经济研究》2010 年第 1 期。

罗志军：《深刻认识和有效推进供给侧结构性改革》，《人民日报》2016 年 5 月 16 日第 7 版。

吕政、郭克莎、张其仔：《论我国传统工业化道路的经验与教训》，《中国工业经济》2003 年第 1 期。

吕政、黄群慧、吕铁、周维富：《中国工业化、城市化的进程与问题——"十五"时期的状况与"十一五"时期的建议》，《中国工业经济》2005 年第 12 期。

马涛：《全球价值链背景下我国经贸强国战略研究》，《国际贸易》2016 年第 1 期。

马远之：《中国有一套：从"一五"计划到"十三五"规划》，广东人民出版社 2017 年版。

米凤君：《吉林工业四十年（第一卷）》，吉林文史出版社 1989 年版。

聂钠、董明辉：《湖南工业化进程的生态环境压力趋势分析》，《生态经济》
　　2006 年第 7 期。

牛犁：《如何看待当前中国经济形势？——国际社会要适应中国经济进入新
　　常态》，《人民日报》2015 年 9 月 24 日第 10 版。

潘少奇、李亚婷、高建华：《中原经济区经济联系网络空间格局》，《地理科
　　学进展》2014 年第 1 期。

潘文卿：《中国的区域关联与经济增长的空间溢出效应》，《经济研究》2012
　　年第 1 期。

潘文卿：《中国区域经济发展：基于空间溢出效应的分析》，《世界经济》
　　2015 年第 7 期。

齐亚伟、张荣真：《工业化进程中信息产业与区域产业结构优化的关联分
　　析》，《统计与决策》2015 年第 24 期。

乔克：《1976–1978 年中国经济改革的酝酿与探索》，中共中央党校博士学
　　位论文，2017 年。

人民教育出版社历史室：《世界近代现代史》，人民教育出版社 2006 年版。

芮明杰：《发达国家"再工业化"的启示》，《时事报告（大学生版）》2012
　　年第 1 期。

沈惊宏、余兆旺、石张宇、朱磊：《多尺度的泛长江三角洲经济空间格局演
　　变》，《经济地理》2016 年第 2 期。

盛雷：《"南厂北迁"对黑龙江工业建设的历史贡献》，《边疆经济与文化》
　　2018 年第 6 期。

石建国：《"文革"时期放权改革对东北工业的影响》，《当代中国史研究》
　　2008 年第 3 期。

宋银桂：《中苏交恶与"文化大革命"》，《湘潭大学学报（哲学社会科学
　　版）》1995 年第 6 期。

孙东升：《三线建设战略决策始末》，《党史天地》1998 年第 5 期。

孙东升:《我国经济建设战略布局的大转变——三线建设决策形成述略》,
《党的文献》1995 年第 3 期。

孙久文、彭薇:《我国城市化进程的特点及其与工业化的关系研究》,《江淮
论坛》2009 年第 6 期。

孙久文:《中国区域经济发展新棋局的主要特征》,《区域经济评论》2014 年
第 4 期。

孙铁山、刘霄泉、李国平:《中国经济空间格局演化与区域产业变迁——基
于 1952~2010 年省区经济份额变动的实证分析》,《地理科学》2015 年
第 1 期。

孙学民:《"文化大革命"期间的经济建设——(1966—1976)》,《黑龙江史
志》2011 年第 2 期。

覃成林、程琳:《铁路交通发展与沿线城市工业空间格局变化》,《科技管理
研究》2014 年第 17 期。

覃成林、刘迎霞、李超:《空间外溢与区域经济增长趋同——基于长江三角
洲的案例分析》,《中国社会科学》2012 年第 5 期。

覃成林、张华、张技辉:《中国区域发展不平衡的新趋势及成因——基于人
口加权变异系数的测度及其空间和产业二重分解》,《中国工业经济》
2011 年第 10 期。

汪海波:《新中国工业经济史 (第三版)》,经济管理出版社 2017 年版。

汪甦:《工业经济空间拓展论》,中国建筑工业出版社 2014 年版。

王芳、高晓路:《内蒙古县域经济空间格局演化研究》,《地理科学》2014 年
第 7 期。

王健生:《供给侧结构性改革成效明显》,《中国改革报》2017 年 3 月 13 日第
3 版。

王少剑、王洋、赵亚博:《1990 年来广东区域发展的空间溢出效应及驱动
因素》,《地理学报》2015 年第 6 期。

王士君、冯章献、刘大平、张紫雯:《中心地理论创新与发展的基本视角和
框架》,《地理科学进展》2012 年第 10 期。

王喜文：《中国制造 2025 解读：从工业大国到工业强国》，机械工业出版社 2016 年版。

王一鸣：《正确理解供给侧结构性改革》，《人民日报》2016 年 3 月 29 日第 7 版。

魏后凯：《外商直接投资对中国区域经济增长的影响》，《经济研究》2002 年第 4 期。

魏后凯：《以空间优化增强发展动力》，《人民日报》2017 年 6 月 11 日第 5 版。

魏伟、叶寅：《中国省际工业发展的空间格局演化及分析》，《经济地理》2013 年第 3 期。

魏志奇：《罗斯托的增长阶段理论及其对发展中国家转型的启示》，《理论月刊》2014 年第 12 期。

文嫮、韩旭：《高铁对中国城市可达性和区域经济空间格局的影响》，《人文地理》2017 年第 1 期。

文玫：《中国工业在区域上的重新定位和聚集》，《经济研究》2004 年第 2 期。

吴承明、董志凯：《中华人民共和国经济史 1949—1952（上）》，社会科学文献出版社 2001 年版。

吴传清：《优化经济发展空间格局》，《湖北日报》2015 年 1 月 12 日第 9 版。

吴敬琏：《中国应当走一条什么样的工业化道路？》，《管理世界》2006 年第 8 期。

吴三忙、李善同：《中国制造业空间分布分析》，《中国软科学》2010 年第 6 期。

伍世代、李婷婷：《海西城市群工业空间格局与演化分析》，《地理科学》2011 年第 3 期。

肖金成、张燕、马燕坤：《西部大开发战略实施效应评估与未来走向》，《改革》2018 年第 6 期。

肖敏、孔繁敏：《三线建设的决策、布局和建设：历史考察》，《经济科学》1989 年第 2 期。

谢伟：《苏联专家与东北工业的恢复和发展（1949–1953)》，《学术交流》2013

年第 11 期。

胥亚男、李二玲、屈艳辉、位书华:《中原经济区县域经济发展空间格局及演变》,《经济地理》2015 年第 4 期。

徐冬冬、黄震方、倪金星、李在军:《江苏省工业生产效率的空间格局演化与影响因素》,《经济地理》2017 年第 6 期。

徐建华、鲁凤、苏方林、卢艳:《中国区域经济差异的时空尺度分析》,《地理研究》2005 年第 1 期。

徐天春:《三线建设——新中国西部大开发的先行》,《西南民族学院学报(哲学社会科学版)》2002 年第 10 期。

徐玮:《略论美国第二次工业革命》,《世界历史》1989 年第 6 期。

徐有威、陈熙:《三线建设对中国工业经济及城市化的影响》,《当代中国史研究》2015 年第 4 期。

许家伟、侯景伟、宋宏权、乔家君:《1990—2009 年中国区域差异与空间格局——以人口重心与经济重心为例》,《人文地理》2011 年第 4 期。

许庆明、胡晨光:《中国沿海发达地区的城市化与工业化进程研究——基于转型升级与国际比较的视角》,《中国人口科学》2012 年第 5 期。

宣晓伟:《新常态下我国区域政策的调整》,《区域经济评论》2016 年第 2 期。

薛宝琪:《中原经济区经济空间格局演化分析》,《经济地理》2013 年第 1 期。

杨上广、吴柏均:《区域经济发展与空间格局演化——长三角经济增长与空间差异格局的实证分析》,《世界经济文汇》2007 年第 1 期。

姚海琳:《西方国家"再工业化"浪潮:解读与启示》,《经济问题探索》2012 年第 8 期。

尹平均、赵莉晓:《透视天津装备制造业》,《创新科技》2006 年第 11 期。

袁志刚、范剑勇:《1978 年以来中国的工业化进程及其地区差异分析》,《管理世界》2003 年第 7 期。

张大卫:《克里斯塔勒与中心地理论》,《人文地理》1989 年第 4 期。

张辉、黄泽华:《北京市工业化进程中的产业结构高度》,《北京社会科学》2009 年第 3 期。

张慧敏:《中国社科院:京沪率先进入后工业化时期》,《北京商报》2012 年
　　10 月 26 日第 1 版。

张晋晋、安树伟:《2000 年以来西部地区工业空间格局演变研究》,《区域经
　　济评论》2013 年第 2 期。

张久春:《20 世纪 50 年代工业建设"156 项工程"研究》,《工程研究——跨
　　学科视野中的工程》2009 年第 3 期。

张可云:《论中国区域经济的新常态》,《区域经济评论》2015 年第 2 期。

张美云:《工业化阶段划分理论综述——兼谈对我国目前工业化所处阶段的
　　判定》,《三门峡职业技术学院学报》2012 年第 1 期。

张明理:《当代中国的煤炭工业》,中国社会科学出版社 1988 年版。

张培刚:《农业与工业化》,中国人民大学出版社 2016 年版。

张霞:《关于第一次工业革命》,《乐山师范高等专科学校学报》1999 年第
　　4 期。

张学波、杨成凤、宋金平、李伟:《中国省际边缘县域经济差异空间格局演
　　变》,《经济地理》2015 年第 7 期。

张宇:《新常态下我国经济发展的新特点》,《人民日报》2015 年 12 月 15 日
　　第 10 版。

赵海霞、曲福田、诸培新:《江苏省工业化进程中的环境效应分析》,《中国
　　人口·资源与环境》2005 年第 4 期。

赵弘:《中国区域经济发展报告 (2016—2017)》,社会科学文献出版社 2017
　　年版。

甄江红、贺静、陈芸芸、李灵敏:《内蒙古工业化进程的综合评价与演进分
　　析》,《干旱区资源与环境》2014 年第 2 期。

中国科学院经济研究所世界经济研究室:《主要资本主义国家经济统计集
　　(1848—1960)》,世界知识出版社 1962 年版。

中国社会科学院、中央档案馆:《1953—1957 年中华人民共和国经济档案
　　资料选编——固定资产投资和建筑业卷》,中国物价出版社 1998 年版。

中国社会科学院经济学部课题组、陈佳贵、黄群慧:《对我国工业化进程的

基本认识》,《中国党政干部论坛》2008 年第 2 期。

中央编译局:《马克思恩格斯全集（第三卷)》,人民出版社 1956 年版。

钟启权:《广东工业再图新高》,《中国投资》2000 年第 1 期。

周明长:《三线建设与中国内地城市发展（1964—1980 年)》,《中国经济史研究》2014 年第 1 期。

庄解忧:《世界上第一次工业革命的经济社会影响》,《厦门大学学报（哲学社会科学版)》1985 年第 4 期。

Anderson S., Neven D., "Cournot Competition Yields Spatial Agglomeration", *International Economic Review*, Vol. 32, No.4, 1991.

Anselin L., Rey S., "Properties of Tests for Spatial Dependence in Linear Regression Models", *Geographical Analysis*, Vol. 23, No. 2, 1991.

Anselin L., "Spatial Externalities, Spatial Multipliers, and Spatial Econometrics", *International Regional Science Review*, Vol. 26, No. 2, 2002.

Bai C., Ma H., Pan W., "Spatial Spillover and Regional Economic Growth in China", *China Economic Review*, Vol. 23, No. 4, 2012.

Basile R., Durbán M., Salido R. M., Mcntero J. M., "Modeling Regional Economic Dynamics: Spatial Dependence, Spatial Heterogeneity and Non-linearities", *Journal of Economic Dynamics and Control*, Vol. 48, No. 11, 2014.

Behrens K., Bougna T., "An Anatomy of the Geographical Concentration of Canadian Manufacturing Industries", *Regional Science and Urban Economics*, Vol. 51, No. 5, 2015.

Borts G., "The Equalization of Returns and Regional Economic Growth", *The American Economic Review*, Vol. 50, No. 3, 1960.

Capello R., Lenzi C., "Spatial Heterogeneity in Knowledge, Innovation, and Economic Growth Nexus: Conceptual Reflections and Empirical Evidence", *Journal of Regional Science*, Vol. 54, No. 2, 2014.

Chen J., Fleisher B., "Regional Income Inequality and Economic Growth in

China", *Journal of Comparative Economics*, Vol. 22, No. 2, 1996.

Davis D., Weinstein D., "Bones, Bombs, and Break Points the Geography of Economic Activity", *The American Economic Review*, Vol. 92, No.5, 2002.

Durantun G., "Urban Evolutions: The Fast, the Slow, and the Still", *The American Economic Review*, Vol. 97, No. 1, 2007.

Ebdon D., *Statistics in Geography* (2rd ed), Oxford: Basil Blackwell, 1978.

Escosura L., Rosés J., " Human Capital and Economic Growth in Spain, 1850-2000", *Explorations in Economic History*, Vol. 47, No. 4, 2010.

Espa G., Arbia G., Giuliani D., "Conditional versus Unconditional Industrial Agglomeration: Disentangling Spatial Dependence and Spatial Heterogeneity in the Analysis of ICT Firms' Distribution in Milan", *Journal of Geographical Systems*, Vol. 15, No. 1, 2013.

Fujita M., Krugman P., Venables T., *The Spatial Economy: Cities, Regions and International Trade*, Cambridge: MIT Press, 1999.

Fujita M., Thisse J., *Economics of Agglomeration: Cities, Industrial Location, and Regional Growth*, Cambridge: Cambridge University Press, 2002.

Fujita M., "Regional Integration in East Asia: From the Viewpoint of Spatial Economics", *Review of Urban and Regional Development Studies*, Vol. 19, No. 1, 2007.

Ganong P., Shoag D., "Why Has Regional Income Convergence in the U.S. Declined?", *Journal of Urban Economics*, Vol. 102, No. 11, 2017.

Glaeser E., Kallal H., Scheinkman, J., Shleifer A., "Growth in Cities", *Journal of Political Economy*, Vol. 100, No. 6, 1992.

Hoffmann W., *The Growth of Industrial Economies*, Manchester: Manchester University Press, 1958.

Hoover E. M., Fisher J. L., "Research in Regional Economic Growth," NBER

Chapters, in: *Problems in the Study of Economic Growth*, 1949.

Kim S., "Expansion of Markets and the Geographic Distribution of Economic Activities: The Trends in U. S. Regional Manufacturing Structure, 1860 – 1987", *The Quarterly Journal of Economics*, Vol. 110, No. 4, 1995.

Krugman P., "Increasing Returns and Economic Geography", *Journal of Political Economy*, Vol. 99, No. 3, 1991.

Krugman P., "Scale Economies, Product Differentiation, and the Pattern of Trade", *The American Economic Review*, Vol. 70, No.5, 1980.

Krugman P., "Urban Concentration: The Role of Increasing Returns and Transport Costs", *The World Bank Economic Review*, Vol. 8, No. 1, 1994.

Lessmann C., Seidel A., "Regional Inequality, Convergence, and its Determinants – A view from Outer Space", *European Economic Review*, Vol. 92, No. 3, 2017.

Marcon E., Puech F., "A Typology of Distance – based Measures of Spatial Concentration", *Regional Science and Urban Economics*, Vol. 62, No. 1, 2017.

Marcon E., Puech F., "Measures of the Geographic Concentration of Industries: Improving Distance – based Methods", *Journal of Economic Geography*, Vol. 10, No. 5, 2010.

Myrdal G., *Economic Theory and Under – Developed Regions*, New York: Harper & Brothers Publishers, 1957.

Nordhaus W., "Geography and Macroeconomics: New Data and New Findings", *Proceedings of the National Academy of Sciences of the United States of America*, Vol. 103, No. 10, 2006.

Oud J., Folmer H., "Continuous – Time Modeling with Spatial Dependence", *Geographical Analysis*, Vol. 44, No. 1, 2012.

Perroux F., "Economic Space: Theory and Applications", *The Quarterly*

Journal of Economics, Vol. 64, No. 1, 1950.

Redding S., "The Empirics of New Economic Geography", *CEP Discussion Paper* No 925, 2009.

Rostow W., *The Stages of Economic Growth: A Non-communist Manifesto*, Cambridge: Cambridge University Press, 1990.

Rozenfeld H., Rybski D., Gabaix X., Makse A., "The Area and Population of Cities: New Insights from a Different Perspective on Cities", *The American Economic Review*, Vol. 101, No. 5, 2011.

Samuelson P. A., "The Transfer Problem and Transport Costs, II: Analysis of Effects of Trade Impediments", *The Economic Journal*, Vol. 64, No. 254, 1954.

Serra M., Pazmino M., Lindow G., et al. "Regional Convergence in Latin America", *IMF Working Papers*, Vol. 6, No. 125, 2006.

Shaw. G., Wheeler D., *Statistical Techniques in Geographical Analysis* (2rd ed), New York: Wiley, 1985.

Singh A., "UK Industry and the World Economy: A Case of Deindustrialization?", *Cambridge Journal of Economics*, Vol. 1, No. 2, 1977.

Tirado D., Minguela A., Galarrage J., "Regional Inequality and Economic Development in Spain, 1860—2010", *Journal of Historical Geography*, Vol. 54, No. 9, 2016.

Vamvakidis A., "Regional Integration and Economic Growth", *World Bank Economic Review*, Vol. 12, No. 2, 1998.

Vazquez J., Timofeev A., "Intra-regional Equalization and Growth in Russia", *Comparative Economic Studies*, Vol. 56, No. 3, 2014.

Yang Y., Greaney T., "Economic Growth and Income Inequality in the Asia-Pacific Region: A Comparative Study of China, Japan, South Korea, and The United States", *Journal of Asian Economics*, Vol. 48, No. 2, 2017.

Yu N., Jong M., Storm S., Mi J., "Spatial Spillover Effects of Transport Infrastructure: Evidence from Chinese Regions", *Journal of Transport Geography*, Vol. 28, No.4, 2013.

Zhao Z., Stough R., N. Li, "Note on the Measurement of Spatial Imbalance", *Geographical Analysis*, Vol. 35, No. 2, 2003.

索　引

后　记

这条路，有始无终，不言艰辛，唯愿一如既往走下去。

这三年，有失意，有收获，感慨颇多。本书的撰写倾注了许多老师、同事，以及亲朋好友的支持、关怀和关心。

感谢中国社会科学院工业经济研究所各位老师的指导与包容，为我深入开展学术研究创造了良好的条件。

感谢合作导师金碚研究员的悉心指导以及同门们的帮助与支持，导师的学术风范是我学术征途的灯塔，同门们的默默帮助与指导是我坚定前行的强劲动力。

感谢产业组织研究室各位老师的帮助与指引，研究室老师们兢兢业业的付出与孜孜不倦的教诲助我夯实了学术研究的理论基础，也指引着我深入思考前沿理论问题。

感谢天津市各级领导和天津市河北区各位领导与同事，不仅为我营造了良好的学术研究条件，也为我呈现了精彩纷呈的社会实践研究，挂职虽短暂，但情谊更长久，愿大美天津乘风破浪，迈向世界之城。

感谢《中国社会科学博士后文库》编辑部及文库的各位评审专家、编辑老师，感谢经济管理出版社为本书出版所付出的艰辛努力。

感谢博士导师张玉杰教授在我从事博士后研究期间持续的指导与关怀，为我潜心学术研究提供了无尽的支持。

感谢书中引文的原作者，阅君之文，如同亲授。由于篇幅所限，还有一些参考文献未能一一列出，在此谨对那些未曾提及但启发了我写作思维的文献作者一并表示感谢。

感谢孩子们的先后到来，是你们的成长将我这一阶段的学术目标"撕扯"得"支离破碎"，也正因如此，让我有机会学会远离浮躁的繁华，让我学会更加理性地思考，慢下来，或许思考将更真实。

这三年，得以读懂独立思考的价值所在，有时候，我们善于人云亦云，以此来证明自己依然主流。这些都不要紧，或许，成长的代价就是要被世俗碾压。难的是，千百次的碾压之后仍能昂首阔步。

这三年，得以读懂做父亲的担当，读懂做母亲的坚韧，在此特别感谢妻子无怨无悔的付出与自始至终的鼓励。

谨以此献给我的孩子们，愿你们拥有健康的心智，强壮的体魄，懂坚守、懂取舍，不羡浮世，不畏艰辛。

欢迎你们的到来，世间有恶，方显善之珍贵，愿你们在恶中找到善！

胡　伟

2019 年 7 月 1 日

专家推荐表

第八批《中国社会科学博士后文库》专家推荐表 1

　　《中国社会科学博士后文库》由中国社会科学院与全国博士后管理委员会共同设立，旨在集中推出选题立意高、成果质量高、真正反映当前我国哲学社会科学领域博士后研究最高学术水准的创新成果，充分发挥哲学社会科学优秀博士后科研成果和优秀博士后人才的引领示范作用，让《文库》著作真正成为时代的符号、学术的标杆、人才的导向。

推荐专家姓名	金碚	电　话	
专业技术职务	研究员	研究专长	工业经济
工作单位	中国社会科学院工业经济研究所	行政职务	学部委员
推荐成果名称	中国工业化 70 年空间格局演变		
成果作者姓名	胡伟		

（对书稿的学术创新、理论价值、现实意义、政治理论倾向及是否具有出版价值等方面做出全面评价，并指出其不足之处）

　　《中国工业化 70 年空间格局演变》一书是胡伟在其博士后出站报告的基础上经过深入修改而形成的书稿。作者从世界工业经济发展历程与格局演变入手，在对新中国经济发展空间格局的演化规律进行分析基础上，对中国工业经济发展进程及其空间格局演变进行了较为全面的分析，揭示了不同经济发展阶段工业经济空间格局的演变特征，为新时代背景下推进工业经济与信息经济深度融合，以及构建现代产业体系提供实践参考。该书选题新颖、观点明确、研究视角深入、论证阐述充分、篇章结构逻辑关系合理、学术规范性强。在党中央和国务院明确要求建立更加有效的区域协调发展新机制的背景下思考工业经济空间演变的过去、现状与趋势，对促进区域协调发展与实施更有成效的区域发展战略都具有一定的理论与实践参考价值。

　　尽管本书对新中国 70 年工业化进程的空间格局进行了细致分析，详尽地展示了 70 年来中国工业经济发展的空间格局演变态势，为总结 70 年工业化进程与区域发展战略的经验与不足提供了全新的视角，但依然存在一些有待改进或深入研究的地方，比如，在区域发展战略对工业经济空间格局产生影响的内在机理方面的探索不足，这是作者需要继续努力的重点。

签字：金碚

2018 年 12 月 26 日

说明：该推荐表须由具有正高级专业技术职务的同行专家填写，并由推荐人亲自签字，一旦推荐，须承担个人信誉责任。如推荐书稿入选《文库》，推荐专家姓名及推荐意见将印入著作。

第八批《中国社会科学博士后文库》专家推荐表 2

　　《中国社会科学博士后文库》由中国社会科学院与全国博士后管理委员会共同设立，旨在集中推出选题立意高、成果质量高、真正反映当前我国哲学社会科学领域博士后研究最高学术水准的创新成果，充分发挥哲学社会科学优秀博士后科研成果和优秀博士后人才的引领示范作用，让《文库》著作真正成为时代的符号、学术的标杆、人才的导向。

推荐专家姓名	黄群慧	电　话	
专业技术职务	研究员	研究专长	工业经济
工作单位	中国社会科学院工业经济研究所	行政职务	所长
推荐成果名称	中国工业化 70 年空间格局演变		
成果作者姓名	胡伟		

（对书稿的学术创新、理论价值、现实意义、政治理论倾向及是否具有出版价值等方面做出全面评价，并指出其不足之处）

　　研究新中国工业经济空间格局演化，不仅有助于进一步掌握区域间工业经济发展态势，深化经济政策或区域发展战略对区域经济发展的指导；也有助于厘清中国工业化进程中工业发展的空间差异，以及在工业布局方面存在的问题。《中国工业化 70 年空间格局演变》一书开创性地对新中国 70 年的工业化进程及其空间格局演变进行了较为全面的细致分析，作者凭借良好的数据分析与地理信息系统（GIS）基础，以"可视化"的方式多视角展示了中华人民共和国成立以来的工业经济空间格局演变历程，并对一些具体工业化战略和区域发展战略进行了具体分析，是一本以实证研究为主、结合时代发展特征的学术著作。书中提出的一些观点，如双"W"周期、倒"工"型格局、海马带等是作者在学术创新方面的探索，特别需要指出的是，作者基于改革开放以来工业经济版图变迁提出四大类型（衰退型塌陷、发展型塌陷、开放型崛起、承接型崛起），是学术创新与勇气的具体表现。最大的不足是，对如何进一步深入推进区域工业经济以及促进区域协调发展的思考不够深入和全面，缺少具体的、实践层面的政策建议。

　　本书选题正确，具有重要的理论和现实意义，运用多学科现代的理论和研究方法，对中国工业经济空间格局的相关问题做了系统、深入的研究与论述，涉及的内容广泛，研究的工作量很大，具有较大的创新性，且严格遵循学术规范，是一本既有学术探索价值又有实践指导价值的学术专著，推荐资助出版。

签字：黄群慧

2018 年 12 月 26 日

说明： 该推荐表须由具有正高级专业技术职务的同行专家填写，并由推荐人亲自签字，一旦推荐，须承担个人信誉责任。如推荐书稿入选《文库》，推荐专家姓名及推荐意见将印入著作。

经济管理出版社
《中国社会科学博士后文库》
成果目录

第一批《中国社会科学博士后文库》（2012年出版）

序号	书 名	作 者
1	《"中国式"分权的一个理论探索》	汤玉刚
2	《独立审计信用监管机制研究》	王 慧
3	《对冲基金监管制度研究》	王 刚
4	《公开与透明：国有大企业信息披露制度研究》	郭媛媛
5	《公司转型：中国公司制度改革的新视角》	安青松
6	《基于社会资本视角的创业研究》	刘兴国
7	《金融效率与中国产业发展问题研究》	余 剑
8	《进入方式、内部贸易与外资企业绩效研究》	王进猛
9	《旅游生态位理论、方法与应用研究》	向延平
10	《农村经济管理研究的新视角》	孟 涛
11	《生产性服务业与中国产业结构演变关系的量化研究》	沈家文
12	《提升企业创新能力及其组织绩效研究》	王 涛
13	《体制转轨视角下的企业家精神及其对经济增长的影响》	董 昀
14	《刑事经济性处分研究》	向 燕
15	《中国行业收入差距问题研究》	武 鹏
16	《中国土地法体系构建与制度创新研究》	吴春岐
17	《转型经济条件下中国自然垄断产业的有效竞争研究》	胡德宝

第二批《中国社会科学博士后文库》（2013年出版）

序号	书 名	作 者
1	《国有大型企业制度改造的理论与实践》	董仕军
2	《后福特制生产方式下的流通组织理论研究》	宋宪萍
3	《基于场景理论的我国城市择居行为及房价空间差异问题研究》	吴 迪
4	《基于能力方法的福利经济学》	汪毅霖
5	《金融发展与企业家创业》	张龙耀
6	《金融危机、影子银行与中国银行业发展研究》	郭春松
7	《经济周期、经济转型与商业银行系统性风险管理》	李关政
8	《境内企业境外上市监管若干问题研究》	刘 轶
9	《生态维度下土地规划管理及其法制考量》	胡耘通
10	《市场预期、利率期限结构与间接货币政策转型》	李宏瑾
11	《直线幕僚体系、异常管理决策与企业动态能力》	杜长征
12	《中国产业转移的区域福利效应研究》	孙浩进
13	《中国低碳经济发展与低碳金融机制研究》	乔海曙
14	《中国地方政府绩效评估系统研究》	朱衍强
15	《中国工业经济运行效益分析与评价》	张航燕
16	《中国经济增长：一个"被破坏性创造"的内生增长模型》	韩忠亮
17	《中国老年收入保障体系研究》	梅 哲
18	《中国农民工的住房问题研究》	董 昕
19	《中美高管薪酬制度比较研究》	胡 玲
20	《转型与整合：跨国物流集团业务升级战略研究》	杜培枫

第三批《中国社会科学博士后文库》（2014 年出版）

序号	书　名	作　者
1	《程序正义与人的存在》	朱　丹
2	《高技术服务业外商直接投资对东道国制造业效率影响的研究》	华广敏
3	《国际货币体系多元化与人民币汇率动态研究》	林　楠
4	《基于经常项目失衡的金融危机研究》	匡可可
5	《金融创新及其宏观效应研究》	薛昊旸
6	《金融服务县域经济发展研究》	郭兴平
7	《军事供应链集成》	曾　勇
8	《科技型中小企业金融服务研究》	刘　飞
9	《农村基层医疗卫生机构运行机制研究》	张奎力
10	《农村信贷风险研究》	高雄伟
11	《评级与监管》	武　钰
12	《企业吸收能力与技术创新关系实证研究》	孙　婧
13	《统筹城乡发展背景下的农民工返乡创业研究》	唐　杰
14	《我国购买美国国债策略研究》	王　立
15	《我国行业反垄断和公共行政改革研究》	谢国旺
16	《我国农村剩余劳动力向城镇转移的制度约束研究》	王海全
17	《我国吸引和有效发挥高端人才作用的对策研究》	张　瑾
18	《系统重要性金融机构的识别与监管研究》	钟　震
19	《中国地区经济发展差距与地区生产率差距研究》	李晓萍
20	《中国国有企业对外直接投资的微观效应研究》	常玉春
21	《中国可再生资源决策支持系统中的数据、方法与模型研究》	代春艳
22	《中国劳动力素质提升对产业升级的促进作用分析》	梁泳梅
23	《中国少数民族犯罪及其对策研究》	吴大华
24	《中国西部地区优势产业发展与促进政策》	赵果庆
25	《主权财富基金监管研究》	李　虹
26	《专家对第三人责任论》	周友军

第四批《中国社会科学博士后文库》（2015 年出版）

序号	书　名	作　者
1	《地方政府行为与中国经济波动研究》	李　猛
2	《东亚区域生产网络与全球经济失衡》	刘德伟
3	《互联网金融竞争力研究》	李继尊
4	《开放经济视角下中国环境污染的影响因素分析研究》	谢　锐
5	《矿业权政策性整合法律问题研究》	郗伟明
6	《老年长期照护：制度选择与国际比较》	张盈华
7	《农地征用冲突：形成机理与调适化解机制研究》	孟宏斌
8	《品牌原产地虚假对消费者购买意愿的影响研究》	南剑飞
9	《清朝旗民法律关系研究》	高中华
10	《人口结构与经济增长》	巩勋洲
11	《食用农产品战略供应关系治理研究》	陈　梅
12	《我国低碳发展的激励问题研究》	宋　蕾
13	《我国战略性海洋新兴产业发展政策研究》	仲雯雯
14	《银行集团并表管理与监管问题研究》	毛竹青
15	《中国村镇银行可持续发展研究》	常　戈
16	《中国地方政府规模与结构优化：理论、模型与实证研究》	罗　植
17	《中国服务外包发展战略及政策选择》	霍景东
18	《转变中的美联储》	黄胤英

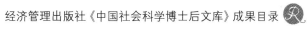

第五批《中国社会科学博士后文库》（2016 年出版）

序号	书　名	作　者
1	《财务灵活性对上市公司财务政策的影响机制研究》	张玮婷
2	《财政分权、地方政府行为与经济发展》	杨志宏
3	《城市化进程中的劳动力流动与犯罪：实证研究与公共政策》	陈春良
4	《公司债券融资需求、工具选择和机制设计》	李　湛
5	《互补营销研究》	周　沛
6	《基于拍卖与金融契约的地方政府自行发债机制设计研究》	王治国
7	《经济学能够成为硬科学吗？》	汪毅霖
8	《科学知识网络理论与实践》	吕鹏辉
9	《欧盟社会养老保险开放性协调机制研究》	王美桃
10	《司法体制改革进程中的控权机制研究》	武晓慧
11	《我国商业银行资产管理业务的发展趋势与生态环境研究》	姚　良
12	《异质性企业国际化路径选择研究》	李春顶
13	《中国大学技术转移与知识产权制度关系演进的案例研究》	张　寒
14	《中国垄断性行业的政府管制体系研究》	陈　林

第六批《中国社会科学博士后文库》（2017 年出版）

序号	书　名	作　者
1	《城市化进程中土地资源配置的效率与平等》	戴媛媛
2	《高技术服务业进口技术溢出效应对制造业效率影响研究》	华广敏
3	《环境监管中的"数字减排"困局及其成因机理研究》	董　阳
4	《基于竞争情报的战略联盟关系风险管理研究》	张　超
5	《基于劳动力迁移的城市规模增长研究》	王　宁
6	《金融支持战略性新兴产业发展研究》	余　剑
7	《清乾隆时期长江中游米谷流通与市场整合》	赵伟洪
8	《文物保护经费绩效管理研究》	满　莉
9	《我国开放式基金绩效研究》	苏　辛
10	《医疗市场、医疗组织与激励动机研究》	方　燕
11	《中国的影子银行与股票市场：内在关联与作用机理》	李锦成
12	《中国应急预算管理与改革》	陈建华
13	《资本账户开放的金融风险及管理研究》	陈创练
14	《组织超越——企业如何克服组织惰性与实现持续成长》	白景坤

第七批《中国社会科学博士后文库》（2018 年出版）

序号	书 名	作 者
1	《行为金融视角下的人民币汇率形成机理及最优波动区间研究》	陈 华
2	《设计、制造与互联网"三业"融合创新与制造业转型升级研究》	赖红波
3	《复杂投资行为与资本市场异象——计算实验金融研究》	隆云滔
4	《长期经济增长的趋势与动力研究：国际比较与中国实证》	楠 玉
5	《流动性过剩与宏观资产负债表研究：基于流量存量一致性框架》	邵 宇
6	《绩效视角下我国政府执行力提升研究》	王福波
7	《互联网消费信贷：模式、风险与证券化》	王晋之
8	《农业低碳生产综合评价与技术采用研究——以施肥和保护性耕作为例》	王珊珊
9	《数字金融产业创新发展、传导效应与风险监管研究》	姚 博
10	《"互联网+"时代互联网产业相关市场界定研究》	占 佳
11	《我国面向西南开放的图书馆联盟战略研究》	赵益民
12	《全球价值链背景下中国服务外包产业竞争力测算及溢出效应研究》	朱福林
13	《债务、风险与监管——实体经济债务变化与金融系统性风险监管研究》	朱太辉

第八批《中国社会科学博士后文库》（2019 年出版）

序号	书　名	作　者
1	《分配正义的实证之维——实证社会选择的中国应用》	汪毅霖
2	《金融网络视角下的系统风险与宏观审慎政策》	贾彦东
3	《基于大数据的人口流动流量、流向新变化研究》	周晓津
4	《我国电力产业成本监管的机制设计——防范规制合谋视角》	杨菲菲
5	《货币政策、债务期限结构与企业投资行为研究》	钟　凯
6	《基层政区改革视野下的社区治理优化路径研究：以上海为例》	熊　竞
7	《大国版图：中国工业化 70 年空间格局演变》	胡　伟
8	《国家审计与预算绩效研究——基于服务国家治理的视角》	谢柳芳
9	《包容型领导对下属创造力的影响机制研究》	古银华
10	《国际传播范式的中国探索与策略重构——基于会展国际传播的研究》	郭　立
11	《唐代东都职官制度研究》	王　苗

《中国社会科学博士后文库》
征稿通知

为繁荣发展我国哲学社会科学领域博士后事业，打造集中展示哲学社会科学领域博士后优秀研究成果的学术平台，全国博士后管理委员会和中国社会科学院共同设立了《中国社会科学博士后文库》（以下简称《文库》），计划每年在全国范围内择优出版博士后成果。凡入选成果，将由《文库》设立单位予以资助出版，入选者同时将获得全国博士后管理委员会（省部级）颁发的"优秀博士后学术成果"证书。

《文库》现面向全国哲学社会科学领域的博士后科研流动站、工作站及广大博士后，征集代表博士后人员最高学术研究水平的相关学术著作。征稿长期有效，随时投稿，每年集中评选。征稿范围及具体要求参见《文库》征稿函。

联系人：宋　娜

电子邮箱：epostdoctoral@126.com

通讯地址：北京市海淀区北蜂窝 8 号中雅大厦 A 座 11 层经济管理出版社《中国社会科学博士后文库》编辑部

邮编：100038

经济管理出版社